Panta rhei
Alles fließt

(N. HERAKLIT)

Andreas Lindner

Vom Urknall zum Urwald
Eine Zeitreise

Die Naturgeschichte Mitteleuropas nacherlebt am Hainich in Mitteldeutschland

Mit Wanderführer und Karte

*inhaltundform*Verlag

Die Deutsche Bibliothek – CIP-Einheitsaufnahme

Lindner, Andreas:
Vom Urknall zum Urwald - eine Zeitreise : die
Naturgeschichte Mitteleuropas
nacherlebt am Hainich in Mitteldeutschland ; mit
Wanderführer und Karte / Andreas Lindner.
- Mühlhausen : inhaltundformVerl., 2001
ISBN 3-9807819-0-9

Alte Ziegelei 19
99974 Mühlhausen
Tel.-Nr.: 03601 758666
e-mail: inhaltundform@gmx.net

Druck: Hainich Druck, Herbsleben
Printed in Germany
1. Auflage

ISBN 3-9807819-0-9

Inhaltsverzeichnis

1. Einleitung

1.1. Was ist der Hainich? Was will dieses Buch?

Der Hainich ist ein kleiner, 25 km langer, bewaldeter Höhenzug, der sich etwa längs zwischen den Mittelgebirgen Thüringer Wald und Harz erstreckt und diese über das Eichsfeld gewissermaßen verbindet.

Der Name ›Hainich‹ bezieht sich sowohl auf den Wald – ein für Mitteldeutschland typischer Laubmischwald – wie auf den Höhenzug selbst, den ›Berg‹.

Wird allgemein von Hoch- und Mittelgebirgen gesprochen, so müsste man den Hainich, mit Höhen zwischen 250 und 500 m ü.NN, als ›Niedriggebirge‹ einstufen, wenn diese Bezeichnung gebräuchlich wäre. Der Hainich bildet den Westrand einer geologisch-geographischen Einheit, des Thüringer Beckens. Ähnlich einem Schüsselrand erhebt er sich mit einer flachen, langsam ansteigenden E-Flanke, wölbt sich etwas und bricht mit einer steilen SW-Flanke ab.

Das Kerngebiet des Hainichs ist kulturell nicht so stark in Besitz genommen worden wie andere, vergleichbare oder angrenzende Buchenwaldgebiete der Hügel- und Unteren Berglandstufe. Gleichzeitig sind die hier vorhandenen Wälder auf triassischem, eiszeitlich überprägtem Untergrund (Gebirge) typisch für den mittel- bis norddeutschen Raum. Grund genug, einen Nationalpark einzurichten. Das mag verwundern, doch Ziel des modernen, weltumspannenden Nationalparkgedankens ist nicht in erster Linie der Schutz besonderer, berühmter Sehenswürdigkeiten, sondern der Erhalt und die sanfte touristische Erschließung (Präsentation) typischer Naturlandschaften – gleich Mosaiksteinen im kulturell durchbrochenen Mosaik der Naturlandschaften der Erde.

Dieser Hainich soll hier, für den Laien wie für den Fachmann, anschaulich beschrieben, ja mehr noch, lebendig werden. Denn dieses Buch will sich nicht beschränken auf die Darstellung eines status quo oder einen abstrakt wirkenden Bericht herausgelöster natur- und erdgeschichtlicher Daten, sondern will in geraffter Form dem Fluss de

Zeit und der Ereignisse – örtlich konkret – nachspüren. Eine Expedition mit 21 Etappen soll die Entstehungsgeschichte dieses zentralen Stückes Deutschlands im Herzen Europas, exemplarisch für unseren gesamten Lebensraum, vor Augen führen und zu prozesshaftem Denken und Begreifen anregen. Denn alles, was wir heute vorfinden, hat eine lückenlose Geschichte in Zeit und Raum – und diese Geschichte ist ein Schlüssel für die Gegenwart und auch für die Zukunft.

Gerade dort, wo keine publikumswirksamen Kuriositäten und Rekorde die Blicke auf sich ziehen, lohnt es, eine virtuelle Zeitreise zu unternehmen und die Tiefen auszuloten, die der gewöhnliche Wanderer nicht sieht und auch nicht sehen kann. Doch der Reiz gerade dieses Buches, welches ja auch ein Wanderführer sein will, liegt in der Verknüpfung von nachvollzogener Naturgeschichte und gegenwärtiger Landschaft.

Ich lade Sie ein, als ›blinder Passagier‹ an der nun folgenden literarischen Zeitreise teilzunehmen. Zwischendurch werde ich Sie immer wieder mit nützlichen Fachinformationen versorgen, die die Ausführungen des virtuellen Reiseleiters, den Sie gleich kennenlernen werden, vervollständigen.

Nach dieser Reise können Sie sich die Landschaft zwischen Harz und Thüringer Wald, mit neuem, geistigem Rüstzeug, zu Fuß, mit dem Rad oder dem Auto erobern …

Viel Vergnügen!

1.2. Der Hainich und die Region

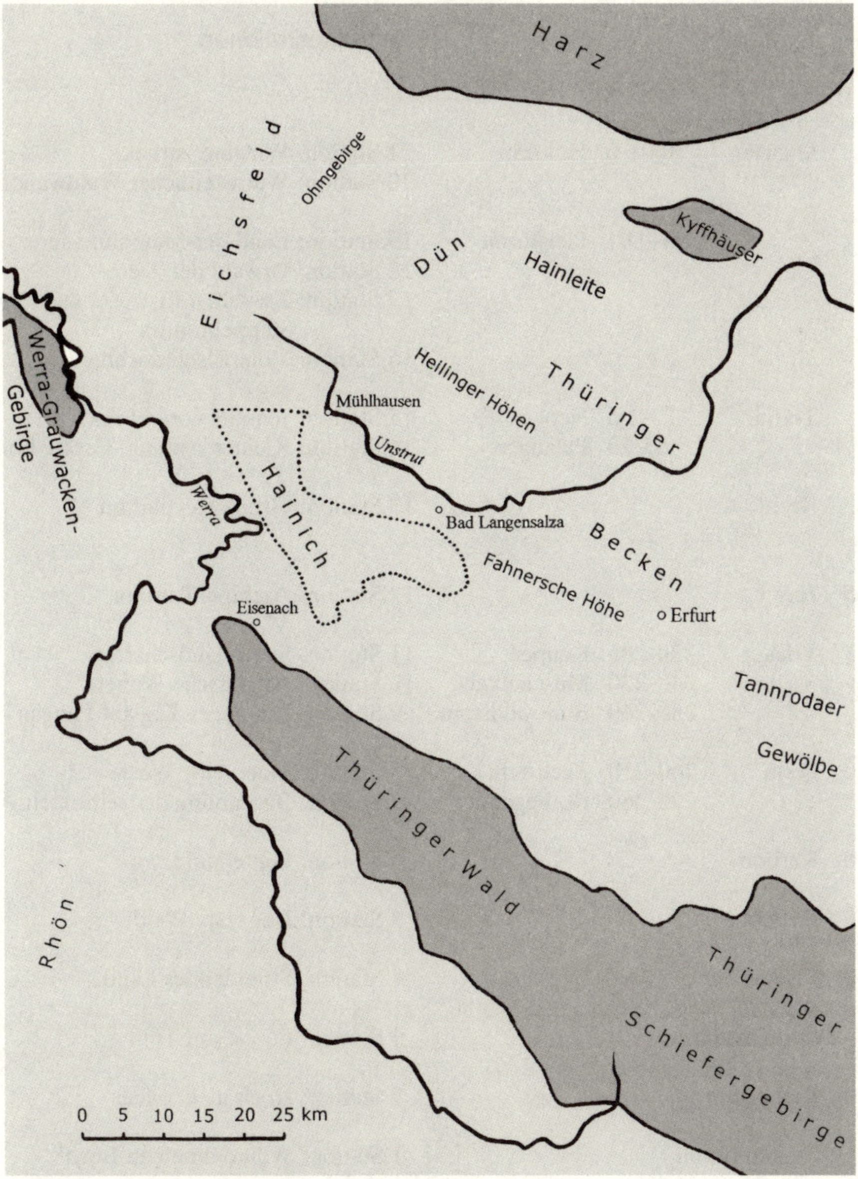

An der Oberfläche anstehende Gesteinsformationen:
mittelgrau: Präkambrium bis Perm
hellgrau: Trias bis Quartär

1.3. Zeittafel

Jahrmill. vor heute (gerundet)	System		Serie	Zeitreisestationen
1,6-0	Quartär	0,01-0	Holozän	21.Station: Wir sind zurück!
				20.Station: Warmzeitlicher Waldwandel
		1,6-0,01	Pleistozän	19.Station: Land der Mammutjäger
				18.Station: Urwald der Tiere
				17.Station: Zwischen Eiswüste und Steppentundra
				16.Station: Vom Eis gezeichnet
65-1,6	Tertiär	23-1,6	Neogen	15.Station: Jenseits von Afrika?
		65-23	Paläogen	14.Station: Kleiner Anfang - Große Folgen
135-65	Kreide			13.Station: Grüne Revolution
205-135	Jura			12.Station: Archipel Europa
250-205	Trias	230-205	Keuper	11.Station: Sumpflandschaften
		240-230	Muschelkalk	10.Station: Atlantische Wehen
		250-240	Buntsandstein	9.Station: Ein neuer Tag auf Pangäa
290-250	Perm	260-250	Zechstein	8.Station: Meer trifft Wüste
		290-260	Rotliegendes	7.Station: Begegnung der seltsamen Art
355-290	Karbon			6.Station: Gipfeltaufe
410-355	Devon			5.Station: Der erste Wald
438-410	Silur			4.Station: Strandendes Land
510-438	Ordovizium			3.Station: Puzzle auf Tour
570-510	Kambrium			2.Station: Noch mehr Meer
-570	Präkambrium			1.Station: Willkommen an Bord!
4600	-Enstehung des Sonnensystems (u.a. der Erde)			
11000	-Entstehung der Milchstraße (Galaxie)			
17000	-Entstehung des Kosmos (Urknall)			

2. Die Zeitreise

2.1. Willkommen an Bord!

Stellen Sie sich vor, ein geheimnisvoller Tüfftler, nennen wir ihn Dr. Drahtweller, hat die Zeitreise erfunden. Mit seiner selbstgebauten Zeitreisekapsel kann er sich in der Zeit bewegen wie es ihm beliebt.

Nun, der Zufall will es, dass sich Dr. Drahtweller für die Vergangenheit interessiert, für die Erdgeschichte. Und zwar die des Hainichs, wo er wohnt. Im Nationalpark Hainich bietet er Zeitreisen für Besucher an, die erfahren wollen, wie der Hainich geworden ist, wie er ist – denn alles hat seine Geschichte ...

Die 1. Station

Eine kleine Besuchergruppe steht direkt bei der Zeitreisekapsel, und alle sind ein bisschen aufgeregt. Einige starren ungläubig auf das metallische Ding, das da in der Sonne glänzt. Eine Zeitreise? In diesem Stahl-Ei? Mit seinen Bullaugen sieht es aus wie ein zu kurz geratenes U-Boot, oder ein Ufo, das hier oben auf dem Hainich gelandet ist und verlassen wurde ...

Der kleine Sven drängt sich ganz nach vorn und kann kaum noch erwarten, dass es losgeht. Plötzlich ist ein leises Surren zu hören und eine Tür öffnet sich, die vorher nur zu ahnen war. Sie gibt den Blick frei auf Dr. Drahtweller, der genau so aussieht, wie man sich einen Zeitreise-Professor vorstellt und der seine Gäste erwartet: „Alles hereinspaziert! Willkommen in meiner Brücke zur Vergangenheit. – Hinsetzen und Ruhe bewahren!“

Sven wundert sich, dass es hier viel weniger Knöpfe und Anzeigen gibt als im Raumschiff Enterprise, aber das hier ist ja auch die Wirklichkeit und alles echt.

„Na, junger Mann,“ fragt Dr. Drahtweller, den Blick auf Sven gerichtet, „wie weit soll’s denn zurückgehen in die Vergangenheit?“

Sven überlegt kurz. „Eine Milliarde Jahre!“

Dr. Drahtweller tippt eine Eins mit neun Nullen ein und aktiviert die Zeitmaschine. Ein leichtes Vibrieren ist zu spüren. Ein jeder schaut noch mal nach draußen, auf den vertrauten Hainichwald, durch eines der zahlreichen Bullaugen. Schon wird es dunkel, als wäre in Sekunden die Nacht hereingebrochen. Im Inneren der Kapsel springt ein Licht an. Kaum geschehen, geht es schon wieder aus, denn draußen wird es wieder hell, ziemlich hell sogar.

Dr. Drahtweller braucht seine Gäste nicht aufzufordern, aus den Fenstern zu schauen. Sie drängen sich an den Bullaugen und scheinen etwas enttäuscht, weil sie eigentlich nichts erkennen können.

„Willkommen im Präkambrium!“, sagt Dr. Drahtweller. „Nun“, fährt er fort „es ist sehr hell draußen, obwohl die Leuchtkraft der Sonne noch nicht ganz der unserer Tage entspricht. Wie Sie sehen, ist der Blick frei bis zum Horizont, unter uns befindet sich nichts als der spiegelnde Ozean des Präkambriums, in genau – er beugt sich über eines seiner Instrumente – 394 Metern Tiefe.“ Ein paar Wellen sind zu erkennen, und am sonnigen Himmel kräuseln sich ein paar Schafwölkchen. „Wir haben zufällig gutes Wetter, Kaiserwetter“, frohlockt der Professor und beobachtet nicht ohne Vergnügen die Reaktionen seiner Passagiere. „Es hätte auch wolkenverhangen und sehr regnerisch sein können. Aber Sie haben Glück, liebe Gäste, und können sehen, dass nichts da ist – außer dem Weltozean.“ Er lacht kurz vor sich hin.

„Das Meerwasser unter uns enthält noch kaum das bekannte Steinsalz, sondern viel Natriumcarbonat – Es ist ein Soda-Ozean! Das Leben auf dieser Erde ist bereits 3 Milliarden Jahre alt und steht auf der Stufe der Einzeller, unmittelbar vor dem Sprung zum Vielzeller. Aber wer weiß, vielleicht ist es gerade schon passiert – in den letzten paar tausend Jahren. Außer uns Reisenden gibt es aber momentan nichts als Bakterien und Algen auf der Welt, der Welt, die einmal die unsere sein wird.“ Dr. Drahtweller setzt die Reisekapsel in Bewegung – sie rotiert langsam auf der Stelle – um einen Rundumblick zu ermöglichen.

„Es gibt Land“, fügt er hinzu, „kahles, nacktes und bereits verrostetes Land. Verrostet durch den Sauerstoff, den die photosynthetisierenden

Blau- und Grünalgen abgegeben haben und weiter abgeben; seit 2,5 Milliarden Jahren bereits reichert sich dieses Stoffwechselprodukt im Meer und in der Lufthülle an. Doch Aussteigen könnten wir noch nicht. Der Sauerstoffgehalt der Atmosphäre ist selbst auf Meeresniveau noch gering, wie dereinst hoch in den Gebirgen, die noch entstehen werden. Hinzu kommt die starke kosmische Strahlung. Von einer schützenden Ozonschicht, die sie abhält, kann nämlich noch keine Rede sein. Der Himmel ist ein einziges Ozonloch, die Besiedelung der Kontinente durch Landlebewesen noch nicht möglich. Vorerst spielt sich alles im Meer ab, noch 600 Millionen Jahre lang ..."

„Wo ist dieses Land?", fragt neugierig einer der Passagiere.
„Wie Sie sicher schon gehört haben, wandern die Kontinente unablässig. Sie fügen sich zu größeren Kontinenten, dann zu einem Superkontinent zusammen, der wieder in größere und kleinere Splitter zerfällt und immer so fort in einem Zyklus ... Momentan sind die Landmassen weit weg, in der Nähe des Südpols, versammelt."

Dr. Drahtweller aktiviert den Zeitreisevorgang und gibt ein neues Zeitziel ein, ohne ein Wort. Es fängt wieder an zu Brummen ...

Das Präkambrium

Das Präkambrium i.w.S. begann vor etwa 17 Milliarden Jahren mit der Entstehung des Kosmos, einer explosiven, kugelförmigen Entfaltung von Energie, Raum und Zeit. Dieser sogenannte Urknall war lautlos, denn noch gab es keine feste Materie, in der sich Schall hätte ausbreiten können. Da war zunächst nichts als Strahlung, die sich in alle Richtungen verbreitete, allmählich abkühlte und, bis auf Reste, zu subatomaren Teilchen kondensierte.

Diese fanden zu den ersten, einfachsten Atomteilchen zusammen, die es gibt, dem Wasserstoff – dem noch heute häufigsten Element im All, und etwas Helium.

Wir leben also in einer Art Explosion, in der allerhand in Erscheinung tritt, Schritt für Schritt. Schon lange vor unserer Zeit entstanden Sterne und vergingen wieder. In ihrem Inneren verschmolz, und verschmilzt bis heute, das Ur-Element Wasserstoff zu Helium und allen anderen Elementen, dem Sternenstaub.

Vor etlichen Milliarden Jahren, die Milchstraße – unsere Galaxie mit rund 250 Milliarden leuchtenden Sternen – war längst entstanden, da verlosch in unserer Weltengegend ein namenloser Stern. Am Ende seiner Tage angelangt, explodierte er als Supernova und verstreute seine Sternenasche ins nahe All.

Vor 4,6 Milliarden Jahren ballte sich aus seiner Asche und Wasserstoffgas eine riesige Wolke, um einen neuen Stern und seine Begleiter zu gebären. Der Anfang unserer Welt. Im Zentrum dieses solaren Urnebels begann sich die junge Sonne zu sammeln, während weiter außen Staubteilchen und gefrorene Gase (Schnee) zu immer gröberen Teilchen verklumpten. Die größeren wuchsen auf Kosten der kleineren und zahllose hatten bald m- bis km-Größe erreicht, die Mutterkörper. In Rotation versetzt, versammelten sich diese in Ringen um den Äquator der noch kalten Sonne und kollidierten miteinander. Aus jedem breiteren Ring wurde ein Planet, welcher sich durch seine Gravitation nach und nach alle Mutterkörper und Klümpchen seiner Umgebung einverleibte.

So auch die Ur-Erde, der dritte Planet vor der zukünftigen Sonne. Durch die Energie der niederprasselnden Gesteinskörper, die Wärme, die durch radioaktiven Zerfall und den Druck der planetaren Eigenlast entstand, schmolz die Ur-Erde teilweise oder ganz auf und differenzierte entsprechend der Dichte in Schichten. Es entstand der Schalenbau der Erde, bei welchem die jeweils leichtere Schicht auf der jeweils dichteren Schicht schwimmt. Im Kern reicherten sich Eisen und Nickel, im Mantel mit seiner dünnen Kruste die Gesteinsanteile (Sauerstoff, Silizium, Aluminium und Magnesium) an, darüber das Wasser und letztlich außen die Gase. Die Ur-Atmosphäre enthielt sehr viel Kohlendioxid und fast keinen Sauerstoff, der blieb gebunden in den Gesteinen und dem Wasser des künftigen Urozeans.

Als die Kernfusion der Sonne zündete, fegte der einsetzende Sonnenwind (ein Teilchenstrom) die Staub- und Gasreste der solaren Wolke ins All. Das Licht der Sonne fiel zum ersten Mal auf die Himmelskörper.

Noch viele hunderte Jahrmillionen lang regnete es Steine vom Himmel, vom Sandkorn bis zum kilometergroßen Asteroiden. Meteoriten,

Asteroiden, Kometen – das sind die Reste von Mutterkörpern und verhinderten Planeten – der natürliche „Bauschutt“ des Sonnensystems.

Allmählich wurde es lichter im Sonnensystem, vor 4 Milliarden Jahren erreichte die Intensität der Einschläge etwa den heutigen Wert. Die Spuren dieses Bombardements sind auf der Erde durch den Kreislauf der Gesteine längst verschwunden. Auf dem Mond aber hat sich seither fast nichts verändert, sein kraterübersätes Antlitz ist ein stummes Zeugnis dieser Zeit (Und gewährt uns einen Blick zurück an den Anfang der Welten.).

Die zunächst sehr heiße Erde kühlte mit der Zeit etwas ab, das Wasser regnete herab, wusch dabei das meiste Kohlendioxid aus der Atmosphäre und sammelte sich zum Süßwasser-Urozean.

Unser Planet zeichnet sich, neben vielen anderen Besonderheiten, durch den Prozess der Plattentektonik aus. Die äußere Abkühlungshaut der Erde, die Erdkruste, ist in eine Anzahl sich verändernde Schollen oder Platten zerbrochen.

Ursache ist die Wärme im Kern und Unteren Mantel, die, entsprechend dem Temperaturgefälle, in verhältnismäßig moderaten Mengen nach außen ins All abfließt. Das passiert nicht gleichverteilt, sondern heißere Mantelbereiche treiben aufgrund ihrer verringerten Dichte auf und reichen ihre Wärme an die über ihnen befindliche Kruste weiter, kühlen so ab, werden wieder schwerer und tauchen zurück in die Tiefe. Auf diese Weise entstehen riesige hitzetransportierende Gesteinswalzen, die bald hier, bald dort in Gang kommen und hunderte Jahrmillionen bestehen. Und dort, wo konzentriert immer neue Wärme heraufbefördert wird, entsteht durch die wärmebedingte Ausdehnung ein „heißer Mantelberg“ direkt unter der Kruste.

Das hat zur Folge, dass die über den langgestreckten „heißen Mantelbergen“ befindliche Kruste aufreißt, Magma, welches sich im „heißen Mantelberg“ gebildet hat, entspannt, es dringt in die Bruchfugen (Störungen) ein und erstarrt zu neuer Kruste, die wiederum aufreißt ...
Die neugewachsene Kruste gleitet, angetrieben vom Eigengewicht und den Strömungswalzen, auf denen sie schwimmt, zu beiden Seiten des „heißen Mantelberges“ hinab – die Kruste wächst, von einem Spaltensystem (Rift) ausgehend, nach zwei entgegengesetzten Seiten fort.

Diese Riftsysteme der Kruste auf den „heißen Mantelbergen“ durchziehen als Mittelozeanische Rücken alle Ozeane – Es handelt sich um das größte Gebirgssystem der Erde. Nur selten ragt es einmal über den Meeresspiegel hinaus.

Wo neue Kruste entsteht, muß alte anderswo verschwinden. Tatsächlich, sie kühlt ab, wird dadurch schwerer und sinkt tiefer ein. Aber noch schwimmt sie. Erst wenn sie durch den Schub der neuen Kruste gegen ein Hindernis bricht und daruntergleitet, wird sie schließlich zurück in den Mantel gedrückt, und löst sich in einigen hundert Kilometern Tiefe auf. (Sie schmilzt wie eine ins Wasser gedrückte Eisscholle.) Der Kreislauf schließt sich.

Jede einzelne Krustenplatte ist von aktiven Rändern umgrenzt, auf der einen Seite entsteht neue Kruste, auf der gegenüberliegenden Seite verschwindet (subduziert) alte Kruste und an den Rändern dazwischen schrammt und gleitet sie einfach an den Nachbarplatten vorbei. Erdbeben und Vulkanismus sind ihre Begleiter.

Nun besteht die Erdkruste aus zwei verschiedenen – nebeneinander – auf dem Mantel schwimmenden Typen von Gesteinsmaterial, nämlich der gewöhnlichen, häufigeren ozeanischen Kruste (den Ozeanböden) und der weniger verbreiteten, besonderen, kontinentalen Kruste (den Kontinenten).

Ozeanische Kruste ist nur 5–8 km dick und besteht aus Basalt, einem Silikatgestein ohne freie Kieselsäure. Dieser Basalt der Ozeanböden ist nur wenig leichter als der darunterliegende „Basalt“ des Mantels. Er geht ja auch – an den Mittelozeanischen Rücken – durch partielle Aufschmelzung unmittelbar aus dem Mantel-„Basalt“ hervor und kehrt später in ihn zurück.

Kontinentale Kruste ist 20–70 km dick und ragt deshalb tiefer in den Mantel hinein und höher hinaus, meist deutlich über den Meeresspiegel. Sie besteht aus Granit, einem Silikatgestein mit freier Kieselsäure und besitzt eine etwas geringere Dichte als Ozeanböden.

Die Anteile von Land und Meer auf der Welt hängen also grundlegend vom Gesteinschemismus der Erdkruste ab. Auch die granitische, kontinentale Kruste entstammt dem Mantelgestein. In der Frühzeit der Erde stiegen leichte, kieselsäurereiche Schmelzen nach oben und bildeten die Urkontinente, die sich seit 2,5 Milliarden Jahren nur noch stark wandeln, insgesamt als Landmasse aber weder wachsen noch schrumpfen.

Wenn Kieselsäure (eine Wasserstoff-Silizium-Sauerstoff-Verbindung) unter Abspaltung des Wasserstoffs quasi mit sich selbst kristallisiert, entsteht der bekannte Quarz. Wenn der Wasserstoff bei der Kristallisation durch Metalle (d. h. andere Kat-Ionen) ersetzt wird, entstehen Silikate, die Salze der Kieselsäure, welche eine größere oder kleinere Dichte als Quarz aufweisen.

Erdmantel und Erdkruste bestehen im wesentlichen aus silikatischen Gesteinen. Je mehr freie Kieselsäure, gemeint ist Quarz, ein silikatisches Gestein aufweist, desto geringer ist seine Gesamtdichte, von Druck- und Temperaturverhältnissen einmal abgesehen.

Es sind also der Quarz und die leichteren Silikate (vor allem die Feldspäte) der Grund, warum die Kontinente nicht versinken können, ganz im Gegensatz zu den Ozeanböden. Die Kontinente schwimmen seit ihrer Entstehung wie die Fettaugen auf der Suppe, während die Ozeanböden kommen und gehen mit einer Verweildauer von höchstens 250 Millionen Jahren.

Manche Krustenplatten bestehen nur aus Ozeanböden, andere enthalten einen oder mehrere Kontinente als Einschlüsse, die mitverschoben werden. Entsteht ein neuer „heißer Mantelberg" unter einem Kontinent, dann zerreißt es ihn eben in zwei Teile, indem zunächst ein Grabenbruch mit Basaltvulkanismus entsteht, der sich zu einem Riftsystem fortentwickelt.

Der neu entstehende Mittelozeanische Rücken (und damit ein neuer Ozean, auf Kosten der bereits vorhandenen) bildet ozeanische Kruste und schiebt die Teilkontinente auseinander.

Kontinentale Kruste – die im wesentlichen aus Gesteinen granitischer Zusammensetzung, wie Gneis, Granit, Sandstein und Tonstein besteht, ist generell zu leicht, um in den Erdmantel hinabgedrückt zu werden. Wenn zwei Kontinentalblöcke gegeneinander geschoben werden, so verschweißen sie unter Bildung eines Faltengebirges, während der ehemals dazwischenliegende Ozeanboden (die ozeanische Kruste) ganz verschwindet, sie löst sich im Oberen Mantel auf, um an anderer Stelle wiedergeboren zu werden. Ins Meer gespültes, kontinentales Material wie Ton und Sand, wird dabei abgeschabt und den Kontinentalblöcken wieder angefügt, regelrecht recycelt. Desgleichen passiert, wenn ein mit kontinentalen Ablagerungen bedeckter, alter Meeresboden unter einen einzelnen Kontinent geschoben und subduziert wird. In die Tiefe mitgeführte Reste zu leichter Bestandteile steigen als Magma wieder auf, sie fügen sich als Tiefengesteine in die Wurzel des Kontinentes ein oder erreichen als Vulkanismus dessen Oberfläche.

Die Kontinente können also durch Regen, Wind und Wellenschlag nicht völlig abgetragen und auf den Boden des Weltmeeres geschwemmt werden, solange die Plattentektonik aktiv ist. Ohne sie, ohne die Verschiebung der Ozeanböden und Kontinente im regenerativen Kreislaufprozess, gäbe es unseren terrestrischen Lebensraum nicht.

Der größte Teil der Gesteinsdeformationen weltweit ist auf die Prozesse der Plattentektonik zurückzuführen.

Durch die Wärmewalzen im Erdmantel angetrieben, bewegen und verändern sich die Krustenplatten unablässig, so geschieht es immer wieder, dass alle Kontinentmassen an einem Ort der Welt verschweißt werden und für kurze Zeit einen Superkontinent bilden.

Der Marsch des Lebens begann ziemlich früh in der Erdgeschichte, vor etwa 4 Milliarden Jahren. Die Grundbausteine, Kohlenstoff, Wasserstoff, Sauerstoff und Stickstoff – die häufigsten Elemente im All – sowie ein paar Spurenelemente, waren überall vorhanden. In den Meteoriten sind sogar einfache organische Verbindungen enthalten, die freigesetzt wurden. Aus diesen, den Niederschlägen der gewittrigen Ur-Atmosphäre und der Brandung des frühen Ozeans braute sich die sog. Ursuppe zusammen, in der die Urzeugung einfachster Lebewesen stattfand. Die noch schlichten Geschöpfe entwickelten sich über lange Zeiträume – die Evolution begann sehr langsam und beschleunigt sich immer mehr – zu einfachen, kernlosen Bakterien fort. Vor rund 3,5 Milliarden Jahren erfanden die Cyanobakterien (auch Blaualgen genannt) die Photosynthese und das Leben begann, den Planeten umzugestalten.

Bei der Photosynthese nimmt der Organismus zuerst Wasser und Kohlendioxid auf, spaltet dann mit Hilfe von Chlorophyll und Licht das Wasser, gibt den freiwerdenden Sauerstoff ab und setzt aus dem Wasserstoff und Kohlendioxid Zucker (Kohlenhydrat) zusammen. Eine Revolution der Atmosphäre begann. Zunächst ward aller abgegebener Sauerstoff zur Oxidation im Meerwasser gelöster Stoffe verbraucht, später „verrosteten" die Landoberflächen, ehe schließlich der Sauerstoffgehalt der Atmosphäre merklich steigen konnte.

Am Ende des Präkambriums, vor 570 Millionen Jahren, wird er dann bereits so hoch sein, dass ein zeitreisender Wanderer nicht mehr ersticken müsste.

Vor 2,3 Milliarden Jahren erlebte die Erde ihr erstes Eiszeitalter, es war so kühl, dass selbst in Äquatornähe Inlandgletscher und Treibeis auftraten, weitere Eiszeiten folgten im jüngeren Präkambrium.

Einige Einzeller des präkambrischen Ozeans reagierten auf die selbstverursachte Veränderung der Atmosphäre, sie erfanden vor 1,4 Milliarden Jahren die moderne Form der Atmung und den Zellkern. Amöbenartige Bakterien waren es, sie fraßen andere, kleinere Bakterien, darunter solche, die sie nicht verdauen konnten. Die „Unverdauten" lebten unselbständig weiter und wurden von ihren Wirten zu Zellorganellen domestiziert, zu Mitochondrien, den Kraftwerken der neu zusammengesetzten Einzeller. In den Mitochondrien geschieht die Atmung zur Energiebereitstellung.

Atmung ist der Prozess, bei dem Zuckerarten (Kohlenhydrate) mit Sauerstoff kontrolliert verbrannt werden, um die Energie zu gewinnen, die durch die Photosynthese gespeichert wurde.

Die tierische und pilzliche Linie der Lebensformen war entstanden. Einige der neuen Wesen fraßen auch wieder ein paar unverdauliche Cyanobakterien und domestizierten sie ebenfalls, sie wurden zu Chloroplasten (den Chloropyllträgern). Diese neuen Einzeller konnten hinfort nicht nur atmen, sondern selbst Nahrung (Zucker) herstellen, sie besaßen die Photosynthese! Die pflanzliche Linie der irdischen Lebewelt war entstanden.

In der Zeit vor etwa einer Milliarde Jahren gingen aus diesen Wesen die ersten Vielzeller hervor.

Der relativ hohe Sauerstoffgehalt der Atmosphäre bewirkte eine intensiver werdende Verwitterung der Urkontinente, Flüsse spülten immer mehr Verwitterungslösung in den Ozean, der Salzgehalt stieg auf den normalen Wert an. Kalkstein wurde gebildet und auch erste Salzlagerstätten entstanden.

2. Station: Noch mehr Meer – das Kambrium

Kaum war das Präkambrium in der Dunkelheit der Vergangenheit verschwunden, das Licht in der Reisekapsel angesprungen und wieder verloschen, erscheint ein neuer Tag – ganze 470 Millionen Jahre später, irgendwann im Kambrium, dort, wo in der Zukunft der Hainich liegt.

Wieder schwebt die Zeitreisekapsel knapp 400 m über dem Meer, welches diesmal aufgewühlt wogt, der Himmel ist tief mit Wolken verhangen. Regenschleier schränken die Fernsicht ein. Ein böiger Wind peitscht die See in ganz vertrauter Weise, Bilder, wie man sie aus dem Fernsehen oder eigener Erfahrung kennt. Ab und an prasseln Tropfen vom Wind getrieben an die dicken Scheiben der Bullaugen, laufen herab und erschweren die Sicht zusätzlich.

„Wir befinden uns nun in einer Zeit 530 Millionen Jahre vor der Gegenwart, unserer Gegenwart des 21. Jahrhunderts christlicher Zeitrechnung. Aber machen Sie sich keine Sorgen, wenn nichts schief geht“, der Professor grient, voller Vertrauen in seine Erfindung, „kommen wir auch wieder zurück. Wir werden uns schrittweise unserer Heimat nähern, schwebend durch Raum und Zeit.“, Dr. Drahtweller hält inne, er weiß, zu leicht könnte er pathetisch dahinschwelgen und seine Gäste überfordern. Eine Zeitreise zu machen, ist eine ernste Sache. Und so manchem wird dies erst jetzt so richtig klar, während sich die Expedition im Erdaltertum aufhält. Er hat da so seine Erfahrungen.

Einige der Gäste schauen etwas abwesend, fast ängstlich.

„Darf ich Ihnen etwas anbieten?“ Dr. Drahtweller öffnet seine kleine Bordbar. Ohne eine Antwort abzuwarten, stellt er ein paar Gläser auf die Ablage und schenkt ein. „Nun, wer möchte die Marke des Hauses probieren?“, sein Blick geht flüchtig in die Runde. „Nun mal ran, es ist alles umsonst.“, fügt er hinzu. Endlich regt sich Interesse.

Man spürt ein wenig Erleichterung durch die Runde gehen.
Das wäre geschafft, das Eis ist gebrochen, denkt sich Dr. Drahtweller.

„Darf ich Sie mal was fragen?“, meldet sich ein Herr.
„Nur zu!“
„Ich habe gehört, das Leben wäre aus dem All gekommen. Ist das wahr?“ Wie auf's Stichwort, mischt sich eine Frau ins Gespräch und kann ihre Erregung nicht ganz verbergen: „Außerirdische haben das Leben auf die Erde gebracht, stimmt's, kann man das überprüfen?“

Dr. Drahtweller holt tief Luft und überlegt einen Moment.
„Nun ja“, hebt der Professor an, „ich fürchte, ich kann da nicht ganz ihren Erwartungen entsprechen. Auch ich sehe nur Ausschnitte der Vergangenheit. Ich möchte mal so sagen: Das All ist viel zu groß und angefüllt, als dass wir annehmen könnten, oder müssten, wir Menschen seien die einzigen intelligenten Wesen im Universum. Aber was heißt das schon. Gar nichts. Das Leben an sich ist bestimmt schon an vielen Stellen im Kosmos entstanden, an manchen bereits wieder verloschen und an anderen wird es noch entstehen. Leben, wie wir es kennen, setzt sich ja aus den häufigsten Elementen zusammen.

Vielleicht können einfachste Lebensformen, die noch nicht einmal richtige Bakterien sind, eingepackt in Gestein und Eis tiefgefroren durchs All, oder wenigstens durch die Galaxie, reisen und irgendwo niederfallen, wo sie wieder aufleben können. Wahrscheinlich ist es nicht gerade. Auch würde es den Ursprung bloß ein wenig verschieben.

Denn alle Lebewesen auf der Erde weisen ein ähnliches Spurenelemente-Verhältnis auf wie der Weltozean, ein starkes Indiz dafür, dass das irdische Leben genau dort entstanden ist, zumindest aber seine frühe Evolution durchmachte.

Von außerirdischen Raumschiffen weiß ich nichts. Wenn Fremde in unserer Evolution herumgepfuscht haben sollten, dann haben sie wohl nicht gerade deutliche Spuren hinterlassen.“, hah hah ha. „Das einzige Ufo, das ich kenne, habe ich selbst gebaut, und wir sind gerade drin.“

„Warum ist der Ozean eigentlich salzig?“, fagt eine andere Stimme wie beiläufig.

„Nun, das Salz entsteht bei der Verwitterung der Gesteine und strömt mit den Flüssen ins Meer.“, antwortet der Professor.

„Ach ja.“, sinniert der Gast eine Weile, „Aber müsste dann der Ozean nicht immer salziger werden?“ Auf dem Gesicht Dr. Drahtwellers zeigt sich ganz kurz ein verlegenes Lächeln.

„Das ist richtig. So geschah es ja auch zunächst, bis in die Endzeit des Präkambriums hinein. Seit dem bilden sich immer wieder Salzlagerstätten, und zwar, wenn Salzwasser in flachen Meeresbecken eindampft; das geschieht in den ariden Subtropengürteln. Dadurch blieb seit dieser Zeit der Salzgehalt des Meerwassers im großen und ganzen konstant.“

„Ist ja unglaublich, ein selbstregulierendes System. Aber wie kommt es eigentlich zu diesen flachen Meeresbecken, der Ozean ist doch ziemlich tief?“, will er weiter wissen.

„Der Ozean ist um die 5 Kilometer tief. Schelf- oder Flachmeere entstehen dort, wo Flüsse den Meeresboden vor der Küste mit Sedimentfracht hoch aufgeschüttet haben und vor allem auf den Kontinenten selbst, wenn diese in ihren Tiefländern überflutet werden. Die Kontinente schwimmen zwar unsinkbar auf dem Gestein des oberen Erdmantels, das heißt aber nicht, dass sie mit ihren flachsten Teilen nicht so tiefhängen können, dass sie überflutet werden. Solche Epikontinentalmeere sind gang und gäbe, sie kommen und gehen.“

Der Professor reckt den Hals und richtet seine Aufmerksamkeit auf alle. „Zufällig ist das Wetter schlecht, aber das macht gar nichts. Schauen Sie, noch immer spielt sich das Leben im Meer ab. Inzwischen ist einiges passiert. Vor allem in den Küstengewässern dieser Welt wimmelt es nun von Leben, von cm- und dm-großen Tieren!

Zu Beginn des Kambriums ereignete sich eine geradezu sprunghafte Entwicklung von Lebensformen – die Wissenschaftler sprechen von der ›Kambrischen Explosion‹, denn innerhalb weniger Jahrmillionen – für Paläontologen ist das gar nicht viel – entwickelten sich rund zwei Dutzend verschiedene, grundlegende Körperbau-Typen. Darunter Lebensformen, die von den Wissenschaftlern selbst als ›irre Wundertiere‹ bezeichnet werden.

Das Gesetz vom Fressen und Gefressenwerden ist so alt wie das Leben selbst, doch jetzt, im Kambrium, verläuft unter den Vielzellern ein enormes Wettrüsten. Die Tiere des Kambriums werden nicht nur größer, sondern entwickeln auch Panzerungen und Fresswerkzeuge. Von nun an gibt es Hartteile, die leicht zu Fossilien werden können.

Vor allem viele gliedertierartige Baupläne sind entwickelt, auch die Gliedertiere selbst. Darunter die bekannten Trilobiten."

Dr. Drahtweller kramt aus einem Schubfach seiner Kommandobrücke ein Schraubdeckelglas hervor, gefüllt mit einer Flüssigkeit, darin liegt etwas reglos am Boden. Kaum 5 Zentimeter groß und weißlich, erinnert es an einen Plattwurm, eine Nacktschnecke oder doch eher an ein Fischchen mit abgezogener Haut. Er hält das Glas in die Runde und dreht es auf den Kopf, um dem inwändigen Kadaver etwas Bewegung zu verleihen. „Das ist Pikaia.", sagt er bedeutungsschwanger. „Ein Chordatier. Wissen Sie, was das bedeutet?", fragt er mit forschendem Blick seine Gäste. „Aus den Chordatieren wird dereinst auch die große Schar der Wirbeltiere hervorgehen." Er schaut in die Gesichter und fügt hinzu: „Sie blicken auf einen Vertreter unserer Vorfahren."

Ein wenig ungläubiges Stutzen macht sich breit.

Doch Sven, der jüngste an Bord, zeigt sich ganz beeindruckt und möchte das Glas unbedingt in die eigenen Hände nehmen, um das seltsame Tier ganz aus der Nähe zu betrachten. Er wendet das Glas hin und her und prüft den Inhalt ganz genau, der auf den ersten Blick auch ein Stück saurer Hering sein könnte. „Es hat zwei Fühler am Kopf.", lässt er hören.

Sven reicht das Glas zurück und will wissen, wo der Professor das Tier her hat.

„An der Küste des großen Südkontinents, Gondwana, habe ich ganz in der Nähe der Gegend, aus der später einmal unsere Heimat hervorgehen wird, am Strand ein bisschen im Spülsaum herumgestöbert, mir echte Trilobiten, ›irre Wundertiere‹ und Teile davon angesehen.

Was das Meer eben so angespült hatte. Darunter fand ich auch dieses Pikaia-Exemplar, das ich zu Anschauungszwecken mitnahm und konservierte. Ich weiß, auch für mich gilt, dass aus der Vergangenheit, außer Eindrücken, nichts mitgenommen werden und auch nichts hineingetragen werden darf. Deshalb bewahre ich es auch hier in der Zeitreisekapsel auf."

„Können wir dahin fliegen?", fragt Sven mit bettelndem Ton.

„Das werden wir. Doch leider können wir nicht aussteigen. Alle hier, auch deine Eltern, haben den Reisevertrag unterschrieben. Zeitreisende dürfen per Gesetz erst aussteigen, wenn die Besiedelung der Festländer begonnen hat, nicht vorher, wegen der UV-Strahlung."

Dr. Drahtweller geht zu seinen Instrumenten. „Wir werden jetzt den Standort verlassen und uns im Raum bewegen. Unser Ziel sind die Kontinente im Süden. Von dort aus werden wir die Entwicklung der Hainichregion verfolgen und mit den Ereignissen und Prozessen in unsere Gegenwart zurückwandern. Es ist nicht nötig, dass Sie still sitzenbleiben, denn wir reisen trägheitsfrei."

Das schon vertraute leise Brummen ist zu hören. Langsam steigt das Zeitschiff in die Höhe, doch beginnt es schneller zu werden, rasend schnell. Schon ist die Wolkendecke mit ihren Regenschauern durchflogen, gleißend und erbarmungslos schickt die Sonne ihre Strahlen ins Schiff. Der Wind scheint mit den Wolken zu spielen, seltsam ist es, von oben auf die Wolkendecke herabzublicken, die mehr und mehr in die Tiefe versinkt, so scheint es. Der Horizont weitet sich und der Himmel färbt sich in ein immer dunkleres Blau. Schon blinken die ersten Sterne. Der rasch sich weitende Horizont wird zum zart blau leuchtenden Saum und der sich schwärzende Himmel füllt sich mit Sternen. Die ganze Pracht von Himmel und Erde liegt nun vor den Augen der Reisenden. Wer hätte gedacht, dass eine Zeitreise auch den Ausblick wie aus einem Spaceshuttle böte. In der Kabine herrscht andächtiges Schweigen. Da ist kein Augenpaar, das nicht in die Ferne schweifte und die Zartheit des blauen Planeten wie ein Wunder wahrnähme – das Spiel der weißen Wolkenbänder und -wirbel in der so begrenzt wirkenden Atmosphäre, die von selbst zu leuchten scheint. Die Sonne ist eine grelle, jetzt rein weiß leuchtende Scheibe vor pechschwarzem Hintergrund.

Manch einer fagt sich ob diesen Anblicks, was wohl fremder sei, die orbitale, globale Perspektive oder die Berührung mit der Vergangenheit?

„Bitte schauen Sie nicht direkt in die Sonne. Sie könnten sich Schäden zuziehen. Die Scheiben sind zwar aus Schutzglas, doch vertrauen Sie besser nicht zu sehr auf die Filterwirkung. Wir haben jetzt orbitale Höhe erreicht und beginnen mit dem Richtflug nach Süden, auf hohe südliche Breite."

Wie im Zeitraffer eilt die Reisekapsel fast um die halbe Welt. Kontinente kommen in Sicht, von Wolken nur unwesentlich verhüllt. Plötzlich beginnt das Fluggerät wieder zu sinken.

„Man könnte meinen, die Erde fiele auf uns zu.", meint ein älterer Herr zu der Dame neben sich, vermutlich seine Frau.

Dann bleibt die Kapsel stehen in immer noch orbitaler, großer Höhe.

„Na, hat ihnen unser kleiner Ausritt zu den Sternen gefallen?", fordert der Professor seine Reisegäste zum Gespräch heraus.

„Hervorragend." „Unglaublich." So lauten einige der Antworten.

Dr. Drahtweller geht selbst zu einem der Bullaugen. „Schauen Sie nach unten, auf allen Seiten. Was wir sehen können, sind drei kleinere Kontinente etwa im Dreieck unter uns – in Wirklichkeit sind sie größer, durchaus mittelgroß, aber weite Teile von ihnen sind überflutet. Der Meeresspiegel ist hoch im Kambrium." In der Kabine kommt Trubel auf, jeder will auf der jeweils gegenüberliegenden Seite aus dem Fenster sehen, was nicht ohne Drängelei und unfreiwillige Zusammenstöße abgeht.

„Dieser hier wird von den Geologen Laurentia genannt, er stellt den Kern des zukünftigen Nordamerikas dar. Der daneben, dieser südlich der beiden anderen, heißt Baltica, sein Territorium wird später den baltischen Raum mit Skandinavien, Nordostpolen sowie Russland, ohne Sibirien, beherrbergen. Siberia, also das zukünftige Sibirien, sehen Sie dort als den dritten Einzelkontinent. Direkt im Süden sehen Sie den unüberschaubaren Großkontinent Gondwana. Ist er nicht ein Prachtstück? Er nimmt die ganze Südpolregion ein und reicht auf der gegenüberliegenden Seite der Welt mit einer breiten Zunge, bestehend aus den zukünftigen Einzelkontinenten Antartica und Australia, hoch bis an den Äquator. Was wir von ihm hier direkt vor uns sehen, ist der Norden des zukünftigen Afrikas und Süd-Amerikas."

An den südwärtigen Bullaugen herrscht großes Gedränge.

Dr. Drahtweller zieht sich vom Fenster zurück, um Platz zu machen. Allmählich legt sich das Gedränge, ein jeder hat gesehen, was es zu sehen gab.

„Und wo ist unser Land?", bahnt sich eine Frage den Weg.

„Das zukünftige.", ergänzt jemand.

„Das liegt dort.", der Professor tritt wieder einen Schritt heran und weist mit der Hand in südöstliche Richtung auf Gondwana: „Es ist noch Bestandteil der Küstenregion Gondwanas im Bereich des zukünftigen Afrikas, dort wird es abbrechen. Wir werden das gleich verfolgen. Doch bevor wir das Kambrium verlassen, möchte ich Ihnen noch erzählen, was mit den seltsamen Tieren passieren wird."

Er geht zur Ablage, dort steht noch immer das Glas mit Pikaia. Er nimmt es hoch: „Dieses Modell wird überleben." und stellt es zurück ins Schubfach. „Wenige andere auch. Aber die meisten der so schlagartig entstandenen anatomischen Baupläne, viele vom Rang eines Stammes, werden am Ende des Kambriums, also in 15 oder 20 Millionen Jahren, für immer von der Erde verschwinden. Die wenigen überlebenden Stämme, Bauplantypen, werden die Ahnen der gesamten nachfolgenden Tierwelt sein! Eine solche Situation wird es in der ganzen Erdgeschichte kein zweites Mal geben. Später wird jede Diversifikation auf diese überlebenden Stämme zurückgreifen.

Die ›kambrische Explosion‹ gibt den Forschern zwei Rätsel auf. Wie konnte es so plötzlich zu einer solchen Vielfalt an Tiermodellen kommen und warum starben die meisten nach langer Zeit wieder aus?"

„Warum erforschen Sie das nicht?", fragt Sven.

„Ich unternehme nicht nur touristische Reisen in die Vergangenheit, sondern lotse auch wissenschaftliche Expeditionen an jeden gewünschten Ort der Erde in Raum und Zeit. Es wird daran geforscht, aber das ist nicht so einfach wie man anfänglich glauben mochte. Es ist trotz allem wie die Suche nach der Nadel im Heuhaufen, deshalb gibt es auch noch keine neuen Ergebnisse.“

„Da ist noch ein Kontinent. Oder eine Insel!“, ruft jemand voller Entdeckerfreude und ohne den Blick zu wenden. Sofort horchen alle auf und wollen selber sehen, was es da zu sehen gibt. Tatsächlich, hinter Siberia ragt ein kleines Stückchen Land aus dem Meer.

„Ja“, meint Dr. Drahtweller beinahe beschwichtigend, „es gibt noch ein Stückchen Erde, einen Mikro-Kontinent, der zur Zeit aber fast vollständig von Meerwasser bedeckt ist, Kasachstania, das zukünftige Kasachstan. Das ist es.“, dreht sich auf dem Fuße und wendet sich dem Zeitreisecomputer zu. Natürlich brummt es wieder und dann geht für einen Moment das Kabinenlicht an, während sich die Zeitreisekapsel in Dunkelheit hüllt ...

Das Kambrium

begann vor 570 und endete vor 510 Millionen Jahren. Abgesehen von einigen Bakterien, Algen und Pilzen sind die landfesten (trockenen) Teile der Kontinente noch unbesiedelt und öde.

3. Station – Puzzle auf Tour.

Das Licht geht wieder aus, draußen wird es hell. „Wir haben 90 Millionen Jahre zurückgelegt und befinden uns nun am Ende des Ordoviziums.“, eröffnet der Professor.

„Eisberge!“, raunt es.

„Ja, jetzt, während der letzten paar Millionen Jahre des Ordoviziums, herrscht ein Eiszeitalter mit vier großen Eiszeiten, eine davon haben wir gerade erwischt.“, der Professor schmunzelt. „Zugegeben, das war

Absicht." und fährt fort: „Sie sehen die große Inlandeismasse am Südpol, auf Gondwana, im Gebiet der späteren Sahara. Die Inlandgletscher erreichen das Meer und kalben Treibeisberge, die vereinzelt weit nordwärts driften, während sie abschmelzen. Ein paar können Sie ja unter uns sehen."

„Wo?", erkundigt sich jemand.

„Schauen Sie aus einem der südlichen Fenster.", rät Dr. Drahtweller.

Der Mann, der schon eben im Kambrium nach dem Zielgebiet gefragt hatte, meldet sich wieder zu Wort: „Und unser Gebiet, das liegt jetzt unter dem Eis dort am Horizont?"

„Oh nein", auf diese Frage scheint der Professor nur gewartet zu haben, „es ist uns schon sehr, sehr nahe!", das macht alle neugierig.

„Wissen Sie, im Mantel der Erde hat sich hier unten im Süden eine große Strömungswalze gebildet, die versucht, den riesigen Großkontinent Gondwana – über den Südpol hinweg – nach Norden zu ziehen. Im Verlaufe der Erdgeschichte wird sie das auch schaffen, aber das Monstrum bewegt sich nur langsam. Dafür zerrt sie hier am Nordrand um so erfolgreicher. Die Kruste entlang der Nordküste Gondwanas ist dadurch ausgedünnt worden und schließlich, seit Beginn des Ordoviziums, in eine Reihe langschmaler Splitter zerrissen. Diese abgebrochenen, abgesplitterten Mikrokontinente werden deutlich schneller nach Norden bewegt als das große Gondwana.

Vier von diesen Mikrokontinenten interessieren uns ganz besonders, nämlich E-Avalonia, ein recht großer Streifen, der bereits die Südküste von Baltica erreicht und sich dort angeschlossen hat. – Dieser Mikrokontinent oder Terran hat Baltica, also dem Ur-Nordeuropa, die Gebiete des späteren Südenglands, der südlichen Nordsee, der Beneluxstaaten und Norddeutschlands hinzugefügt.

Dicht gefolgt von einem sehr kleinen, mehrere hundert Kilometer langen und nur 50 bis 100 Kilometer breiten Kontinentsplitter, den die Geologen Mitteldeutsche Kristallinzone nennen. Er liegt fast genau unter uns, na schon etwas nördlich von hier", der Professor tritt an eines der nach Norden zeigenden Bullaugen heran, an denen sich niemand aufhält, „aber Sie können ihn nicht sehen, weil er völlig überflutet ist. Er wird später den Hainich und Städte wie Mühlhausen, Gotha und Erfurt, aber auch Halle und Heidelberg tragen."

Dr. Drahtweller wendet sich einem ostwärts weisenden Bullauge zu und müht sich, scharf nach unten zu blicken. „Direkt unter uns befindet sich ein weiterer Mini-Splitter, etwa genauso lang wie die wenig voraus driftende Mitteldeutsche Kristallinzone", er weist kurz mit der ausgestreckten Hand nach Norden, „aber deutlich breiter, bis über 300 Kilometer; das Saxothuringikum. Wie der Name schon sagt, beherbergt es unter anderem den späteren sächsischen und südthüringischen Raum."

„Diese schmale Insel entspricht also 300 Kilometern Breite?", möchte sich ein Gast vergewissern und eine Vorstellung von der gesehenen Größe bekommen.

„Nein, nein, das ist nur ein Hochgebiet im Süden, der größte Teil des Saxothuringikums ist von einem bis zu 100 m tiefen Schelfmeer bedeckt, auf dessem Grunde Ton und Schluff abgelagert werden, die Abtragungsprodukte der Insel."

„An welchem Breitengrad befinden wir uns eigentlich?", will er wissen.

„Ein paarundvierzig Grad südlicher Breite.", antwortet Dr. Drahtweller.

„Erstaunlich, dass hier noch Eisberge auftauchen!", stellt der Mann fest. Alle hören gespannt zu.

„Ja, Meeresströmungen bringen sie her. Wie Sie sehen können, driften einige – der Wind ist daran nicht ganz unbeteiligt – auch in den flachen Meeresbereich über dem tiefen Teil des Saxothuringikums hinein. Während sie abschmelzen, fallen Sand und kleine Findlinge, die im Gletschereis eingeschlossen waren, zu Boden. Diese sogenannten Drop stones können Sie sich übrigens in der Gegenwart im Thüringischen Schiefergebirge ansehen, wenn die Sedimente des jetzigen Meeresbodens zu Lederschiefer geworden sind."

Der Professor versucht behutsam, sich Zugang zu einem der umdrängten, südwärtigen Bullaugen zu verschaffen. „Es wundert mich, dass noch niemand nach diesem Land dort gefragt hat! – Der vierte der uns interessierenden Mikro-Kontinente und wieder ein relativ großer Splitter, vergleichbar E-Avalonia. Sein Name ist Armorica. Lang und schmal wie ein Bumerang, wird er später Nordfrankreich, Süddeutschland und Tschechien tragen."

Vermutlich sind die Gäste mehr an den Eisbergen interessiert, die den südlichen Ozean bevölkern. Aus dieser Höhe erscheinen sie wie seltsame Schafherden, ab und an blinkt ein umgelenkter Sonnenstrahl von den schmelzenden Eiswänden herauf.

Professor Drahtweller aktiviert wieder seine Zeitmaschine.

Das Ordovizium

begann vor 510 Mio und endete vor 438 Millionen Jahren, nicht nur mit einem Eiszeitalter, sondern auch mit einem Massensterben, dem viele Tiergruppen zum Opfer fielen.

Im mittleren Ordovizium waren an der Küste von Laurentia die ersten niederen Pflanzen (Nematophyten) an Land gegangen, Gefäßpflanzen gab es noch nicht.

In den Urmeeren schwammen frühe Wirbeltiere in Gestalt urtümlicher, kieferloser Fische.

4. Station: Strandendes Land

Das schwache Licht der Kabine verlischt und macht einem hellen Tageslicht Platz. Wie automatisch wenden sich die Blicke wieder nach draußen. Die Bilder gleichen sich ein wenig.

„Wir befinden uns nun im Silur, an dessem Ende, 415 Millionen Jahre vor unserer Gegenwart. Die Kontinente sind auf ihrem Weg nach Norden wieder ein Stück vorangekommen. Siberia liegt jetzt schon jenseits des Äquators im Subtropengürtel der Nordhalbkugel und ist nicht mehr gut zu sehen. Davor liegen Baltica und Laurentia, direkt am Äquator, wobei das größere Laurentia, wie Sie sehen, weit nach Süden bis an die gemäßigten Breiten heranreicht."

„Sie sind sich näher gekommen.", sagt jemand.

„Ja, mehr noch.", greift der Professor auf, „Baltica hat sich nach Westen bewegt und bewegt sich weiter. Die baltische Westküste ist ein aktiver Plattenrand, der Kontinent schiebt sich über den Ozeanboden, der in den Mantel abtauchen muss und aufschmilzt."

„Sind das Vulkane?", fragt Sven und bohrt mit dem Finger an der Scheibe.

„Ja, Vulkanismus begleitet natürlich diesen Prozess. Schauen Sie nach Norden. Was sehen Sie?"

„Äh, Berge!", lautet die vorsichtige Antwort.

„Richtig! Im Norden stoßen beide Kontinente nämlich schon gegeneinander und die dazwischenliegenden Meeressedimente wurden dabei zu einem Faltengebirge aufgequetscht. Wie eine Schweißnaht wird dieses Gebirge in den kommenden Jahrmillionen die beiden Kontinente völlig miteinander verbinden – Stück für Stück durch das andriftende Baltica von Nord nach Süd herausgepresst. Sie sehen die Entstehung eines neuen Kontinents, der Euramerica, Laurasia oder Old-Red-Kontinent genannt wird."

„Gibt es denn für alles Namen, was so in der Erdgeschichte passiert, und auch gleich noch mehrere?", fragt eine Dame mittleren Alters schon etwas verwundert.

Der Professor lächelt versöhnlich. „Nein, ganz bestimmt nicht. Aber der schmale Ozean da, der zwischen Baltica und Laurentia verschwindet, heißt Iapetus, und das Gebirge, das sich an seiner Stelle bis ins obere Devon hinein aufbaut, wird Kaledoniden oder Kaledonisches Gebirge genannt."

Der Blick der Dame ist vielsagend, aber den Professor scheint das nicht weiter zu stören. Er freut sich.

„Unser Zielgebiet auf der Mitteldeutschen Kristallinzone", fährt er fort, „liegt hier unten, wenige hundert Kilometer vor E-Avalonia, das ja schon Teil der Südküste Balticas und damit nun des Old-Red-Kontinents geworden ist.“ Man reckt die Hälse. „Wir sehen es nicht, weil es noch immer von Wasser bedeckt ist.“

Der Professor wendet sich zur Südseite des Schiffes. „Beachten Sie bitte auch Gondwana, das näher gekommen ist.“

„Old-Red. Der Name passt jedenfalls, genau so sieht er aus.“, sagt ein Gast beiläufig zu seinem Nachbarn. „Ja, erinnert mich irgendwie an Australien, nur dass da unten keine Kängurus rumspringen.“, erwidert der und grinst.

Dr. Drahtweller kramt etwas aus einem Schubfach, es sind Lappen und eine Putzlösung zum Sprühen. Die Scheiben der Bullaugen sind inzwischen von Finger- und Nasenabdrücken ganz fleckig.

„Bitte sorgen Sie für einen klaren Blick!“, macht er die Gäste darauf aufmerksam. Erfahrungsgemäß ist das Interesse an klaren Scheiben so groß, dass sich niemand dieser Aufgabe entzieht.

Es wird ein wenig unruhig in der nicht allzu geräumigen Reisefähre.

„Bitte setzen Sie sich auf Ihre Plätze, damit wir weiterkommen.“ Einige überlegen, wo sie eigentlich gesessen haben. Allmählich wächst die Aufmerksamkeit.

„Sie haben den Vulkanismus gesehen, der die Subduktion und die kaledonische Gebirgsbildung begleitet.“, führt Professor Drahtweller seinen Vortrag fort. „Dadurch werden große Mengen Nährstoffe ins Meerwasser eingespeist, die viel planktonisches Leben ermöglichen. Nach dem Tode sinken die Algenkörper und was sonst noch im Wasser treibt, zu Boden und werden zersetzt, dadurch sinkt der Sauerstoffgehalt der bodennahen Wasserschichten sehr stark ab, es entsteht Faulschlamm. Solcher durch organischen Kohlenstoff schwarzgefärbter Schlamm lagert sich auch in den küstenferneren Bereichen der überfluteten Teile E-Avalonias, auf der Mitteldeutschen Kristallinschwelle, dem saxothuringischen Schelf und den dazwischen befindlichen Ozeanböden ab.

Wie sieht es an Land aus? Nun, allzu viel hat sich noch nicht verändert. Doch weltweit entwickelten sich im Verlaufe des Silurs, in den tropischen und subtropischen Gebieten, krautige Sumpfpflanzen, darunter echte Gefäßpflanzen wie die Psilophyten, also Nacktfarne – sporenbildene, semiaquatische Ur-Farne mit blattlosen Stengeln – oder auch Vorfahren der Bärlappe. Noch hat sich die Pflanzenwelt nicht wirklich ans Landleben angepasst, sondern braucht „nasse Füße“ zum Überleben.“

„Können wir uns die mal ansehen?“, fragt eine höfliche Frauenstimme.

Dr. Drahtweller holt Luft und windet sich etwas. „Es lohnt sich eigentlich noch nicht und die Ozonschicht ist auch noch nicht komplett.“, gibt er zu bedenken. „Ich denke, wir steigen erst in der nächsten Station, im Devon, aus und zwar direkt in unserem Zielgebiet auf der Mitteldeutschen Kristallinschwelle. Ich verspreche, Sie werden dann auch noch Psilophyten finden, und einiges mehr.

Wenn Sie möchten, können Sie auch an einer speziellen paläobotanischen Exkursionsreise teilnehmen, die ich von Zeit zu Zeit für Fachpublikum durchführe.“, bietet ihr der Professor an.

Doch soweit, scheint’s, geht ihr Interesse dann doch nicht.

„Gut. Dann wollen wir gar nicht länger warten. Auf ins Devon!“, ermuntert er sein Publikum.

Sven schleicht sich zum Pilotenpult, um den nun folgenden Vorgang ganz genau zu verfolgen. Dr. Drahtweller aktiviert über einen verschlüsselten Code die Zeitmaschine. Der Computer scheint sogar die Handfläche des Professors zu erkennen. Zahlen werden eingegeben – die Raumkoordinaten. Dann der Zielzeitpunkt, auf die Stunde genau!

Der Ausblick verschwindet in Finsternis, das so vertraute Lämpchen springt an und taucht das Innere der Kapsel in ein funzliges, anheimelndes Licht. Alles wirkt so nah, ähnlich wie im Fahrstuhl, aber man spürt nicht die geringste Bewegung. Abgesehen von dem schwachen Vibrieren, dazu das etwas unheimliche Brummen ...

Das Silur

begann vor 438 Mio und endete vor 410 Millionen Jahren. Viele Tiergruppen erholten sich wieder und gelangten zu neuer Blüte, so die typischen Graptolithen. Die ersten kiefertragenden Fische entstanden.

5. Station: Der erste Wald

„Da sind wir. Im späten Devon, nur noch 370 Millionen Jahre vor der Gegenwart.“ Kaum war es draußen wieder hell geworden, erwacht das Interesse der Gäste zu neuer Lebendigkeit.

„Mensch, da ist es ja richtig grün aufeinmal!“, stellt jemand fest.
„Wo?“
„Na da, auf Old-Red, rot und grün. Ihr müsst hier nach Norden schauen!“, wendet er sich an die Gruppe.

„Nein hier! Jetzt ist es passiert!“, kommt es aus der „Südwestecke“ zurück. „Gondwana ist an der Südspitze von Laurentia angekommen, ich meine dem ehemaligen Laurentia!“

Professor Drahtweller mischt sich ein: „Ja, Gondwana hat die Südküste des Old-Red-Kontinents erreicht und kollidiert, beginnend im Westen. Die Schließung des Iapetus war nichts geringeres als der Auftakt zur Vereinigung aller Kontinente zur Gesamterde, zur Pangäa.

Wir haben einen Zeitsprung von 45 Millionen Jahren gemacht, nicht viel, aber es ist doch einiges geschehen. Sehen Sie nach Norden. Unser Zielgebiet ist jetzt Festland, Teil einer schmalen, sich lang hinziehenden Insel! Im Verlaufe des Devons wurde der Nordrand der Mitteldeutschen Kristallinzone über den Meeresspiegel gehoben.“

„Ist ja kaum zu erkennen.“, meint ein Herr.
„Wie ist das passiert?“, möchte ein anderer wissen.

„Gondwana kommt! Nach dem Domino-Prinzip werden unsere Kontinentsplitter, Armorika, das Saxothuringikum, die Mitteldeutsche Kristallinzone, von Süden nach Norden durch das gewaltige Gondwana aufgefahren, wobei sich die Nordränder der Mikrokontinente über die Südränder der nächstgelegenen Platte schieben, sei es ein Stück Ozeanboden oder bereits der nächste kleine Kontinent.

Wir werden gleich runtergehen und im Zielgebiet landen. Bevor wir das erste Mal aussteigen, werden wir was essen. Sie haben noch einen langen Tag vor sich, stärken Sie sich."

Einige kramen in ihrem Fluggepäck und holen Kekse oder Stullen hervor. Der Professor öffnet seine Bordbar, die nicht nur Alkoholisches birgt, sondern auch die Reiseverpflegung. „Also, wir haben hier verschiedene Sorten aufgeschnittenes Brot und thüringische Wurstspezialitäten, Hausschlachteart. Dazu ausreichend Tafelwasser. Bitte versuchen Sie, nicht allzu sehr zu krümeln. Bedienen Sie sich."

Man lässt sich nicht lange bitten. Auch der Professor frühstückt, doch nebenbei gibt er bereits die Befehle für den Landeanflug ein.

Die Reisekapsel setzt sich in Bewegung. Langsam fährt sie nordwärts, während die Passagiere kauen. Genau über dem Zielgebiet geht sie unvermittelt in den Sinkflug über. Der eine oder andere Blick fällt nach draußen. Die urzeitliche Insel, die unsere Heimat sein soll, kommt rasend näher, immer näher, doch die Kapsel scheint gar nicht abzubremsen! Unwillkürlich wächst die Anspannung und die Autofahrer unter den Gästen möchten am liebsten auf die Bremse treten – wenn da eine wäre! In letzter Sekunde verlangsamt sich der Fall – trägheitsloses Reisen mit bordeigenem Schwerefeld ist ein Erlebnis für sich – und die Reisekapsel setzt behutsam, aber spürbar am sandigen Strandsaum der Nordküste auf. Was für eine fremde Welt!

Die Aufregung lässt so manchen Appetit vorzeitig verstummen. Neugierige und seltsam überraschte Blicke tasten fast schüchtern die Umgebung ab. Ist das möglich – scheinen sie zu fragen – sind wir tatsächlich hier; im Devon?!

„Jetzt wird's ernst.", sagt Dr. Drahtweller schmunzelnd. „Wenn Sie fertig sind mit Frühstücken, sehen wir uns draußen mal um." Allmählich macht sich Entdeckerfreude breit.

Die Reisekapsel ist im Bereich der Mündung eines kleinen Flüsschens gelandet, welches mit einem kleinen, von Mäandern und Tümpeln durchzogenen Delta ins Meer reicht. Eigentümlich sprossende Pflanzen bilden eine Art Röhrricht an Stellen, die schon länger nicht mehr der Strömung ausgesetzt waren. Professor Drahtweller weist mit der Hand darauf: „Da haben Sie Ihre Psilophyten, die Sie sehen wollten." und lächelt zufrieden.

Direkt hinter dem schmalen Strand beginnt eine Art merkwürdiges Gestrüpp aus sparrig verzweigten Pflanzen, ein bis zwei Meter hoch. Die ganze Insel ist grün und steigt landeinwärts an.

„Willkommen im Inselparadies! Willkommen in der Urheimat! Wenn Sie soweit sind?", forscht Dr. Drahtweller.

„Gibt es da draußen irgendwelche Gefahren?", erkundigt sich ein Passagier.

„Natürlich.", antwortet Dr. Drahtweller. „Irgendwelche Gefahren gibt es schließlich immer. Aber haben Sie keine Angst, Tiere von der Größe, die sie fressen könnten, erwarten sie nicht. Aber schauen Sie, wo Sie hintreten, fassen Sie nicht alles an, nehmen sie nichts in den Mund." Entspannendes Gelächter. „Sie lachen. Habe ich alles schon erlebt!", fügt er hinzu.

„Gibt es da vielleicht gefährliche, ansteckende Krankheiten?", möchte eine ältere Frau wissen, und antwortet sich gleich selbst: „Aber das können Sie bestimmt auch nicht wissen."

„Ich bin nicht zum ersten Mal hier.", gibt der Professor zu bedenken. „Worauf Sie achten müssen im Devon, sind Skorpione und Haie."

„Haie?", ist man sichtlich erstaunt.

„Ja, es gibt sie bereits. Sie leben im Meer und im Süßwasser, seit dem mittleren Devon etwa, aber sie werden nur ein oder zwei Meter lang. Und baden geht mir hier sowieso keiner. Klar?! Also, alles raustreten was bezahlt hat!" Dr. Drahtweller öffnet über den Bordcomputer die Tür des Zeitschiffes, ein Schwall warmer Luft kommt herein. Er tritt beschwingt ins Freie, gefolgt von seinen Gästen; einen nach dem anderen spuckt das Zeitschiff an den Strand des devonzeitlichen Meeres.

„Ganz schön warm und sonnig.“, bemerkt jemand.

„Klar, wir sind ja auch in den Tropen.“, reagiert ein anderer Reisender.

Dr. Drahtweller baut sich vor seiner Gruppe auf: „Wir befinden uns ziemlich genau am 20. Breitengrad südlicher Breite. Um diese Jahreszeit – ein paar Wochen nach der Regenzeit – herrscht erwartungsgemäß freundliches Wetter und die Lebewelt ist optimal entwickelt.“

Sven rennt los, den feuchten Saum am Strand entlang immer kurz über der hauchdünn auslaufenden Brandung. Er findet einen glibberigen Kadaver und befördert ihn in hohem Bogen zurück ins Meer. Die Brandung trägt ihn zurück an den Strand, rollt ihn hin und her. Plötzlich taucht etwas aus dem Wasser auf und scheint sich für den Kadaver zu interessieren. „Ein Krebs!“, schreit Sven. Mit einem Stock katapultiert er das Tier an den Strand und treibt es vor sich her. Jetzt erst bemerkt seine Mutter, dass er sich entfernt hat: „Sven, komm sofort her!“, ruft sie entnervt.

Während Sven der Aufforderung seiner Mutter Folge leistet, verschwindet das Tier unter den musternden Blicken Drahtwellers wieder in den Fluten: „Es ist ein Eurypteride, ein Skorpionsverwandter. Diese krebsähnlichen, räuberischen Gliedertiere leben im Süß- und Brackwasser. Er gehört nicht ins Meer, sondern hier zum Flussdelta, offensichtlich hält er sich im Bereich der Wasservermischung auf. Vermutlich werden wir noch mehr davon sehen, wir gehen nämlich ein Stück das Flüsschen hinauf – andere Wege gibt’s hier nicht.“

Die Gruppe setzt sich in Bewegung. Jungfräulich erscheint ihnen das Land, jeder ihrer leicht einsinkenden Tritte in den bald roten, bald gelbgrauen, kiesigen Sand mutet ihnen ähnlich bedeutungsvoll an wie die Fußstapfen auf dem Mond. Aber hier gibt es mehr zu entdecken. Schon ist das Meer nur noch zu hören und hinter ihnen schließt sich die sumpfige Wildnis aus Ur-Pflanzen, die z. T. ganz entfernt an Rohrkolben erinnern.

„Wir gehen quasi den Weg des Lebens“, philosophiert der Professor drauf los, „vom Meer kommend in Brackwasserbereiche hinein und Flussmündungen hinauf. Von Süßwassersümpfen aus eroberten Pflanzen und Tiere das trockene Land.“

Den kleinen Fluss rahmt eine Wildnis aus farnartigen krautigen Gewächsen und kleineren Gehölzen. Die Pflanzen scheinen nur aus Stielen, Stämmen und Zweigen zu bestehen und sind eigentümlich verzweigt, mal bizarr und sperrig, mal elegant gebogen. Richtige Blätter sind nirgens zu sehen, nicht mal an den Farnen – oder was man dafür halten möchte – überall nur stachelartige, pfriemförmige Fortsätze.

Die Gruppe folgt den in der Regenzeit frisch aufgeschütteten Sandbänken, immer dicht an den Rinnsalen und Bächen.

„Sehen Sie sich diese Bärlappbäume an!“, der Professor braucht seine Leute nicht zu begeistern.
„Sie sind nur ein paar Meter hoch, die größten um die acht Meter, aber ihre Nachfahren im Karbon werden etwa 25 Meter groß sein – bevor sie aussterben.“

Der Weg führt sanft bergan. Sie haben jetzt den Schwemmfächer des kleinen Deltas hinter sich gelassen und geraten in einen mal dichten, mal parkartig aufgelockerten, gebüschartigen Urwald. Das Flüsschen ist nicht mehr zerteilt, sondern schlängelt sich in Mäandern dahin.

„Jetzt wird es zu nass, wir müssen raus aus der Fließrinne und uns direkt durchs Ufergebüsch schlagen.“ Dr. Drahtweller, der vorne weg geht, lenkt seine Schritte auf ein Röhrricht urtümlicher Schachtelhalme zu und bahnt mit Händen und Füßen einen Gang darin.

„Da ist wieder so ein Eugypter!“, ruft Sven begeistert und zeigt in Richtung eines Prallhang-Kolks. Alles drängt heran und auch Dr. Drahtweller taucht wieder aus den Schachtelhalmen auf. „Eurypteride.“, verbessert er. Im Wasser bewegt sich etwas dunkelsilbriges, während der Eurypteride gemächlich davonschreitet.

„Da, ein Fisch!“, ruft jemand.
„Ja, ein Panzerfisch. Sehen Sie, der Kopf ist mit harten Platten gepanzert, nur der Schwanz ist beweglich.“, erklärt der Professor.

„Komisch, der ist gar nicht scheu?!“

„Warum auch, als ausgewachsenes Exemplar kennt er keine Feinde mehr.“, sagt Dr. Drahtweller.

„Der wird sich über uns ganz schön wundern.“, mutmaßt ein Herr halb im Scherz.
„Gibt es diese Fische in unserer Zeit auch noch?“, will Sven wissen.

„Nein, sie sterben aus. Jetzt, im hohen Devon, sind alle Fischtypen entwickelt, die es je geben wird: Kieferlose, Knorpel- und Knochenfische. Manche Gruppen von denen enden wieder, andere entfalten sich, vor allem die Strahlenflosser werden später sehr artenreich sein – das sind sozusagen die gewöhnlichen Fische, wie sie jeder kennt.“

Während die Zeitreisenden ihren Weg talauf fortsetzen und darauf achten, die Mäanderschlingen nicht ganz aus den Augen zu verlieren, von einer zur nächsten, entsteht ein Gespräch über Evolution.
„Es stimmt nicht“, sagt Dr. Drahtweller, „dass nur die Bestangepassten und Tüchtigsten oder gar Hochentwickeltsten überleben. Es überlebt in der Natur alles, was gerade gut genug angepasst ist, um am konkreten Ort zu konkreter Zeit am Leben zu bleiben. Deshalb existieren ja auch erdgeschichtlich ältere und jüngere Evolutionsprodukte neben- und miteinander. Und das muss auch so sein, ohne Einzeller beispielsweise, ohne Bakterien könnte die Biosphäre gar nicht funktionieren. Wer sollte denn die ganzen toten Lebewesen wieder abbauen und den Stoffkreislauf schließen? Bakterien sind die wichtigsten Destruenten.“

Dr. Drahtweller hält einen Augenblick inne und korrigiert dann die Marschrichtung: „Hier lang! Bleiben Sie bitte unbedingt dicht beisammen.“

Eine Frau kreischt entsetzt, weil ihr eine Spinne über die Hand läuft.
„Spinnen gibt es also auch schon.“, bemerkt ein Mann, an den Professor gerichtet.

„Spinnen, Milben und allerhand flügellose Insekten. Sie sind den Pflanzen an Land gefolgt.“, geht der Professor darauf ein.

Der Charakter der Vegetationsdecke ändert sich. Die Bärlappbäume sind verschwunden, nur krautige Bärlapppflanzen schlängeln sich noch über den roten Boden, zwischen farnartigen Sträuchern, von denen manche aussehen wie überdimensionale Rentierflechte. Das Geländerelief ist wenig bewegt, hier und da finden sich grundwasserfeuchte Mulden.

Aus der Pflanzendecke ragen vereinzelt kleine, zwei bis drei Meter hohe Bäumchen.
„Wie filigran!“, bemerkt jemand, „ich glaube, das sind Baumfarne.“
„Oder so was ähnliches.“, antwortet eine andere Person, „jedenfalls urig schön!“, ist man sich einig.

Es wird merklich steiler und einige kommen ziemlich ins Schwitzen. Kein Wunder bei der feucht-warmen Luft. „Wie weit gehen wir eigentlich noch, Herr Drahtweller?“

„Wir sind gleich da. Ich möchte Ihnen etwas zeigen.“, antwortet der Professor. Wie um die Zeit zu überbrücken, fährt er fort: „Das Land, auf dem wir wandeln, wird einmal den Hainich tragen. Allerdings wird bis dahin erdgeschichtlich noch viel passieren. Wir laufen quasi vom Nordhainich in Richtung Nationalpark.“ Dr. Drahtweller bleibt stehen, um Luft zu schöpfen. Die wenigen, niedrigen Bäumchen spenden kaum Schatten. „Wissen Sie, das Klima ist trotz der niedrigen Breitenlage ziemlich arid. Ich bin hier schon bei ganz anderen Temperaturen gewesen, glauben Sie mir!“

Dann ist es soweit, die Wandergruppe betritt einen richtigen Wald mit mächtigen, schattenspendenden Bäumen und wenig Unterholz. Der Blick weitet sich zwischen den fuchsigbraunen Stämmen, manche mehr als einen Meter dick.
„Wau! Phantastisch.“
„Die sind mindestens zwanzig, fünfundzwanzig Meter hoch, wie bei uns.“, mustert ein Mann die Stämme. Von regelmäßigem Wuchs, mit waagerecht abstehenden Ästen und pyramidal zugespitzten Kronen, erinnern diese Bäume entfernt an Fichten oder Tannen.

„Das sind Archaeopteris-Bäume. Sie bilden den ersten Hochwald der Erdgeschichte.“, verkündet Professor Drahtweller mit einem Glanz in den Augen. Er hebt einen abgefallenen, verdorrten Zweig auf und hält ihn in die Runde: „Die Blätter sind farnartig zerschlitzt und sie vermehren sich durch Sporen, aber ihre Stämme“, er lehnt sich mit der flachen Hand gegen einen Stamm, „sind aus modernem Holz vom Nadelholz-Typ!“ Er wartet auf eine Reaktion. Die Mitglieder der Gruppe sehen sich um, heben Blattreste auf oder untersuchen die Rinde. Ein leichter Wind aus Südost kämmt durch die Kronen. Für einen Augenblick wähnt man sich fern, in der Heimat.

„Um an Land zu bestehen, mussten die Pflanzen Wurzeln und Leitgewebe entwickeln, im nächsten Schritt Holz, das zugleich Leit- und Stützfunktion besitzt. Das Ergebnis sehen Sie. Die Weiterentwicklung des Blattwerks und der Fortpflanzungsorgane dagegen ist weniger dringend und hat sozusagen noch Zeit.“, doziert der Professor. „Die Gefäßpflanzenentwicklung begann im späten Silur und erreicht mit diesen Archaeopteris-Bäumen im späten Devon ihren vorläufigen Höhepunkt, so meine ich.“

„Werden sie aussterben?“, fragt jemand unvermittelt.

„Nein, sie entwickeln sich fort, vermutlich stammen alle unsere Bäume von ihnen ab. Sie sterben insofern aus, in dem sie in unserer Zeit als solche längst nicht mehr existieren. Genaugenommen kann man auf zwei verschiedene Arten aussterben, nachkommenlos oder durch Übergang in andere Lebensformen. Das Modell ›Baum‹ ist ab nun in der Welt!“, schließt der Professor seinen Vortrag. Die Gruppe tritt den Rückzug an und folgt ihren eigenen Spuren.

Wieder entwickelt sich ein Gespräch über Evolution.

„Glauben Sie an Gott oder an den Zufall?“, fragt eine Frau den Professor.
„Das ist letztlich das gleiche. Schauen Sie sich die Welt und ihre Geschichte doch an. Zu glauben, dies alles, vom Urknall bis zur Zeitmaschine, sei das Ergebnis einer schier endlosen Verkettung dummer, beliebiger Zufälle – dazu gehört schon eine gehörige Portion Ignoranz. Zufälle sind nicht bedingungslos, sie besitzen, wissenschaftlich gesagt, Anfangs- und Randbedingungen und im Spielfeld dazwischen Wahrscheinlichkeiten. Die Welt ist weder ein unfrei abschnurrendes Uhrwerk noch durch absolut freien, also auch sinnfreien – sinnlosen – Zufall bestimmt, der quasi blind oder versehentlich – eine komplexe, sich selbst organisierende Evolution und Sinn erzeugt.

Was glauben Sie, sind die Anfangs- und Randbedingungen des Urknalls und die Wahrscheinlichkeiten, also Möglichkeiten, seiner Evolution während des Verlaufs? Hm? Genügt Ihnen das als Antwort?“, Professor Drahtweller schiebt einen Strauch beiseite und hält der Dame den Weg frei, vielleicht auch, damit sie unbekümmert nachdenken kann.

„Sie meinen, Zufall ist nicht ganz das, wofür er landläufig gehalten wird?“, vermutet sie.

„So ist es.“

Die Gruppe kommt schnell voran.

Ein junger Mann, der das Gespräch aufmerksam verfolgte und schon eine Weile grüblerisch dreinblickt, meldet sich zu Wort: „Aber wird dadurch die Frage nach Anfang und Grund der Welt nicht nur einfach hinausgeschoben? Ich könnte doch fragen, woher kommt und wer oder was ist Gott?“

„Das ist vollkommen richtig!“, eröffnet Dr. Drahtweller seine Entgegnung. „Aber spricht diese Tatsache an sich dagegen? Nein. Eine erschöpfliche Erklärung über den Ursprung des Seins haben wir nicht, so oder so! Die Behauptung, die Welt sei mit dem Urknall einfach aus dem völligen Nichts entstanden und hätte alles was es gibt erst hervorgebracht, und mehr als wir wahrnehmen oder erforschen können, gibt es nicht, entspringt dem menschlichen Wunsch, der ganzen Frage letztlich doch gedanklich Herr zu werden und den Ursprung zu verstehen! Doch das können wir scheinbar nicht, oder noch nicht.“

Der Professor versucht, die Wirkung seiner Worte aus dem Gesicht des jungen Mannes herauszulesen und fährt dann fort: „Eine Behauptung wird aber nicht wahr, in dem sie das Problem leugnet! Diese Reduktion, die viele machen, ist daher glatter, eitler Selbstbetrug. Dazu kommt, dass die Religionen vorgeben, Bescheid zu wissen und das Thema pachten möchten, während andererseits die skeptische, praktische Wissenschaft Erfolge zeitigt und sich damit als „wahr“ symbolisiert, als beweisbare Wahrheit. So hält jeder an seinen ihm Kraft gebenden Mythen fest. Und auf die Philosophen hört sowieso niemand – sie können nichts beweisen, wie die Religionen, besitzen aber nicht deren Heilsversprechung und Beharrungsvermögen.“

Seine Gesprächspartner überlegen.

„Dann wäre Ihre Argumentation ja letztlich eine Art indirekter Gottesbeweis?!“, rätselt die Dame. „Ich habe aber gelesen, dass es Gottesbeweise prinzipiell nicht geben kann.“

Der Professor wirft sich in Pose und lässt sein Kinn kreisen: „Das kommt ganz darauf an, was man unter Beweis versteht."

Inzwischen haben die Zeitreisenden wieder das Meer erreicht und treten hinaus an den Strand. Die Wellen branden spielerisch heran und umfangen die Gäste aus der Zukunft mit gleichmütigem Rauschen. Einige lassen ihren Blick schweifen.

Auch der Professor schaut übers Meer.
„Wie weit ist es bis zur nächsten Küste?", fragt jemand.

„Etwa 400 Kilometer, oder etwas mehr.", antwortet er. „Die Küstenlinie befindet sich momentan weit landeinwärts auf E-Avalonia, also Old-Red, etwa im Bereich einer Linie spätere Ostsee-Nordfriesland-Nordsee. Übrigens gehen dort, an der Südküste des Old-Red-Kontinents, gerade die ersten Amphibien an Land, sie entstehen aus lungenatmenden, stielflossigen Fischen, die in sumpfigen Gewässern mit stark wechselndem Wasserstand leben."

Eine junge Frau kommt angeschlendert. Sie hat ein hübsches, wie ein Posthorn aufgerolltes, leeres Ammonitengehäuse vom Strand aufgelesen und macht dem Professor schöne Augen.
„Kann ich das mitnehmen?", fragt sie unnachahmlich charmant.

„Natürlich nicht.", erwidert der Professor mit leichtem Unwillen. „Damit fängt es an – und womit hört es auf? Mit ›Jurassic Park‹? Wir müssen uns an die Regeln halten, so leid es mir tut."

„Alles einsteigen!", ruft er seine Gäste zusammen. „Wir müssen weiter."

Die Tür schließt sich und das Zeitschiff verlässt die devonische Heimatinsel.

Das Devon

begann vor 410 Mio und endete vor 355 Millionen Jahren. Innerhalb des Oberdevons ereignete sich ein Massensterben unter den Meeresbewohnern.

6. Station: Gipfeltaufe

Die Gäste haben sich kaum von ihrem Ausflug erholt, da erreichen sie schon das nächste Ziel.

„Wir sind im Karbon.“, erklärt Dr. Drahtweller, während das Zeitschiff langsam aus nicht allzu großer Höhe herniedersinkt. Unter ihnen breitet sich scheinbar eine völlig andere Welt, denn sie bewegen sich auf ein Gebirge zu. Wohin sie auch schauen, überall erstrecken sich rotbraune, wüstenhaft aussehende Bergzüge mit dazwischenliegenden, breiten Tälern, die in ihren tiefsten Teilen grau gefärbt sind. Allmählich sind auch ein paar Pflanzen auszumachen.

„Wie Sie sehen können, ist der große Südkontinent Gondwana inzwischen völlig mit dem nördlichen Old-Red-Kontinent kollidiert und hat an der Nahtstelle ein Faltengebirge aufgeschoben, das Varistische Gebirge. Was wir von hier aus nicht sehen können: Im Nordosten Old-Reds sind auch Kasachstania und Siberia angefügt worden. Willkommen auf Pangäa!

Das Varistische Gebirge ist als west-östliche, zentralpangäanische Naht viele tausend Kilometer lang und bis zu 500 Kilometer breit, aber durchschnittlich nur ein- bis zweitausend Meter hoch. Wir befinden uns über Westthüringen und werden jeden Augenblick direkt im Zielgebiet landen.“, versucht Professor Drahtweller seine Passagiere mit dem neuen Ausblick bekannt zu machen.

„Wo ist denn jetzt unsere Mitteldeutsche Kristallinschwelle?“, erreicht etwas verlegen eine Frage den Professor.

„Nun, ich könnte sagen, direkt unter uns, aber das würde ihre berechtigte Frage wohl nicht beantworten.“, schmunzelt der Professor, und fährt fort: „Durch die Andrift Gondwanas wurden die hier befindlichen Mikrokontinente natürlich mit zusammengeschoben – wie es sich ja schon vorhin im Devon andeutete – und somit Teil des Varistischen Faltengebirges. Die schmale Mitteldeutsche Kristallinzone wurde dabei im Ganzen auf den flachen Südfuß E-Avalonias, also Old-Reds, aufgequetscht. Sehen Sie dieses große, langgestreckte Tal, welches von hier, fast direkt unter uns, nämlich dem Raum des späteren Thüringer Waldes, sich in nordöstliche Richtung hinzieht, bis Bitterfeld? Das ist der sogenannte Saaletrog. Er befindet sich direkt auf der Mitteldeutschen Kristallinschwelle, genau wie der Bergrücken, auf dem wir jetzt landen werden und den die Geologen ›Querschwelle von Buchenau‹ nennen, weil er sich nicht wie die meisten anderen Bergzüge in Südwest-Nordost-Richtung, sondern in Nordwest-Südost-Richtung erstreckt."

Das Zeitschiff nähert sich der exponierten Landestelle und setzt auf. Ohne zu zögern öffnet Dr. Drahtweller die computerverriegelte Bordtür und fordert seine Gäste auf, ihm nach draußen zu folgen.

Es ist ein wenig zugig. Direkt nördlich der Landestelle weitet sich ein kleines Nebental, von dem ein warmer Wind aufsteigt. Es hat eine nahe Verbindung zum Haupttal, dem Saaletrog im Osten, ansonsten ist es von nicht allzu hohen Bergzügen umgeben, die erst jetzt richtig zur Geltung kommen, während die Reisenden vor Ort im Gelände stehen, Aug' in Aug' mit den Höhen.

„Die Berge sehen merkwürdig aus.", sagt jemand auf der Suche nach einer Erklärung. „Ja, irgendwie rundlich, nicht so stark zerklüftet und kantig wie in den Alpen, und dazu die rote Farbe.", ergänzt jemand.

Sven bringt mit dem Fuß vorsichtig einen Stein ins Rollen und beobachtet versteckt die Erwachsenen, doch scheint ihn niemand davon abbringen zu wollen. Schon rollt und springt das Geschoss mit Macht den Abhang hinunter und bringt die Tiefe zum Tönen, dass es ihn selbst ein wenig erschreckt.

„Sven, hör' auf, Dummheiten anzustellen! Wenn Du da runter fällst!" Seine besorgten Eltern holen ihn zurück in die Gruppe und sein Vater nimmt ihn förmlich in Gewahrsam.

Dr. Drahtweller indes setzt zu seinem Vortrag an und stellt sich an eine Stelle, die er anscheinend immer aufsucht. Er blickt zunächst zu Boden: „Wir befinden uns auf der Querschwelle von Buchenau", er greift mit der Hand nach hinten ins Leere und deutet mit einem Handzug den Verlauf des Bergrückens an, auf dessen Ostzipfel sie verweilen, „und zwar innerhalb des Gebietes des späteren Nationalparks Hainich, auf genau 1457 Metern Höhe." Er weist nach Norden. „Das vor uns liegende Tal ist die Mühlhäuser Senke, umrahmt von einer Bergkette namens Unterharzschwelle im Nordwesten und der Bergkette oder Schwelle von Langensalza im Südosten, die im Bereich des späteren Düns, wie Sie sehen, nach Nordwesten aufschließt, parallel zu unserem Standort hier."

„Sind das Bäume da unten?", fragt ein interessierter Passagier und zeigt mit dem Finger etwa in die Gegend des späteren Höngedas.

„Ja, das sind Cordaiten. Nacktsamige Pflanzen mit bis zu 70 cm langen, bandförmigen Blättern, entfernte Verwandte der Nadelbäume, vielleicht sogar deren Vorfahren, so richtig weiß man das noch nicht. Auch ein paar Farne und noch andere Pflanzen gibt es dort unten in den Talgründen, wo sich das Wasser sammelt. Ansonsten ist hier im Gebirge nicht allzu viel Leben zu finden." Der Professor wendet sich nach Süden: „Hier auf der gegenüberliegenden Seite sehen Sie die Eisenacher Senke."

Ein Mann zeigt nach Osten und fragt: „Die Berge da am Horizont, auf der anderen Talseite des weiten Saaletroges, haben die auch einen Namen?"

„Natürlich, im engräumigen, gut erforschten Mitteleuropa hat fast alles einen Namen. Das sind die Berge der Schwarzburg-Jena-Leipziger-Schwelle."

Der Mann dreht sich, in die Weite schauend, um: „Wo ist eigentlich der Gebirgsrand?", will er wissen.

„Der nächstgelegene Rand des Gebirges befindet sich weit nordwestlich von uns und zieht etwa auf halber Höhe zwischen Berlin und Hamburg hindurch."

„Und was kommt dann?", wirft ein anderer eine Frage dazwischen.

„Das wollte ich gerade erzählen.", lächelt Dr. Drahtweller verschmitzt. „Sicher ist Ihnen bekannt, dass das Karbon auch die Steinkohlenzeit genannt wird."

„Ja eben.", raunt es durch die Gruppe, und man wundert sich über sich selbst, und über die steinige, gebirgige Landschaft vor der Nase.

„Das Gebirgsvorland stellt eine riesige, flache Senke dar, eine Vorlandsenke mit einer Küstenebene, in der gerade jetzt die Küstenmoorwälder sich auszubreiten beginnen. Natürlich gibt es dort keinen Ozean, sondern tiefliegende Gebiete Pangäas werden abwechselnd von breiten Flussdeltas und flachen Meerwasserüberflutungen eingenommen. Wir befinden uns zeitlich im frühen Ober-Karbon. Die Moorwälder bestehen aus bis über 30 Meter hohen Bärlappbäumen, den recht bekannten Schuppen- und Siegelbäumen, den Charakterpflanzen des sogenannten Steinkohlenwaldes. Obwohl ihre Stämme zum größten Teil aus Rinde und nur zu einem sehr kleinen Teil aus Holz bestehen – ein Baumtypus, den es in unserer Zeit nicht mehr geben wird – werden sie die Hauptmasse zur Steinkohle beitragen. Außerdem wachsen dort krautige und baumförmige Farne, Farnsamer – zum Teil als Lianen – mangroveartige Cordaiten und natürlich Schachtelhalme, angefangen von krautigen Pflanzen bis hin zu holzstämmigen, bis 20 Meter hohen Exemplaren im Bereich sandiger Fluss- und Seeufer.

Fast alle baumförmigen Bärlappe werden noch im Laufe des Karbons wieder aussterben."

„Ich habe mal gelesen, dass es im Karbon riesige Libellen und Tausendfüßler gibt.", wirft jemand mit Neugier ein.

„Ja, es gibt jetzt geflügelte Insekten. Die meisten sind normal groß, aber eine Libellenart zeigt Riesenwuchs mit Flügelspannweiten von einem halben Meter. Auch ein riesenwüchsiger Tausendfüßler von bis zu einem Meter Länge schlängelt sich durch den Bärlappwald."

„Könnten wir da nicht mal hinfliegen?"
Nicht nur Sven würde gerne einen Abstecher machen.

„Nein, dazu haben wir leider keine Zeit.

Sie sehen, Zeit ist immer knapp, auch wenn man eine Zeitmaschine besitzt. Eine Stunde bleibt eine Stunde, egal wo man sie verbringt. Außerdem haben Sie alle keine Gummistiefel und sonstige Ausrüstung dabei. Aber Sie können gerne einmal an einer meiner Pauschal-Exkursionen in den Steinkohlenwald teilnehmen. Nur müssen Sie sich anmelden und die Warteliste ist inzwischen ziemlich lang. Sie sind nicht die ersten, die auf diese Idee kommen, und es wird am heutigen Tag nicht Ihre letzte Idee sein, das kenne ich schon. Ich möchte Sie bitten, von Sonderwünschen abzusehen und das Reiseprogramm so anzunehmen, wie ich es Ihnen anbiete. Ansonsten müssten wir vorzeitig zurückkehren und das Ziel speziell dieses Reiseangebotes verfehlen."

Der Professor liest aus den Gesichtern eine Mischung von Einsicht und Enttäuschung und bemüht sich, die Begeisterung wieder zu entfachen. „Ich habe sie hier her geführt, um mit Ihnen etwas zu feiern."

Er verschwindet kurz im Schiff und kommt mit der Bordbar und einer Flasche Tafelwasser wieder.
„Gibt es unter Ihnen einen Seemann?", fragt er nebensächlich.

„Ja ich. Elf Jahre bin ich zur See gefahren.", meldet sich ein Mann, ein wenig verwundert.

„Und? Ahnen Sie, worauf ich hinaus will?", frohlockt der Professor mit einem Lächeln.

Der ehemalige Seemann schüttelt zögernd den Kopf.

„Wir befinden uns 318 Millionen Jahre tief in der Vergangenheit, das Varistische Gebirge und damit der Berg im Zielgebiet, auf dem wir gerade stehen, hat seinen Höhepunkt der Heraushebung erreicht." Er weist hinab in die Tiefe des Mühlhäuser Beckens: „Dort unten sind es im tiefsten Punkt etwa 1000 Meter über dem Meeresspiegel. 1457 Meter sind es hier oben, und dort drüben", er weist mit der Hand in westliche Richtung den Rücken hinauf und dann hoch in die Luft, „wo in der Zukunft die höchste Erhebung des Hainichs, der Alte Berg mit nur 494 Metern, sein wird, sind es jetzt 1537 Meter!" Damit nicht genug, liebe Gäste! Pangäa driftet nordwärts. In diesem Moment überqueren wir mit unserem Zielgebiet, dem späteren Hainich, den Äquator!"

„Ahh!", geht es durch die Menge.

„Sie wissen, was das bedeutet.", fährt Dr. Drahtweller scherzend fort. „Alle Landratten müssen sich einer Äquatortaufe unterziehen! In Ermangelung größerer Wassermengen werden Sie sich nur von Innen anfeuchten müssen. Bitte bedienen Sie sich, suchen Sie sich heraus, was Sie trinken möchten."

Die Stimmung ist mal wieder gerettet.

„Wissen Sie, eigentlich ist das hier eine schöne Landschaft.“, findet sich ein Gespräch unter Gästen. „Ja, und durch die Höhe ist es auch nicht so unerträglich warm. Was für eine angenehme Luft!“

„Ob das wohl viel regnet, hier oben? Ich meine mitten in den Tropen, und im Gebirge?!“
„Müsste eigentlich ordentlich regnen; ich meine, heute ist es herrlich, kein Wölkchen am Himmel - doch, da, ein einzelnes.“

„Vielleicht hat der Professor diesen Tag auch extra rausgesucht.“
„Könnte sein, ja.“
„Ich meine, wenn er ihn erst mal hat – die Koordinaten – kann er ihn ja immer wieder ansteuern.“
„Ja.“
„Hätten Sie gedacht, mal im Karbon am Äquator zu stehen und über das Wetter zu reden?!“
„Nee! – hahha.“

Am Rande der Gespräche meldet sich Sven zu Wort: „Und ich? Was kriege ich zur Taufe?“
„Ach ja!“, beeilt sich Dr. Drahtweller, „Hätte ich ja beinahe vergessen. Unser Jüngster darf mit diesem Wasser den Berg taufen! Kannst Du das?“

„Na klar!“, antwortet Sven und greift sich das Tafelwasser. Er sucht sich eine etwas erhöhte, glatte Fläche im schiefrigen Gneis-Gestein des Berges und entleert darüber die Plasteflasche mit den Worten. „Ich taufe dich auf den Namen Urhainichberg!“ Den letzten Rest trinkt er selbst, denn schließlich überquert auch er den Äquator. Zum ersten Mal.

„Bevor wir weiterreisen, möchte ich Ihnen noch folgendes zum Karbon erzählen. Es gibt auch hier in den Bergtälern kleine Kohlenmoore. Eines wird da drüben“, er zeigt nach Süden, „an der Ostflanke des Ruhlaer Kristallins zur Saale-Senke, gleich hier an der Fortsetzung des Bergrückens, entstehen, aber erst in vielen Millionen Jahren ganz am Ende des Karbons. Wenn Sie mal was von einem kleinen Steinkohlenvorkommen an der Öhrenkammer bei Ruhla hören, können Sie sagen, Sie wären fast schon mal dort gewesen, nur etwas zu früh, geologisch gesehen.

Wir befinden uns im Tropengürtel, daher bemerken wir nicht, dass sich an den Polen gerade wieder ein Eiszeitalter entwickelt, welches vom mittleren Karbon bis zum mittleren Perm, der nächsten erdgeschichtlichen Periode, andauern wird. Das Eis des Südpols wird auf Gondwana, jetzt Südteil Pangäas, der Gesamterde, bis nahe an den 30. Grad südlicher Breite heranreichen. Der Wechsel von Kalt- und Warmzeiten wird den Meeresspiegel fallen und steigen lassen. Im gleichen Rythmus werden die flachen Küstenmoore aufwachsen und von Meerwasser überflutet und mit Sediment überschüttet werden. So wird ein Kohlenflöz über dem anderen entstehen, weil die Küstenebene allmählich absinkt.

In den kühleren Gebieten im Süden auf Gondwana und im Norden auf Siberia wachsen Bäume mit Jahresringen, während unsere tropischen Gehölze – wie unsere Cordaiten da unten im Mühlhäuser Becken – natürlich einheitliche Holzzylinder entwickeln.

So, steigen Sie bitte ein. Es geht weiter.“ Dr. Drahtweller wartet, bis alle im Reisegefährt verschwunden sind und er ohne nachzuzählen die Gewissheit hat, niemanden versehentlich zurückzulassen. Dann folgt er nach und verschließt die Luke.

Während man sich hier und da unterhält und Gläser in die Ablage der Bordbar einräumt, aktiviert Dr. Drahtweller mit wenigen Handgriffen die Zeitmaschine. Kaum jemand scheint noch von ihrem Arbeiten Notiz zu nehmen, schnell wird die Zeitreise zur Gewohnheit: das Brummen, das Eintauchen in Dunkelheit und das Anspringen der Kabinenbeleuchtung.

Das Karbon

begann vor 355 Mio und endete vor 290 Millionen Jahren. Mit Beginn des Ober-Karbons erschienen die ersten Reptilien. Sie mussten, im Gegensatz zu den Amphibien, ihren Vorfahren und Konkurrenten, zur Fortpflanzung nicht mehr ins Wasser gehen, sondern legten ›Landeier‹.

Die 7. Station: Begegnung der seltsamen Art

„Wir werden nun das Perm aufsuchen, gleich zwei Mal, weil es verschiedenes zu sehen gibt. Die Zeitabschnitte des Unteren und Oberen Perms werden nach zwei alten bergmännischen Gesteinsbezeichnungen auch Rotliegendes und Zechstein genannt. Auch später werden wir noch sehen, dass für eine Zeit typische Gesteine zum Namenspatron ihres ganzen Zeitabschnittes wurden und damit zweierlei bedeuten können, ein Gestein und einen Zeitabschnitt.

Wir legen gerade 55 Millionen Jahre in Richtung Zukunft zurück und werden am gleichen Ort in gleicher Höhe über NN wieder erscheinen, nur die Norddrift Pangäas gleichen wir bei unserem Zeitsprung mit aus."

Vor den Bullaugen wird es wieder hell, die Kabinenlampe verlischt und das Brummen tourt ab.

„Wir befinden uns nun am 15. Breitengrad nördlicher Breite, zu Beginn des Oberrotliegenden im mittleren Perm. Willkommen auf der Nordhalbkugel!"

Die Passagiere sind erstaunt. Das Gelände im Gebiet des späteren Nationalparks befindet sich tief unter ihnen. Der Bergrücken, auf dem sie eben noch standen, erscheint von oben nur noch als felsige Fläche, die Täler sind jetzt besser einsehbar und von den Abtragungsprodukten, den Molassen der sie umgebenden Höhen, wie verschüttet. Das Mühlhäuser Becken hat seinen Abfluss in den Saale-Trog verloren, es ist ringsherum von felsigen, flachen Höhen umgeben.

„Wie Sie sehen", fährt Dr. Drahtweller fort, „ist das Varistische Gebirge inzwischen stark verrumpft durch die Kräfte der Erosion. Die Bergketten sind zu felsigen Rücken abgetragen, die sich nur noch wenig – kaum einmal hundert Meter – über die Schuttfächer zu ihren Füßen und die verschütteten Täler erheben. Doch damit nicht genug. Die ganze Landschaft hat sich um etwa 1300 Meter abgesenkt."

„Wie ist das möglich?", fragt der Mann neben ihm verwundert.

„Lassen Sie uns runtergehen und kurz aussteigen!“, erwidert Professor Drahtweller.

Mit wenigen Befehlen an den Bordcomputer senkt sich die Reisekapsel langsam ab und landet sicher am Rande der ›Querschwelle von Buchenau‹ oder dem ›Ur-Hainichberg‹, wie der Rücken – oder was davon noch übrig ist – ja jetzt auch heißt.

„Sieht verdammt nach Wüste aus.“, bemerkt jemand, „Eine felsige, rote Wüste.“
„Ich habe aber Bäume gesehen.“, meint ein anderer.

Beim Verlassen der Kapsel macht sich ein deutlicher Luftunterschied bemerkbar.

„Die Luft ist wärmer und trockener.“, urteilt eine Dame nach eingehender Prüfung mit Blick zu Professor Drahtweller. „Ich hätte nicht gedacht, dass der Höhenunterschied so viel ausmacht.“ sagt sie und stöhnt.

„Ja, da haben Sie recht. Es ist auch nicht der Höhenunterschied allein, sondern das Klima ist deutlich arider geworden.“

„Was? Obwohl wir uns auf so niedriger Breite befinden, 15 Grad sind doch nicht viel, das ist doch im Tropengürtel?“, wirft jemand ein.

Professor Drahtweller antwortet: „In der Gegenwart, also in der Zukunft, ja. Jetzt im Perm gibt es nur ganz im Osten Pangäas, im Bereich des Paläotethys-Ozeans, tropisches Klima. Weite Teile des Superkontinents werden von einer wüstenartigen Landschaft eingenommen – die zentrale pangäanische Wüste mit kontinentalem Klima. Wir befinden uns darin, jedoch randlich, die humideren Gebiete im Osten sind gar nicht so weit weg.“

„Da drüben wachsen Bäume, glaube ich.“, der Mann zeigt mit dem Finger ins Mühlhäuser Becken, das schon beinahe eine Ebene geworden ist. „Vorhin, von oben, habe ich auch schon welche gesehen in dem anderen Tal.“

„Natürlich. Das sind urtümliche Koniferen, die an die relative Trockenheit gut angepasst sind. Es gibt hier aber auch feuchtere Stellen“, Professor Drahtweller reckt den Hals und schaut, ob er eine solche erspähen kann; scheinbar nicht, denn er berichtet weiter, „an denen farnartige Pflanzen wachsen. Täuschen Sie sich nicht – die Wüste lebt. Wenn es ab und an regnet, fließen kurzzeitig Bäche und Flüsse, die Kies, Sand und Ton transportieren. Man könnte sagen, die Landschaft ist wechselfeucht, wenn auch die Trockenheit dominiert."

„Was sind das für eigenartige Hügelchen?", wird eine Frage aufgeworfen.
Es scheint, des Professors Augen leuchten ein wenig. Ohne ein Wort verschwindet er im Reisegefährt und kehrt mit einem Fernglas zurück.

„Oh, hätten Sie das nicht schon früher herausgeben können?", mutet man ihm zu.

„Sie sollen Ihre Augen benutzen! Sie haben die Chance, der erdgeschichtlichen Vergangenheit unmittelbar gegenüberzustehen. Nehmen Sie sie wahr. Das Fernglas ist eine Sehhilfe, ein Notbehelf. Der Blick durchs Fernglas ist nicht besser als ein computergenerierter Film über das, was Sie sehen. Oder etwa nicht? Was sehen Sie?"

Der Gast setzt langsam das Glas ab und antwortet fast mit einer Frage: „Dünen?!"

„Richtig! Das sind braunrote Sanddünen. Im Gebiet von Altengottern sind sie besonders hoch, bis 50 Meter.", erklärt Drahtweller.

„Denkt man gar nicht.", antwortet eine Frau.

„Aber wie kam es nun zu dieser Absenkung des Geländes – wie sagten Sie, 1300 Meter?", mischt sich der Mann wieder ein, schon etwas ungeduldig geworden.

„Ach natürlich, entschuldigen Sie bitte! Das habe ich ja noch gar nicht erzählt!", wundert sich der Professor und sucht einen Moment lang nach Worten. „Nun, das ist ganz einfach. Wissen Sie," fängt er an zu dozieren und wendet sich dabei sichtlich an die ganze Gruppe, die sich bereits etwas zerstreut hatte, „in den vergangenen Jahrmillionen, vor allem des Unterrotliegenden, gab es in den Tälern des Varistischen Gebirges immer wieder Vulkanismus. Erstarrte Laven und

Tuffe sind den Sedimenten der Täler daher zwischengeschaltet. Zum Verständnis müssen wir auf die plattentektonischen Geschehnisse zurückblicken.

Beim Zusammenschieben des Varistischen Faltengebirges wurde die Kruste natürlich nicht nur nach oben, sondern auch nach unten verdickt. Diese Gebirgswurzel tauchte in Bereiche ein, die zu einer partiellen Aufschmelzung der Gesteine führten, Schmelztröpfchen sammelten sich zu Magmen, die nach oben drängten. Schließlich, seit dem Ende des Karbons, entspannte sich die Kollisions-Situation und das Gebirge glitt, wie ein riesiger Pudding, unter der eigenen Last wieder auseinander. – Das Gebirge verflachte dadurch weit mehr als durch die Erosion.

Durch die Dehnung entstanden Risse, Störungen, in denen die Magmen aufsteigen und in den Tälern die Oberfläche erreichen konnten. War ein Magma reich an flüchtigen Bestandteilen, zerstäubte es über Tage durch die Druckentlastung zu sogenannter vulkanischer Asche, die als Ascheregen niederfiel – dem Tuff.

War es arm an flüchtigen Bestandteilen oder mittlerweile bereits entgast, lief es als Lavastrom aus."

„Auch hier im Mühlhäuser Tal?", fragt Sven ganz neugierig.

„Ja, auch hier. Bei Mühlhausen liegen zwei 7 und 11 Meter mächtige Melaphyrdecken unter den sandig-kiesigen und tonigen Abtragungsprodukten der Berge."

„Was ist ein Mela...?", will Sven wissen, und nicht nur er.

Doch Dr. Drahtweller ist schon dabei, es zu erklären: „Sicher kennen Sie den Begriff Porphyr, oder haben schon davon gehört – der Fachmann spricht von Paläorhyolith – das ist ein saures Ergussgestein. Es entstand, wenn eine kontinentale, granitische Schmelze keine Zeit hatte, in der Tiefe langsam vollständig auszukristallisieren – zu körnigem Granit. Den kennen Sie. – Sondern als Magma aufstieg und als Lava ausfloss oder dicht unter der Erdoberfläche sich ausbreitete und jedenfalls schnell erkaltete. Dann bildeten sich nur ein paar schwimmende Kristalle im Schmelzfluss, der Rest erstarrte zu glasiger Grundmasse, in der die Kristalle dann eingeschlossen waren – der

Porphyr. War die Schmelze intermediär, also weder sauer noch basisch, entstand ein Porphyrit. War sie basisch, also eine basaltische Schmelze, entstand ein Melaphyr, was soviel wie ›dunkles Gestein‹ bedeutet. Melaphyre sind alte, also Paläobasalte.

Während des Unterrotliegenden entstanden vor allem Porphyre und Porphyrite in den umliegenden Tälern, aber auch ein paar Melaphyre. Vielleicht gehen die Melaphyre des Mühlhäuser und des nordwestlich benachbarten Ilfelder Beckens, welches bis Küllstedt reicht, auf Reste des zwischen dem Old-Red-Kontinent und der Mitteldeutschen Kristallinzone subduzierten Ozeanbodens zurück. Ihre Magmen könnten aber auch einfach aus größerer Tiefe stammen oder durch Aufschmelzung anderer basischer Nebengesteine und stattgefundener Differentiationsprozesse entstanden sein."

Einige der Zeitreise-Teilnehmer waren den Ausführungen des Professors aufmerksam gefolgt und schienen auch durchaus erhellt, andere hatten sich derweil entfernt und streiften umher.

„Ich weiß, wir sollen keine Extrawünsche äußern.", beginnt ein älterer Herr seine Frage, „Aber könnten wir uns so einen Vulkanausbruch, vielleicht des Mühlhäuser Vulkans, eventuell nicht doch ansehen, aus sicherer Entfernung natürlich. Wir haben ja ein denkbar geeignetes Beobachtungsgerät.", sagt er und weist auf das Zeitschiff, welches im Licht der rotliegendzeitlichen Halbwüste glänzt.

„Geeignet schon.", grinst Dr. Drahtweller, „Aber glauben Sie mir, in Jahrmillionen den Beobachtungszeitpunkt für einen Vulkanausbruch herauszufinden, ist weit schwieriger und zeitaufwendiger als die Suche nach der berühmten Nadel im Heuhaufen. Selbst wenn ich wollte ...". Dr. Drahtweller schüttelt den Kopf.

Plötzlich kommt eine der Reisenden ganz aufgeregt von der kleinen Anhöhe heruntergerannt und ruft mit verhaltenem Ton: „Schnell, wir müssen zurück ins Zeitschiff! Die Außerirdischen sind hier!" Einige drehen sich reichlich verwundert um.

„Ich habe sie gesehen, kleine grüne Männchen auf zwei Beinen. Schnell, bevor sie uns entdecken! Glauben Sie mir!"

Der Professor geht ihr ein paar Schritte entgegen und versucht sie zu beruhigen. Nicht ganz ohne Vergnügen antwortet er ihr: „Ja, wir glauben Ihnen ja, was Sie gesehen haben."
Verwundert rätselnde Blicke treffen sich und dann den Professor.

Der spricht nun weiter: „Doch es sind keine Außerirdischen, sondern ganz irdische Viecher, die da herumlaufen. Es sind Reptilien. Die ältesten Wirbeltiere, die gelegentlich auf zwei Beinen gehen. Sie leben hier in den zentralen Gebirgstälern oder was noch davon übrig ist."

„Aber?!", erwidert die Frau.

„Haben Sie auch ein Raumschiff gesehen?", fragt Dr. Drahtweller zurück.

„Nein."

„Sehen Sie. Kein Raumschiff, keine Außerirdischen.", Dr. Drahtweller schmunzelt zufrieden.

„Kommen Sie, einen Vulkanausbruch kann ich Ihnen heute nicht zeigen, dafür aber etwas anderes, und das steht jetzt auf dem Programm."

Nachdem sich alle im Zeitschiff eingefunden haben, aktiviert der Reiseleiter den Vorgang. „Wir werden nur einen kurzen Sprung von 5 Millionen und ein paar Jahren machen.", sagt er.

Die 8. Station: Meer trifft Wüste

„Da wären wir. – Am Beginn des Zechsteins, des Oberperms.", Dr. Drahtweller landet die Kapsel und lässt die Gruppe aussteigen.

Zur Freude der Gäste nimmt er das Fernglas wieder mit nach draußen. Hier hat sich nicht viel verändert. Professor Drahtweller streckt den Arm aus und fährt mit der Hand durch die Luft, als wollte er die flache Landschaft streicheln. Natürlich will er seinen Gästen nur die Weite bewußt machen, die nun entstanden ist: „Sie sehen, die Halbwüste ist noch flacher geworden. Die erosionsbedingten Reliefunterschiede betragen im Gebiet nur noch einige Zehnermeter – vielleicht 50 Meter. Das Klima ist jetzt noch arider und die wenigen Fließgewässer, die nach seltenen, starken Regengüssen vorübergehend entstehen, laden ihre Sedimentfracht schon nach kurzer Strecke wieder ab.

Unser Gebiet hat sich weiter gesenkt und ist Teil einer großen, flachen Senke geworden, die sich von der späteren Nordsee über Nord- und Mitteldeutschland bis weit ins spätere Polen hinein erstreckt, das Germanische Becken. Es liegt bereits unter dem Meeresspiegel."

„Auch unser Standort hier?", fragt ein Gast.

„Ja, wir stehen an dieser Stelle etwa 40 Meter unter Null."

„Warum ist das Becken nicht von Meerwasser überflutet?", will eine Frau wissen und schaut ganz aufgeweckt.

Professor Drahtweller blickt ihr ins Gesicht und meint sehr vielsagend: „Man soll den Tag nicht vor dem Abend loben." und reicht ihr das Fernglas. Sie nimmt es und hält Ausschau, kann aber scheinbar nichts Besonderes erkennen, da Sie schweigt. Der Professor erklärt: „Durch Landschwellen war das Becken vom fernen Ozean getrennt."

„War?", fragt mehr als ahnungsvoll ein Herr neben ihm.

Dr. Drahtweller hebt seinen Blick in die Ferne. „Ganz im Norden Pangäas gibt es von Nordwesten her eine große Meeresbucht, von der Wasser über Land bis nördlich Grönland und Skandinavien vordrang. Vor Kurzem gaben leichte Krustenbewegungen in diesem Gebiet den Weg frei ins Germanische Becken. Während wir hier stehen, brechen gewaltige Mengen Meerwasser ein und fluten das Germanische Becken."

„Es kommt! Es kommt! Tatsächlich!", ruft die Frau am Fernglas aufgeregt. Alle Blicke sind auf den Horizont gerichtet. Aber noch ist mit bloßem Auge nichts zu sehen und das Fernglas wird zu einem sehr begehrten und geneideten Objekt.

Dr. Drahtweller fährt scheinbar unbeeindruckt fort: „Zwischen Skandinavien und Grönland, über das längst eingeebnete Kaledonische

Gebirge hinweg, erstreckt sich bereits der neue Meeresarm. Das Zechsteinmeer! Wenn das Germanische Becken vollgelaufen ist, wird es 3 500 Kilometer lang sein und wie ein Stiefel in die zentralpangäanische Wüste hineinragen."

Dann endlich ist die silbergraue Spiegelfläche des Wassers mit bloßem Auge zu erkennen. Ähnlich der Flut im Wattenmeer schiebt sich die endlos breite Wasserfront ganz langsam übers Land.

„Wie lange wird es dauern, bis das Becken vollständig geflutet ist?", erkundigt sich die Frau, die als Erste das Fernglas hatte.

„Insgesamt etwa 20 Jahre.", antwortet Dr. Drahtweller.

„So lange?", fragt sie erstaunt zurück.

„Ja, das dauert seine Zeit, obwohl täglich viele Kubikkilometer Meerwasser einströmen, besonders während der Flut. Das ganze hat schon den Charakter einer Katastrophe, aber bei der Weite des Beckens verlaufen sich die Wassermassen, die nur einen relativ schmalen Zuflussweg haben, schnell und erscheinen dann an der vordersten Front undramatisch. Das Wasser kommt sehr flach an, aber es steigt unaufhaltsam. Außerdem täuscht aus dieser Entfernung die Geschwindigkeit, mit der es vorzudringen scheint."

„Wann wird es uns erreichen?", fragt Sie.

„Heute nicht mehr. Je voller das Becken bereits ist, desto langsamer steigt es.", antwortet Dr. Drahtweller und versucht, sich etwas Aufmerksamkeit zu verschaffen.

„Wie haben Sie das denn herausgefunden, ich meine, den richtigen Zeitpunkt und so?", fragt einer.

Ein kurzer Augenblick vergeht, bevor der Doktor antwortet. „Nach dem Prinzip Versuch und Irrtum. Die Entstehungszeit des Zechsteinmeeres herauszufinden, ist nicht so schwer. Das Meer ist schon aus großer Höhe leicht zu erkennen. Man begibt sich einfach in die Zechsteinzeit und nähert sich dann in kleinen Schritten und immer kleineren Schritten dem gesuchten Zeitpunkt.

In wenigen Jahren wird unser Zielgebiet vom Zechsteinmeer überflutet sein, die nächstgelegene Küstenlinie letztlich – in etwa 10 Jahren – im Bereich des späteren Thüringer Schiefergebirges verlaufen.“, Dr. Drahtweller weist mit der Hand nach Südosten.

„Es ist ein schmales, flaches Meer. Ein epikontinentaler Wurmfortsatz des großen Weltozeans Panthalassa in der Wüste Pangäas. Sie können sich sicher vorstellen, dass ein solches Meer unter sehr ungünstigen Verhältnissen existiert. Der heiße Nordost-Passat bringt nur selten Regen mit, die Bäche und Flüsschen, die dem Zechsteinmeer zufließen, sind periodisch. Das Klima ist arid, d. h. es verdunstet mehr Wasser, als Niederschlag fällt.

Das Zechsteinmeer wird ein stagnierendes Gewässer sein. Im Zusammenspiel von Meeresspiegelschwankungen und Krustenbewegungen im Bereich der Eintrittspforte wird es zyklisch oder wellenförmig zu Abschnürungen und in der Folge zu starken Eindampfungen und Wiederauffüllungen des Zechsteinmeeres mit frischem Meerwasser kommen. Tendenziell wird es ein verdurstendes Meer sein.“

„Was ist mit dem Kupferschiefer? Das ist doch eine Ablagerung des Zechsteins, oder?“, fragt ein Mann.

„Ja, und das Kalisalz.“, sagt lächelnd eine ältere Frau.

„Sie haben recht. In wenigen Jahren schon wird nach der Flutung, auch an dieser Stelle, die Ablagerung des Kupferschiefersedimentes beginnen. Beim Überschwemmen des Landes gelangen natürlich viele Nährstoffe in das Meeresbecken, was förmlich zu einer Algenblüte führen muss – mal ganz vereinfacht gesprochen. Etwa 50 000 Jahre lang werden die tieferen Wasserschichten durch die Verwesung herabsinkenden toten Planktons sauerstoffarm und schwefelwasserstoffreich sein, während die höheren Wasserschichten annähernd normalmarin verbleiben. Am Grunde des Beckens wird sich ein schwarzer, kalkigtoniger Faulschlamm ablagern, der viel organische Substanz enthält, die dem Meerwasser dann wieder entzogen ist.

In den küstennahen Gebieten des Zechsteinmeeres wird aus den schwach geneigten Rotliegend-Molassen des Untergrundes submarin Grundwasser austreten, welches in gelöster Form Buntmetalle enthält. Beim Kontakt mit dem Schwefelwasserstoff des Meerwassers fallen die Metalle als Sulfide aus und vererzen die Sedimente.

Dann wird eine Frischwasserzufuhr das Meer neu belüften. Auf Untiefen im Bereich der Küstenlagunen werden Riffe aus Kalkalgen und Moostierchen entstehen und auch in den Beckenbereichen wird sich Kalk als Schlamm ablagern. Durch allmähliche Eindunstung des Meerwassers wird sich auf dem entstehenden Kalkstein, der durch den steigenden Salzgehalt zum Teil dolomitisiert werden wird, als nächstes Gips ablagern, nach weiterer Eindampfung Steinsalz, zuletzt die am leichtesten löslichen Kalisalze. Mit steigender Meerwasserzufuhr aus dem Weltozean wird sich der generelle Ablagerungszyklus in umgekehrter Reihenfolge fortsetzten: auf Kalisalz folgen wieder Steinsalz, Gips, Kalkstein und zuletzt Ton, mit dem ein neuer Zyklus beginnt. Bis zu sieben solcher Zyklen werden sich im Germanischen Becken ablagern, mit abnehmender Mächtigkeit.
In unserer Gegend werden die untersten vier Zyklen Salzlager enthalten.

Das Germanische Becken mit seinen Teilbecken wird sich auch in Zukunft weiter langsam absenken und dabei Sedimente aufnehmen. Was Sie hier unmittelbar vor sich sehen, ist die noch staubtrockene Keimzelle der Thüringischen Senke, des Thüringer Beckens, welches aus dem Südteil der oberkarbonisch-unterpermischen Saale-Senke einschließlich des Mühlhäuser Beckens hervorgeht und ab nun eine eigenständige Entwicklung als Teilbecken des Germanischen Beckens nehmen wird.

Doch jetzt kommt erst mal das Wasser. Das Zechsteinmeer wird seinerseits das lokale Klima etwas beeinflussen. Durch die Verdunstung steigt die Luftfeuchtigkeit. Nachts wird es in der Wüste sehr kalt, tagsüber sehr heiß. Der Wasserkörper des Zechsteinmeeres wird in seinem Einflussbereich die Temperaturextreme etwas ausgleichen, eben einen maritimen Einfluss ausüben. Entlang der Küste werden, wie schon jetzt, Koniferen wachsen. Urtümliche Ginkgobäume mit schmal fächerförmigen, wie Lametta zerschlitzten Blättern werden sich dazugesellen, auch Farnsamer, die an trockene Verhältnisse angepasst sind."

Allmählich sinkt die Sonne zum westlichen Horizont und taucht die braunrote und altpurpurrosa-farbene, flache Landschaft in ein goldenes Licht, während das in der Ferne anflutende Zechsteinmeer immer dunkler erscheint. Die Besucher steigen wieder in ihre Zeitfähre und verlassen die Gestade in Richtung Zukunft.

Das Perm

begann vor 290 Mio und endete vor 250 Millionen Jahren mit dem größten Massensterben der Erdgeschichte, bei dem 90% aller Arten, vor allem im Meer, für immer erloschen.

9. Station: Ein neuer Tag auf Pangäa

Das Brummen der Zeitmaschine verstummt und die Kabinenfunzel verlischt. Überrascht blicken die Reisenden nach draußen, denn sie befinden sich plötzlich wieder in großer, orbitaler Höhe über der Erde. Gewaltig und schön liegt ihr Heimatplanet vor ihnen. Aus dem All funkeln die Sterne. Zartblau leuchtet der Tag in der verletzlich scheinenden Atmosphäre. Unter ihnen breitet sich Pangäa, der Superkontinent, von Pol zu Pol.

Dr. Drahtweller lässt es sich nicht nehmen, selbst einen Blick aus einem der Bullaugen zu werfen.

„Von hier haben Sie einen wunderbaren Blick auf den Superkontinent.“, beginnt er seinen nächsten Vortrag. „Sie sehen, an der Ostseite reicht eine große ozeanische Bucht, die Tethys, keilförmig in den Kontinent hinein. Die Spitze der Tethys-Bucht befindet sich wenig nördlich des Äquators, und zwar im Bereich der späteren Alpen, also dort, wo das spätere Südeuropa an das spätere Afrika grenzt.“, Dr. Drahtweller versucht sich zu vergewissern, ob auch alle den richtigen Flecken anvisieren.

„Sie meinen da im Bereich der Taille des Kontinents, von wo er nach Osten ausgreift?!“, erkundigt sich eine Frau.
„Pangäa sieht aus wie ein großes, auf die Seite gestelltes, nach Osten geöffnetes ›V‹!“, stellt ein Mann mit Bestimmtheit fest und verrenkt sich dabei fast den Hals.

„So könnte man das sagen.“, antwortet Dr. Drahtweller. „Wenig nördlich über der Spitze der Tethys-Bucht befindet sich das Germanische Becken und damit unser Zielgebiet. Es ist eine weitgespannte, flache Kampfzone zwischen Land und Meer – die nördliche Peripherie der nach Westen ausgreifenden Tethys. Momentan liegt das Germanische Becken sozusagen trocken.

Wir befinden uns im Zeitalter der Trias. Das Zechsteinmeer ist ausgetrocknet und die Verbindung zum Ozean im Nordwesten unterbrochen. Das Germanische Becken ist ringsherum von Hügelländern umgeben, Abtragungsgebieten, aus denen periodische Flüsse Sand und Ton ins Becken schütten. In seinen tiefstsen Teilen steht zeitweise ein abflussloser, leicht versalzener See, denn das Klima ist weiterhin arid, wie Sie unschwer an den roten Farben des ganzen Kontinentes sehen können. Ja es ist sogar noch arider geworden.

Während wir durch die Zeit reisten, ereignete sich, schrittweise und über lange Zeiträume – Jahrmillionen – hinweg, das größte Massensterben der Erdgeschichte."

„Wie ist das passiert?", will jemand wissen.

„Nun, eine einzelne Ursache hat es nicht gegeben. Eine Verkettung abiotischer Ursachen: die Einebnung des zentralpangäanischen Varistischen Gebirges, die Erstreckung von Pol zu Pol durch die fortgesetzte Norddrift und der dadurch entstandene Mega-Monsun, sowie eine Reihe gewaltiger Vulkanausbrüche mit ihren atmosphärischen Folgen führten zum Zusammenbruch vieler Ökosysteme. In der Vielzahl summierten sich diese Ereignisse mit der Zeit zu einem Massensterben von weltweiter Auswirkung. Es markiert daher für uns die Grenze zwischen Perm und Trias."

„Na so ein Zufall. Das passt ja.", äußert sich ein junger Mann ganz spontan.

Der Professor schmunzelt ein wenig und überlegt, wie er dessen Irrtum schonend aufklären kann.

„Es ist kein Zufall, sondern Methode. Die Natur kennt ja keine Grenzen in dem Sinne, die Zeit fließt und mit ihr die Ereignisse, die mal dramatischer und dann wieder ganz undramatisch sind. Irgendwo auf der Welt passiert immer gerade etwas, dass wir aus unserer Perspektive vielleicht dramatisch nennen würden, und woanders passiert zur gleichen Zeit „nichts", unserer Meinung nach.

Die Einteilung der Erdgeschichte in Zeitabschnitte, und die Namen, die wir ihnen geben, sind ja unsere Erfindungen, auf die sich Fachleute mehr oder weniger geeinigt haben. Aber diese Abschnitte sind nicht völlig willkürlich, beliebig gewählt, sondern knüpfen an erkannte Veränderungen an, vor allem an solche in der Tierwelt. Deshalb markiert jede Systemgrenze einen Faunenschnitt. Und der Faunenschnitt – denken Sie dabei nicht nur an die Landtiere – den wir Perm/Trias-Grenze nennen, ist der größte. Mit dem Ende der Aussterbeereignisse lassen wir die Trias beginnen, die eigentlichen Geschehnisse liegen demgemäß genau davor im Perm.

Auch viele kleinere Zeitgrenzen, die innerhalb der großen Systeme definiert wurden, sind an Veränderungen in der Lebewelt angelehnt, also von Fossilien abgeleitet. Manchmal standen aber auch typische Gesteine Pate. So wie jetzt in der Trias, die nach den Sedimenten, die im Germanischen Becken abgelagert werden, in Buntsandstein, Muschelkalk und Keuper unterteilt wird. Dabei ist Keuper eine mundartliche Bezeichnung für Tongesteine, nach der der gesamte obere Abschnitt der Trias benannt wurde.

Triassische Gesteine sind übrigens auch die Gesteine, welche im Gebiet des Hainichs unserer Tage an der Oberfläche anstehen und das Gelände bilden. Aus der Dreierabfolge Buntsandstein, Muschelkalk und Keuper im Germanischen Becken wurde auch der Name des Systems, Trias – Dreiheit – abgeleitet. Der gilt natürlich weltweit für den gleichen Zeitabschnitt, unabhängig davon, welche Sedimente abgelagert wurden oder nicht."

„Wo befinden wir uns jetzt genau, zeitlich gesehen?", fragt jemand.

„Im mittleren Buntsandstein, 245 Millionen Jahre vor der Gegenwart, in welche wir schrittweise zurückkehren.", antwortet Dr. Drahtweller. „Hoffentlich.", ist ein Flüstern zu vernehmen.

Sven hat sich an den Professor herangeschoben und zieht ihn am Ärmel, denn er hat etwas aufgeschnappt, dass er erklärt haben möchte: „Mega-Monsun?!", sagt er mit erhobenem Kopf und forschendem Blick. Svens Mutter ist mit seiner distanzlosen, bettelnden Art nicht einverstanden und verleiht dem ganz mütterlich und wortlos Ausdruck.

„Ja natürlich.", der Professor wendet den Kopf und wirft einen kurzen Blick aus dem Bullauge, um gleich darauf fortzufahren. „So ein riesiger Kontinent mit etwa gleich großen Anteilen nördlich und südlich des Äquators macht sich sein Klima gewissermaßen selbst, er modifiziert in seinem Einflussbereich stark die globalen Klimazonen. Ohnehin sind die Unterschiede der Klimazonen jetzt nicht übermäßig groß, denn es herrscht ein Wärmezeitalter mit warmtemperiertem Klima selbst an den Polen.

In den niederen und mittleren Breiten über Pangäa herrscht ein Klimaregime der besonderen Art, der Mega-Monsun. Über den ausgedehnten Landmassen der jeweiligen Sommerhalbkugel erhitzt sich die Luft und steigt auf, über den Landmassen der Winterhalbkugel kühlt sie vergleichsweise aus und sinkt ab. Es entstand ein riesiges Windsystem, das als Ausgleichsströmung zweimal im Jahr den Äquator kreuzt, in entgegengesetzter Richtung, unterbrochen durch die Übergangszeiten im Frühjahr und Herbst. So werden Nord- und Südpangäa abwechselnd von einer extrem trockenen und einer extrem niederschlagsreichen Jahreszeit heimgesucht. In der Regenzeit strömen Flüsse und überschwemmen die Ebenen, in der Trockenzeit oxydiert der Boden zum Rotsediment."

„Gehen wir runter?", fragt jemand ohne Umschweife.
„Ja.", antwortet der Professor und wendet sich seinem Instrumentenpult zu.

Die Reisefähre beginnt zu sinken. Sie landet wieder genau im Zielgebiet.

„Wir werden uns nicht lange aufhalten.", mit diesen Worten entlässt der Professor seine Gäste ins Freie. Die Luft ist heiß und die Sonne knallt erbarmungslos. Keine Frage, es ist Trockenzeit.

Sie laufen ein paar Schritte über den rotbraunen Sand bis zu einer tonigen Stelle, die zweifellos während der Regenzeit so etwas wie einen Tümpel darstellen muss. Offenbar befinden Sie sich in einer Art trockenem Flussbett mit vielen Verzweigungen, die sich verschiedentlich wieder vereinen. Wäre die Landschaft nicht so flach und überschaubar, müsste man befürchten, sich hoffnungslos zu verlaufen. So weit das Auge reicht, satte rote und braune Farbtöne, Einsamkeit bis zum Horizont, wo das Braunrot der Erde und das klare helle Blau des Himmels sich konturlos berühren, Eintönigkeit und Stille herrschen in dieser Welt. Die Stille vor dem Sturm vermutlich.

Fast wie eine Befreiung wirken da die paar merkwürdigen Pflanzen am Rande des ausgetrockneten Tümpels. Bis mannshohe und armstarke, beblätterte Säulen stehen da, in denen selbst der Laie Bärlappgewächse vermutet. Zu Recht. Anscheinend gibt es in der Tiefe noch etwas Wasser.

Die Ausdehnung des periodischen Tümpels ist nur an der eingetrockneten Tonfläche zu erahnen, die in eckige Fetzen zerrissen ist, deren Ränder sich beim Eintrocknen aufgewölbt haben. In die Ritzen hat der Wind feinen Sand eingeweht. Er scheint das einzige zu sein, dass sich in dieser trockenen Landschaft noch bewegt.

Sven stapft über die Stellen mit den am stärksten aufgebogen Tonplatten, weil ihr Bersten die lautesten Krachgeräusche erzeugt.

Er hat etwas entdeckt und hält inne. Schon geht er in die Hocke und pustet aus der Nähe den losen Sand weg. „Fußspuren!“, ruft er ungestüm.

Das wollen alle sehen. Dr. Drahtweller mustert weitere Tonplatten und stellt fest, dass es sich um die Fährten eines relativ großen, vierfüßigen Wirbeltiers handelt, welches seine Trittsiegel hier vor einiger Zeit im damals gerade noch weichen Schlamm hinterlassen hat.

„Wie kann ein solches Tier hier überleben?“, fragt verwundert eine Dame unter stummer Beipflichtung der anderen Teilnehmer, von denen sich wohl niemand getraut hatte, diese Frage zu stellen.

„Es war hier nur zu Besuch, ähnlich wie wir.“, antwortet Dr. Drahtweller und hebt den Blick in die Ferne. „Es kam sicherlich von dort drüben!“, und zeigt in südliche Richtung. „Wie ich Ihnen schon im Orbit erzählte, ist das Germanische Becken, in dessen Süden, relativ nahe des Randes, wir uns befinden, jetzt zur Buntsandsteinzeit allseits von flachen Randhöhen umgeben. Dort gibt es, bedingt durch das Relief, länger Wasser als in der Beckenebene und deshalb auch mehr Leben. Sogar lichte Wälder aus Koniferen und Ginkgobäumen wachsen dort mit Farnen, Cycadeen und anderen krautigen, an Trockenzeiten angepassten Pflanzen.

Das Hügelland an der Süd- beziehungsweise Südostflanke des Beckens, die Böhmisch-Vindelizische Schwelle, im Gebiet Böhmen-Süddeutschland und von hier aus noch nicht zu sehen, trennt das

Germanische Becken vom Westzipfel der Tethys im Gebiet der späteren Alpen. Die Sedimente, die Sie hier überall sehen und auf denen wir stehen, stammen aus südwestlicher Richtung, von der Randhöhe im Gebiet des späteren mittleren Westfrankreichs, ganz untergeordnet auch aus mehr südlicher Richtung, durch Zuflüsse vom Böhmisch-Vindelizischen Festland."

„Das trockene Flussbett, in dem wir uns aufhalten, kommt also aus Südwesten?", hakt ein junger Mann nach.

„Ja, aus Frankreich.", antwortet Dr. Drahtweller. „Während der Regenzeit könnten wir hier ganz schön davonschwimmen."

„Herr Professor, wo ist denn dieser Mega-Monsun? Es ist kaum windig?", wundert sich eine ältere Dame und ist damit doch ganz zufrieden.

„Ehrlich gesagt, ich weiß es auch nicht. Das Wetter ist eben das Wetter. Pangäa mit seinem Super-Monsun-Klima macht da keine Ausnahme." Dr. Drahtweller dreht sich nach Südosten. „Schauen Sie. In nur wenigen Jahrmillionen werden sich am Südostende des Germanischen Beckens, im Süden des späteren Polens, zwei Verbindungen – Geländesenken – zum Tethys-Ozean öffnen, die Ostkarpatische und die Oberschlesische Pforte. Gegen Ende der Buntsandsteinzeit, im Röt, wird das Meer vordringen und auch unser Zielgebiet bedecken. Diesmal wird das Meer also von Süden kommen. Auch das Rötmeer wird starker Verdunstung unterliegen und etwas Steinsalz ablagern.

Und wie es dann weitergeht, das werden wir uns jetzt ansehen!", versucht Dr. Drahtweller die Aufmerksamkeit auf die nächste Station zu lenken.

„Ist doch klar.", mault es beinahe zurück. „Dann kommt das Muschelkalkmeer."

Nachdem man sich einigermaßen entstaubt hat, verschwindet die Truppe wieder in die Reisekapsel, bereit zum nächsten kleinen Zeitsprung.

10. Station: Atlantische Wehen

Schon schwebt die Reisegruppe über dem Muschelkalkmeer, etwa hundert Meter über der durch kleine Wellen stumpf aussehenden, schön blaugrauen Wasseroberfläche, die erkennen lässt, dass ein frischer Wind weht.

„Da wären wir. Ein erneuter, kräftiger Meeresvorstoß über die Ostkarpatische und Oberschlesische Pforte im Südosten hat das Rötmeer verjüngt und zum Muschelkalk-Meer anschwellen lassen. Das Germanische Becken ist nun zweifellos zum kleinen Randmeer der Tethys geworden. Wir befinden uns mittlerweile auf 32 Grad nördlicher Breite.

Im Verlaufe der nächsten 8 Millionen Jahre, der Muschelkalkzeit, wird auch dieses Meer unter den ariden Bedingungen, trotz Regenzeit, und durch Einengung der Verbindungen zur Tethys, vorübergehend bis zur Steinsalzabscheidung eindunsten. Zunächst lagern sich große Mengen Kalkschlamm ab, die wir später als Unteren Muschelkalk oder Wellenkalk bezeichnen werden, dannach steigt die Salinität bis zur Ablagerung von dolomitischen Mergeln, Gips und Steinsalz, dem sogenannten Mittleren Muschelkalk, an.

Im Süden, im Westzipfel der Tethys-Bucht, durch die Böhmisch-Vindelizische Festlandschwelle vom Germanischen Muschelkalkmeer getrennt, kommt es zu ersten tektonischen Ereignissen, die das Schicksal des Kontinents besiegeln werden. Durch Wärmewalzen im Erdmantel unter der Tethys und dem angrenzenden Festland wird die Kruste immer mehr gedehnt. Erste Brüche entstehen, an denen schmale Schollen einsinken. Die Tethys beginnt sich nach Westen auszudehnen. Es „knackt“ in der Kruste im Bereich der Schweißnaht von Nord- und Südkontinent. Das ist der Anfang vom Ende Pangäas!

Ab der Zeit des Mittleren Muschelkalks wird der Ostteil des Germanischen Beckens leicht angehoben, die Ostkarpatische und Oberschlesische Pforte werden damit langsam geschlossen. Der Westteil des Germanischen Beckens mit der angrenzenden Tethys dagegen wird allmählich absinken. Dadurch wird sich eine neue Pforte im Südwesten des Germanischen Beckens, im Gebiet des späteren östlichen Südfrankreichs, die Burgundische Pforte, öffnen und frisches

Meerwasser aus der sich langsam westwärts erweiternden Tethys ins Becken einfließen und das Muschelkalkmeer von dort aus wieder auffrischen. In ihm entsteht dann der Obere oder Hauptmuschelkalk."

Dr. Drahtweller tritt an ein Bullauge heran. „Und, haben Sie was gesehen?", fragt er in die Runde. Anscheinend hat niemand eine Antwort auf seine Frage und er erzählt: „Bei einem der früheren Stopps an dieser Stelle ist ein Pflasterzahnsaurier, ein Muschelfresser, gesehen worden, der kurz auftauchte, um Luft zu holen. Da ich immer die gleichen Koordinaten eingebe, müsste er eigentlich jedesmal zu sehen sein. Aber scheinbar guckt im entscheidenden Moment niemand an die richtige Stelle."

„Vielleicht hätten Sie uns schon vorher darauf aufmerksam machen sollen?", wirft jemand ein.

Dr. Drahtweller lächelt verlegen. „Aber hätten Sie mir dann zugehört? Wahrscheinlich hätten sich alle am selben Bullauge gedrängelt?!", begründet er. Nun gut, das will man ihm durchgehen lassen.

„Haben Sie Hunger?", fragt Dr. Drahtweller. „Es ist Zeit für die zweite Frühstückspause."

Fast alle kramen ihre restliche Verpflegung hervor und Dr. Drahtweller öffnet wieder seinen Vorrat an Speisen und Getränken.

„Frühstück oder Mittag, oder Kaffee. Man verliert ja völlig das Zeitgefühl auf so einer Zeitreise.", denkt jemand laut.

Eine Weile vergeht, der Professor ist fertig mit Speisen und fragt: „Na, haben Sie noch Lust auf die Vergangenheitsreise?"

„Ja.", kommt es zurück.
„Natürlich."
„Wo wir doch schon mal da sind."
„Und bezahlt haben.", lauten einige der Antworten, halb im Scherz.

„Als nächstes werden wir im Keuper von Bord gehen.", sagt der Professor.

„Zu Beginn des Keupers verflacht das Germanische Becken zusehens und wird mit Sedimenten, Abtragungsprodukten der Randhöhen im Norden, verschüttet. Durch die Kippung des Beckens zieht das Stromsystem nun von Norden, aus Skandinavien kommend, durch's Becken und mündet durch die Burgundische Pforte im Süden des späteren Frankreichs ins Meer, in die Tethys.

Im Zusammenspiel von Sedimentanlieferung, langsamer Krustenabsenkung und Meeresspiegelschwankungen werden im Germanischen Becken der Keuperzeit überwiegend festländische mit gelegentlich marinen Bedingungen abwechseln, immer nahe dem Meeresspiegel. Neben Sanden werden vor allem sehr viel Tone sedimentiert werden. Flache Meeresvorstöße treten über die Burgundische Pforte ein und aus. Neben Gipsen werden sich in kleinen, lokalen Senken verschiedentlich auch Steinsalze abscheiden."

Dr. Drahtweller räumt die Reste seines Buffets wieder in die Ablage und startet routiniert den Zeitsprung.

11. Station: Sumpflandschaften

Die Reisefähre setzt auf. Die Verriegelung der Bordtür klickt leise und Dr. Drahtweller zögert nicht, sie vollends zu öffnen und ins Freie zu treten, die anderen folgen ihm nach. Sehr warme und von Feuchtigkeit schwere Luft empfängt sie wie eine Wand.

Der Wind schiebt eine geschlossene, tiefhängende Wolkenschicht vor sich her, wie einen weiß-grauen Baldachin. Der feuchte, graue und grüngraue Schluffboden formt jeden ihrer Schritte ab. Die Landschaft ist eine weite, flache Schwemmlandebene. Wieder bewegen sie sich in einer Art kleinem Flussbett, das sich von der Umgebung kaum abhebt und kein Wasser führt. Für den aufgeweichten Boden muss ein zurückliegender Regenguss verantwortlich sein.

So weit man sehen kann, besteht die Welt aus grauen und grünlichgrauen Ton- und Schluff-Flächen, nur in den flachen Rinnen, die sich zu verzweigen scheinen, bietet sich ein nur wenig gröberer, gut begehbarer Feinsand gleicher Färbung an und lenkt die Schritte der merkwürdigen, sich dahinschleppenden Gruppe. Vielerorts sind Vegetationsinseln zu erkennen, wie hingestreut. Sie scheinen Röhrrichte zu sein. Nördlich und nordöstlich voraus in der Ferne sind zwei lockere Waldinseln aus Koniferen auszumachen.

„Eine nicht mehr ganz junge Frau keucht mit Blick zum wolkenverhangenen Himmel: „Hoffentlich hält' sich!"

„Ja. Wir werden nicht nass werden.", beschwichtigt der Professor.

Die Schritte über den nachgiebigen Grund sind anstregend, die Luft tut ein übriges. Einige kommen bereits sichtlich ins Schwitzen. „Das ist ja wie im Treibhaus hier!", heißt es.

„Wir befinden uns im Mittleren Keuper, zur Zeit des unteren, grauen Schilfsandsteins, genau 224 803 657 Jahre, 4 Monate und 1 Tag vor unserer Abreise.", erklärt Dr. Drahtweller. Sie erreichen eine der Vegetationsinseln, die wie Röhrrichte anmuten. Sie bestehen nur aus einer einzigen Pflanzenart. Zahlreiche bis armstarke und mehrere Meter hohe, scheinbar blattlose Halme bilden einen dichten Hain von urtümlichem Aussehen. Die Halme fassen sich rauh an und sind in Abschnitten von enganliegenden, blattartigen Manschetten umgeben. Viele sind abgeknickt und zeigen an, dass sie innen hohl sind.

„Schachtelhalme!", ist man sich einig. Manche der Halme tragen kurz unter dem Sproßgipfel an dünnen Abzweigungen kugelige Gebilde. „Da oben werden die Sporen gebildet!", gibt ein Mann zum Besten.

Sven hat sich zwischen den Halmen ein paar Meter vorgewagt bis an den Rand eines kleinen, klaren Tümpels. An seinen Schuhen haftet so viel Schlamm, dass er nur noch mit Mühe die Füße heben kann. Wie ein Storch stelzt er mit schmatzenden Schritten am flachen Ufer des Tümpels entlang, zwischen den Stelen der Schachtelhalme. Selten sind diese kurz über dem Boden einmal verzweigt.
„Ohhrr, riesige Wasserflöhe!", ruft er voll begeisterter Entdeckerfreude, und versucht welche zu greifen.

„Das sind Conchostraken.", sagt Dr. Drahtweller. Plötzlich macht sich Aufregung unter den Erwachsenen breit. Jemand hat ein großes grünes Vieh aufgeschreckt, das an ein Krokodil erinnert und verstört das Weite sucht. Doch der Tümpel ist so flach, dass es sich dort nicht wirklich verstecken kann. „Ein Riesenamphib.“, bemerkt Dr. Drahtweller mit wissendem Vergnügen.

„Wir befinden uns am Rande der Regenzeit und in einer humiden Phase des Keupers.“, erklärt er. „Die in etlichen tausend Jahren wieder vorbei sein wird. Dann werden wieder rote Sedimente gebildet.“

Ein offensichtlich naturinteressierter Herr tritt an den Professor heran mit den Worten: „Mir fällt auf, dass die gröbsten Körner der Ablagerungen, die wir in den einzelnen Stationen bisher gesehen haben, immer feiner geworden sind. Im Rotliegenden, auch zuvor im Devon, gab es neben Ton, Schluff und Sandkörnern auch viel Kies. Im Buntsandstein war es nur noch grober Sand. Und jetzt im Keuper sehe ich maximal noch feinen Sand, neben Schluff und Ton. Wie kommt denn das?“

Die Augen des Professors leuchten auf: „Hervorragend! Das haben Sie sehr gut beobachtet! Nun, das hat folgenden, einfachen Grund: In den Bergen und Hügeln der Randhöhen wird durch die Verwitterung – durch Regen und die Reliefenergie – Gestein gelöst und bei seinem Abtransport großenteils schneller mechanisch zerkleinert als chemisch zersetzt. Bereits nach wenigen Kilometern Transportweg sind aus den eckigen Bruchstücken im fließenden Wasser Gerölle geworden. Je weiter diese nun von ihrem Ursprungsort wegtransportiert werden, desto feiner werden sie dabei zermahlen.

Ihre Beabachtung zeigt also, dass die Sedimente, die wir auf unserer Reise im Zielgebiet gesehen haben, immer weiter von ihren Ursprungs-Bergen entfernt wurden, das heißt, die Abtragungsgebiete lagen immer weiter weg. Nicht wahr?!

Im Devon, im Karbon und Rotliegenden konnten wir die Berge noch unmittelbar sehen, ja wir standen sogar darauf. Im Buntsandstein waren sie schon weit entfernt und nur noch zu ahnen. Jetzt im Keuper liegen sie noch weiter hinterm Horizont.“ Dr. Drahtweller weist nach Norden. „Die Sedimente zu unseren Füßen haben mehr als tausend Kilometer hinter sich. Das verwilderte Flusssystem, das sie schüttet, entspringt ja in den skandinavischen Bergen.“ Er wendet sich in südliche bis südwestliche Richtung. „Und transportiert die Sedimente über Süddeutschland und Südfrankreich durch die Burgundische Pforte bis ins Meer.

Die Regenzeit hat bereits begonnen. Das Wasser des Schilfsandsteinflusses dürfte als Trübestrom und Schichtflut bereits unterwegs sein oder gerade einsetzen."

„Gibt es hier eigentlich auch Schilf?", fragt der Herr weiter.

„Nein.", antwortet der Doktor. „Früher hielt man die fossilen Reste der Schachtelhalme, die hier häufig wachsen, für Schilf, und so bekam der Sandstein seinen Namen. Gräser, also auch Schilf, sind eine moderne Entwicklung der Pflanzenwelt und werden erst viel später entstehen."

„Aber es gibt hier im Schwemmland des Schilfsandsteinflusses auch noch andere Pflanzen? Ich würde die hohen Gewächse", der Mann zeigt auf die beiden nördlichen Vegetationsinseln, welche die Schachtelhalmröhrrichte sichtbar überragen, „für Koniferen halten."

„Richtig, das sind urtümliche Koniferen.", antwortet Dr. Drahtweller. „Sie haben sich auf etwas erhöhten, schon lange trockenliegenden, schluffigtonigen Überflutungsflächen angesiedelt, sind aber eher die Ausnahme. Es gibt dort auch zahlreiche andere Pflanzen: Farne, Cycadeen und Schachtelhalme."

Sven hat in dem Tümpel eine kleine, molchartige Larve des Riesenamphibs gefangen und zeigt sie stolz herum. Dann setzt er sie zurück ins Wasser.

„Am Ende der Trias wird es die ersten Dinosaurier geben und auch die ersten kleinen Säugetiere.", bemerkt der Professor zur Gruppe. „Unser Gebiet wird dann wieder von einem flachen Meer bedeckt sein, welches im obersten Keuper von Westen her ins Germanische Becken vordringen wird, ganz undramatisch über eine neue, breite Pforte in Süd- und Mittelengland.

Sie entsteht durch die Krustenbewegungen und die damit verbundene Ausdehnung der Tethys nach Westen auf den Kontinent. Die Burgundische Pforte wird dann versiegt sein und die Nordflüsse schütten ihre Fracht in das Becken, das im Osten festländisch und im Westen marin sein wird. Unser Zielgebiet wird genau in der Kampfzone zwischen Flussland und Meer liegen und häufig Küste sein, die Sedimente bald marin, bald limnisch-brackisch oder fluviatil."

Dann gibt er das Signal zum Aufbruch und sie machen sich auf den Weg zurück zum Zeitschiff.

Dort angekommen, scherzt Dr. Drahtweller: „Meine Damen und Herren! Mit den Dreckschuhen kommen sie mir nicht in die gute Stube! Wenn Sie den 35. Breitengrad wieder verlassen wollen, dann lassen Sie sich was einfallen.“

Der etwas klebrige Sand lässt sich so leidlich abklopfen. Allein Svens Schuhe sehen hoffnungslos aus, obwohl der meiste Schlamm längst abgefallen ist. Seine Mutter versucht mit dem feinen Sand der Landestelle seine verschmierten Schuhe und Hosenbeine etwas zu säubern.

Dann geht's ins Zeitschiff.

Die Trias

begann vor 250 Mio und endete vor 205 Millionen Jahren.

12. Station: Archipel Europa

Das Zeitschiff hängt wieder hunderte Kilometer über der Erde unterm schwarzen Sternenhimmel. Fast geblendet vom strahlenden Licht der Sonne, lenken die Besucher ihre Blicke auf die Tagseite des Planeten.

„Wir haben einen Zeitsprung von 74 Millionen Jahren gemacht und befinden uns im Oberen Jura, 150 Millionen Jahre vor der Gegenwart. Wir schweben nun über dem 43. Breitengrad.“, erklärt Dr. Drahtweller. „Aus dieser Höhe können Sie Pangäa überschauen und förmlich zusehen, wie sie zerbricht. Schauen Sie auf die Tethysbucht. Von hier aus hat sich das Rifting quer durch den Superkontinent fortgesetzt, Grabenbrüche sind eingesunken und haben sich bereits bis zur Bildung jungen Ozeanbodens fortentwickelt. Der Mittelatlantik ist geboren und seit der mittleren Jurazeit am wachsen. Er trennt als ozeanischer Meeresarm nun wieder den Nordkontinent Laurasia vom Südkontinent Gondwana, nur ganz im Westen besteht die Landbrücke des zukünftigen Mittelamerikas. Davor erkennen Sie bereits den Golf von Mexiko."

„Verstehe ich das richtig,", fragt jemand, „ausgehend von der Tethysbucht im Osten wurde der Kontinent nach Westen gespalten und driftet auseinander?"

„Ja.", lautet die kurze Antwort des Professors.

„Dann ist der Atlantik also ein Abkömmling der Tethys?", führt der Passagier seinen Gedanken fort.

„Nun, wenn Sie so wollen.", überlegt Dr. Drahtweller, ohne sich lange aufzuhalten.

„Aber der Atlantik, den wir kennen, ist doch längs, in Polrichtung gestreckt?", fügt eine Frau etwas verwundert, doch ausnehmend höflich hinzu.

„Da haben Sie recht. Aber warten Sie's ab!", frohlockt der Professor und kann es dann selber nicht: „In der folgenden Kreidezeit werden wir noch sehen, dass sich das Rifting zunächst nach Süden fortsetzt und Gondwana in die uns bekannten Kontinente spaltet, sowie dann nach Norden. So entstehen der Süd- und Nordatlantik!" Der Professor hält inne und spürt der Wirkung seiner Worte nach. Ihm ist, als hätte er gerade selbst Pangäa gespalten und den Atlantik geschaffen, so oft schon hat er seinen Passagieren während der Reisen den Vorgang geschildert.

„Denken Sie daran, dass große heiße Gesteinswalzen im Erdmantel mit der Kruste spielen. Ihre aufstrebenden Flanken vereinigen sich zu linienhaften heißen Mantelbergen, über denen sich die Mittelozeanischen Rücken ausbilden. Diese halten durch Bildung neuer ozeanischer Kruste die Plattentektonik im Gang.

Aber schauen Sie nun nach Mitteleuropa. Was sehen Sie?"

„Inseln.", lautet die Antwort.

„Richtig. Durch die Weitung der Tethys im Süden, zwischen Europa und dem späteren Afrika, ist die kontinentale Kruste des zukünftigen Europas, besonders im Westen, eingesunken. Zudem steigt der Meeresspiegel weltweit. Dadurch ragen nur die Hochgebiete des europäischen Laurasia-Anteils als Inseln aus dem flachen Jura-Schelfmeer. Zahl und Größe der Inseln variieren im Zusammenwirken von Meeresspiegelschwankungen, tektonischen Bewegungen – das sind Bewegungen der Kruste – und Sedimentablagerung. Die Vindelizische Schwelle, die das Germanische Becken von der Tethys trennte, ist überflutet.

Hebungsvorgänge haben drei Hochgebiete, die Inseln waren, zu einer einzigen langen Insel verbunden, die sich von Südost-England über das Rheinland bis nach Böhmen ersteckt. Das spätere Hainich-Gebiet ist Teil dieser mitteleuropäischen Insel im Inselreich Europas. Wir werden jetzt runtergehen und uns unseren Inselabschnitt aus der Nähe ansehen."

Dr. Drahtweller wendet sich wieder seiner Steuereinheit zu und lässt das Zeitschiff absinken. Kurz vor der Landung kommt die neue Welt in Sicht. „Jurassic Park.", äußert sich ein junger Mann. Erschrocken wendet sich daraufhin eine ältere Dame an den Professor. „Gibt es da etwa Dinosaurier? Wir steigen doch wohl nicht aus, oder?"

Professor Drahtweller beobachtet einen Augenblick verschmitzt seine Gäste, die nicht so recht wissen, ob sie sich freuen oder Angst haben sollen. Währenddessen landet die Kapsel in einer kargen, weitgeschwungenen, flachen Hügellandschaft. Rot und ausnahmsweise auch gelb leuchtet der nackte, verwitterte Boden. In Niederungen verstreut, verstecken sich Vegetationsinseln mit Bäumen, die gar nicht mehr immer fremd wirken.

„Nun,", sagt Dr. Drahtweller, „Jura- und Kreidezeit sind die hohe Zeit der Dinosaurier, und wir sind mittendrin. Dinosaurier bedeutet auf deutsch ›schreckliche Echse‹". Dr. Drahtweller öffnet die Bordtür. Niemand rührt sich von der Stelle und alle starren auf die offene Luke.

„Machen Sie keine gefährlichen Scherze mit uns!", entrüstet sich ein älterer Herr.

„Sie haben ja recht.“, entgegnet Dr. Drahtweller schnell, während er sich direkt vor die Öffnung stellt. „Doch seien Sie beruhigt. Wir befinden uns auf einer Insel, große Dinosaurier habe ich hier noch nie gesehen. Zwar kann ich Ihnen nicht garantieren, dass nicht doch einige auf der Insel leben, die bereits bei der Entstehung einer der Ausgangsinseln vom Festland her eingeschlossen worden sind oder den weiten Weg durchs Meer herüberschwammen, aber bisher habe ich hier so wenige Tiere gesehen, dass ich jeden neuen Landetermin zeitlich variiere, um uns die Chance einer neuen Beobachtung zu geben. Heute sind wir beispielsweise genau einen Tag später hier als das letzte Mal.

Also, kommen Sie und seien Sie vorsichtig!“

„Ist das Ihr Ernst?“, fragt jemand besorgt.

Dr. Drahtweller zieht einen monströsen Revolver aus einem Sicherheitsfach und hängt ihn an vorgesehener Stelle an seinen Gurt. „Betäubungspatronen für den Notfall.“, lässt er fast beiläufig verlauten, um dann auf die gestellte Frage einzugehen: „Natürlich. Das Risiko ist für Sie zumutbar, wirklich. Wozu machen Sie eine Zeitreise in die Erdgeschichte und bezahlen viel Geld dafür, wenn Sie letztlich nicht den Mut dazu haben. Wer will, kann natürlich im Schiff bleiben.“, sagt's und springt ins Freie. Da offensichtlich kein hungriger Raubsaurier herbeistürzt, um ihn zu fressen, wächst die Neugier und die ersten Gäste folgen ihm nach. „Kommen Sie!“, ruft Dr. Drahtweller von draußen und winkt mit dem Arm.

Die Gruppe schließt auf. Erstaunlich, wie dicht sich plötzlich alle beisammen halten. Der Urinstikt, Schutz in der Gruppe zu suchen, lebt wieder auf bei diesen zivilisationsverwöhnten Menschen des 21. Jahrhunderts.

„Wir gehen heute mal in diese Richtung.“, erklärt ihnen Dr. Drahtweller das Besondere. Es ist ein ganzes Stück Weg, bis sie ein flaches, licht bewaldetes Tal erreichen, und die warme, trockene Luft fordert mal wieder ihren Tribut in Form von Schweiß.

„Die sehen ja aus wie Kiefern?!“, sagt ein Mann.

„Das sind Kiefern.“, antwortet der Professor. „Die anderen Koniferen hier sind Araukarien. Wahrscheinlich werden wir auch noch

Ginkgobäume – mit immer noch stärker zerschlitzten Blättern, als wir sie kennen – sehen." Im spärlichen Unterholz wachsen Farne, Baumfarne und Cycadeen sowie verwandte, farnartig beblätterte, krautige Nacktsamer.

„Für Botaniker ist das hier ein Paradies.", bemerkt Dr. Drahtweller mit Blick zur Seite. „Wegen der ausgestorbenen Kräuter mit blütenpflanzenartigen Merkmalen.", betont er. Doch das scheint niemanden zu interessieren, die Blicke wandern, aufmerksam suchend, durch Wald und Geäst.

Endlich stellt mal jemand eine Frage. „Warum ist das nur so warm?"

Keine besondere also, aber Dr. Drahtweller nimmt sie zum Anlass, etwas zum Klima zu sagen: „Das Weltklima ist etwas kühler geworden gegenüber dem der Trias, aber immer noch wärmer als in unserer Gegenwart. An den Polen ist es jetzt kühl gemäßigt, im Winter gibt es dort manchmal Schnee und Frosttage.

Hier im Gebiet ist es immer noch arid, wenn auch schon ein wenig feuchter. Der Mega-Monsun hat sich abgeschwächt. Mit dem Zerfall Pangäas wird auch er zerfallen."

„Feuchter?", fragt jemand wortkarg nach.

„Dass Sie staubige Schuhe haben und nicht schlammige, liegt daran, dass auf der Insel keine wirklich großen Flüsse fließen, die in der Ferne Wasser sammeln und damit wüstenhafte Landstriche überfluten können."

Sie kommen an ein Wasserloch und ein gewichtiger Mensch tritt, abgelenkt, auf einen morschen, trockenen Ast, der laut krachend zerbricht. Der Knall hallt durch die Bäume und schreckt Leben auf. Plötzlich flattert die Luft.

„Vögel! Urvögel!", rufen sie laut. Tatsächlich, Archaeopteryx stürzt sich flügelschwingend aus dem Geäst hoher Bäume. Eine ganze Gruppe Urvögel flattert und segelt kreischend und schreiend über den Tümpel und sucht aufgeregt das Weite. Sie landen irgendwo am Boden zwischen Bäumen und Gesträuch. Bald schon sieht man die ersten geschickt und flink an den Stämmen hochklettern, während sie noch immer leise schimpfen.

„Ich hätte nicht gedacht, dass sie so klein sind.“, sagt ein junger Mann. „Beim Fliegen erinnern sie irgendwie an Tauben.“, bemerkt eine Frau, „nur die Ruderschwänze sind seltsam lang.“

Noch etwas anderes haben sie aufgescheucht.

„Eine Fledermaus!“

„Das ist keine Fledermaus, sondern ein Flugsaurier.“, erklärt ein anderer Zeitreisender. „Fledermäuse gibt's noch nicht.“

Dr. Drahtweller schaut auf die Uhr. „Wir müssen zurück. Abmarsch!“

Sie sind auf dem Rückweg. Dr. Drahtweller erzählt von den Urvögeln und ihren Fossilien.

„Etwa 250 Kilometer südlich befindet sich die Küste, ein Wattenmeer. Eine flache, schlammige Lagune hinter den vorgeschobenen, kalkigen Schwammriffen im Gebiet der späteren Frankenalb. Dort werden, vielleicht gerade jetzt, Kadaver von Urvögeln im feinen Sediment eingebettet. Sogar Abdrücke der Federn werden erhalten bleiben.

Im Jurameer, das uns umspült, tummeln sich Fischsaurier und Schlangenhalssaurier bei der Nahrungssuche. Auf den umgebenden Festländern herrschen riesige, vierfüssige Sauropoden und zweibeinige Raubdinosaurier.“

„Und was ist mit den Säugetieren?“, entsteht eine Frage.

„Die sind maus- und rattengroß und klettern auf Bäumen herum, wo sie nach Insekten suchen. Es gibt sie vor allem im Westen des Archipels.“, ist Dr. Drahtweller um eine Antwort nicht verlegen.

„Die Gesteinsschichten unter unseren Füßen“, fährt er unvermittelt fort, „sind tonige und auch sandige Ablagerungen des Jurameeres der unteren und mittleren Jurazeit, die geologisch gesehen erst vor kurzem aus dem Wasser gehoben wurden.“ Sie nähern sich dem Zeitschiff.

„Ist das nun eigentlich schon der frühe Hainich?“, fragt die charmante junge Dame.

„Oh nein.“, antwortet der Professor und schüttelt andeutungsweise den Kopf. „Das zukünftige Relief unseres Hainichs wird sich im Gestein einen dreiviertel Kilometer unter uns herausarbeiten“, der Professor spreizt die Hände und schaut zu Boden, als hätte er Röntgenaugen und könnte in die Tiefe blicken und das noch nicht vorhandene Relief mit seinen Händen einzeichnen, „und sich“, er schaut nach oben in die Luft, „300 Meter über uns befinden.“
Professor Drahtweller blickt sie an. „Was folgern Sie daraus?“

Die junge Frau überlegt kurz. „Das Gelände wird sich heben, und abgetragen werden.“, antwortet sie.

„So ist es!“ Der Professor lächelt zufrieden.

Sie erreichen das Zeitschiff und steigen ein. Die Tür schließt sich hinter den Gästen und das Gefährt löst sich auf wie ein Spuk, nur ein paar unscheinbare Abdrücke bleiben im Boden zurück – bis zum nächsten Regenschauer.

Der Jura

begann vor 205 Mio und endete vor 135 Millionen Jahren.

Was der Professor nicht weiß: Es sind tatsächlich ein paar gefährliche Raubdinosaurier auf der Insel. Neben kleinen, nur hühnergroßen Beißern durchstreifen auch einige übermannsgroße Riesen die Insellandschaften auf der Suche nach Beute.

13. Station: Grüne Revolution

Dr. Drahtweller lässt das Zeitschiff wieder in großer, orbitaler Höhe auftauchen, um seine Passagiere einen Blick auf die neue Welt werfen zu lassen.

„Willkommen 68 Millionen Jahre vor der Gegenwart, gegen Ende der Kreidezeit! Sie sehen vor sich die Welt nach Pangäa."

Der Anblick erinnert schon sehr an die gewohnte Gegenwart, nur manches erscheint ein wenig verzerrt. Die bekannten Kontinente sind vereinzelt und von breiten Wasserstraßen umgeben. India driftet mitten im Indischen Ozean und steuert auf Asia zu. Der Atlantik ist voll entwickelt und erstreckt sich scheinbar von Pol zu Pol, aber er wirkt noch etwas schmal und daher nicht so dominant wie in der Zukunft.

„Gondwana ist zerfallen, der Südatlantik schon breit geöffnet.", beschreibt Dr. Drahtweller, was jeder sehen kann. „Der Mittelatlantik ist am breitesten und auch der Nordatlantik hat sich bereits ein wenig geöffnet. Wie ein großes „Y" hat sich die Riftzone des Nordatlantiks geteilt und beginnt Nordamerika, Grönland und Eurasien auseinanderzuschieben. Ja, Grönland ist geologisch gesehen auf dem Wege, ein Kontinent zu werden.

Die Pole sind weiterhin frei von Eiskappen und besitzen ein kühl gemäßigtes Klima mit winterlichem Frost. Dinosaurier leben in allen Regionen der Erde, selbst in den kühlen polnahen Gebieten. Weiter südlich ist es warm und humid. Mit dem Zerfall Pangäas ist auch der Monsun verloschen und im wesentlichen das zonale Klima entstanden, wie wir es kennen. Doch ist die Erde in der Kreidezeit insgesamt wärmer, die aride Klimazone aber schmal.

Die Norddrift unserer Weltengegend verlangsamt sich, durch den Schub des sich verbreiternden Nordatlantiks wird Eurasia nach Osten geschoben und rotiert dabei etwas im Uhrzeigersinn. Wir liegen daher momentan bei knapp 45 Grad nördlicher Breite." Dr. Drahtweller instruiert den Bordcomputer, die Reisefähre sicher im Zielgebiet zu landen. Mit aberwitzigem Tempo rast sie nach unten und bremst erst kurz vor der eigentlichen Landung ab.

Wer hätte das gedacht, sie setzen in einer kleinen Lichtung mitten im Wald auf. Laubbäume, wohin der Blick auch schweift.

„Ich glaub', wir steh'n im Wald.", bemerkt jemand scherzhaft.
„Im Hainich.", ergänzt ein anderer. Für einen botanisch Unkundigen, sehen die kreidezeitlichen Platanen und Walnussbäume vor den Bullaugen gar nicht so fremd aus.

Dr. Drahtweller beobachtet seine Gäste, doch die scheint keinerlei Saurierfieber zu erfassen. Er beginnt: „Während der Unter-Kreide setzte sich die Entwicklung ähnlich dem Jura fort. Die mitteleuropäische Insel hob sich weiter langsam und bekam Verbindung zu weiterem Land im nordwestlichen, englischen Raum. Mit dem Austausch der Faunen und Floren wanderten auch große Dinosaurier ein. In der Vegetation blieben Nacktsamer, vor allem Koniferen dominierend bis zur Mitte der Kreidezeit, die nur in Unter- und Ober-Kreide unterteilt wird.

Gegen Ende der Unterkreide, vor rund 30 Millionen Jahren – 100 Millionen Jahre vor unserer zukünftigen Gegenwart – begannen sich die bereits entstandenen Bedecktsamer – die uns so vertrauten Blütenpflanzen – über die ganze Welt auszubreiten. Ihr Siegeszug im Verlaufe der Oberkreide veränderte das Antlitz der Erde, denn von nun an beherrschen sie die Vegetation." Dr. Drahtweller schaut kurz auf die Uhr, um dann fortzufahren. „Obwohl Mitteldeutschland im Verlaufe der Kreidezeit weiter langsam angehoben wurde und wird, kam es zu Beginn der Oberkreide zu weitreichenden Überflutungen, da der Meeresspiegel schneller stieg. Nur die höchsten Gebiete, im Nordwesten die Rheinische Insel – das spätere Rheinische Schiefergebirge – und nahe im Südosten die Böhmische Insel, die auch das spätere Thüringische Schiefergebirge umfasste, ragten als wieder isolierte Teilinseln aus dem Oberkreidemeer. Auch der Oberharz ragte ein wenig aus dem Wasser, während unser Standort hier im Hainich-Gebiet letztmalig vom Meer bedeckt wurde. Marine Sande, Ton- und Kalkmergel gelangten zum Absatz.

Wie Sie sehen können, ist das Land durch die andauernde sanfte Hebung in der höheren Ober-Kreide bereits wieder aufgetaucht, der Wald und die Saurier sind zurückgekehrt."

Ein paar verstohlene Blicke gehen nach draußen. Der lichte Wald steht still und schweiget, kein Lüftchen regt sich. Nur ein einzelnes Blatt löst sich von einem der nahestehenden Bäume und fällt schwingend zu Boden.

Wieder schaut der Professor zur Uhr. „Laubbäume, wie Platanen, Walnussgewächse und die Vorfahren unser Buchen und Eichen beherrschen jetzt den Wald. Auch Palmen, Maulbeerbäume und anderes mehr können Sie hier finden."

„Sind wir wieder eine Insel?“, will eine Frau wissen.
„Ja, noch etliche Jahrmillionen lang sind wir Teil einer großen flachen Insel. Erst im späten Tertiär wird das Meer so weit zurückgedrängt sein, dass Europa als westliche Halbinsel Eurasiens in Erscheinung tritt, wenngleich wir das, plattentektonisch betrachtet, längst sind. Landschaftlich gesehen haben eben die Epikontinentalmeere einen großen Einfluss. Übrigens beginnt in dem breiten Meeresarm nördlich von uns, der uns von der Skandinavischen Insel trennt, gerade die Ablagerung der weißen Schreibkreide. Auch in unseren Tagen werden sich dort wieder kleine Randmeere aufhalten, die südliche Nordsee und die Ostsee.

Erdgeschichte ist eben ein kontinuierlicher Prozess, Strukturen werden vererbt, verschieben sich und eines baut auf dem anderen auf.

Wenn wir uns zum Beispiel nach Süden wenden und im Bereich der Tethys den Meeresgrund erforschen würden, wären wir Zeugen des Vorspiels der Alpenentstehung. Zwischen Ur-Europa und Nordafrika brachen jetzt in der Kreidezeit Mikrokontinente ab. Die beiden größten sind Iberia, das spätere Spanien, welches von Ureuropa abbrach etwa dort, wo es später wieder angefügt werden wird, und Apulia, das spätere Italien mit der Adria, daher auch adriatische Platte genannt. Apulia brach von Nordafrika ab, dazwischen bilden sich kleine Ozeane aus, die man dem Tethys-Meer zurechnen kann. Durch die Öffnung des Südatlantiks schiebt sich Afrika langsam aber sicher gegen Europa vor. Sie können sich denken, was passieren wird.

Doch kommen wir zurück nach Mitteleuropa.“ Dr. Drahtweller schaut etwas nervös auf die Uhr. „Die Landschaft, in der wir uns befinden, ist zwar noch nicht der Hainich, entspricht ihm aber schon deutlich. Das flachwellige Gelände fällt ostseits leicht zu einem Flusslauf ab, der jetzt im humiden Klima der Oberkreide entstanden ist – der Ur-Unstrut. Auch westlich von hier gibt es ein Fließgewässer, das wir als Ur-Werra bezeichnen könnten.“ Erstaunen bei den Gästen. Beim Blick aus den Bullaugen können sie natürlich nichts davon sehen. Der oberkretazische Wald hält ihre Blicke gefangen.

„Was meinen Sie, gehen wir vor die Tür?“, lockt der Professor mit vorsichtigen Worten.
Beredtes Schweigen ist die Antwort.

„Sie haben völlig recht, es wäre unverantwortlich, Sie auf gut Glück rauszujagen. Das käme unter Umständen einer Raubtierfütterung gleich." Der Professor beugt sich zu einem der Ausgucke und schwengt den Blick, als wolle er sich vergewissern, dass die Luft rein ist. Mit einem mühsam und doch ungenügend versteckten Lächeln in den Augen wendet er sich wieder seinen Gästen zu, um seinen Trumpf auszuspielen. Er legt seine Hand bedeutungsschwer auf das Gehäuse der Zeitransformer-Einheit und sagt: „Ich habe eine Zeitmaschine und bin nicht zum ersten Mal hier. Ich war draußen, Schritt für Schritt." Er schaut wieder zur Uhr. Eine kleine Pause wird schier zur Ewigkeit, endlich fährt er fort: „Wenn wir den erkundeten Zeitpfad peinlich genau einhalten, kann theoretisch nichts passieren."

„Sehen wir einen Dinosaurier?", fragt Sven vor Neugier platzend.

„Ja, einer ist tatsächlich in der Nähe."

„Ein Tyrannosaurus rex?", fragt Sven begeistert.

„Nein, die existieren zwar gerade, aber zwischen den größten Landraubtieren aller Zeiten und uns erstreckt sich der Nordatlantik. Das Tier da draußen sieht aber fast genauso aus. Es ist ein nur wenig kleinerer Verwandter und mindestens genauso gefährlich. Wir Menschen dürften ihm als attraktive, lohnende Beute erscheinen."

Unruhe macht sich breit und es wird privat geredet. Man sieht einigen Gästen die Schwere der Entscheidung an, die sie zu treffen versuchen.

Professor Drahtweller schaut ihnen einen Moment lang zu und behält die Uhr im Auge, dann meldet er sich zu Wort: „Wer mitkommen will, um einen Blick auf einen echten, lebenden Raubdinosaurier zu werfen, der schließt sich mir an, wer nicht, bleibt hier. Gehen Sie auf keinen Fall auf eigene Faust irgendwo hin, in den Wald hinein. Der friedliche Waldeindruck trügt, Sie wissen nichts über die Gefahren, die hier lauern, solange Sie keinem 3 Meter hohen, hungrigen Muskelpaket in die Augen gesehen haben."

„Doch, ich habe alle Dino-Filme gesehen, auf Breitwand!", bricht es aus einem Mann heraus. Seine Augen leuchten.

„Sie wissen nichts!", wiederholt Professor Drahtweller selbstbewusst. „Die Wirklichkeit ist immer anders als im Film."

Dr. Drahtweller öffnet die Tür und tritt ins Freie, Gäste folgen nach. Die Luft ist aufffallend warm und schwer und riecht doch beinahe vertraut nach Wald, nach vermodernden Blättern, nach Rinde und nach Pilzen, und dem Duft ferner Blüten.

Dr. Drahtweller dreht sich kurz zurück: „Bleiben Sie dicht hinter mir!" Das hätte er nicht zu sagen brauchen. Wie eine Traube hängen Sie ihm auf den Fersen.

Sie folgen einem ausgetrockneten kleinen Bachlauf nach Nordosten, Richtung Ur-Unstrut. Bald schon geht es ein wenig steiler hinab. Das Bachbett beginnt allmählich etwas Wasser zu führen. Die Traube hat sich zum Gänsemarsch formiert, wie eine Raupe bewegt sich die Mini-Expedition durch den Wald und über morsche Baumstämme hinweg, immer im übersichtlichen Gelände des flachen Tälchens. Dichtes Unterholz, welches inselartig in den Wald eingestreut ist, meiden sie mit größtmöglichem Abstand. Denn so genau weiß auch der Professor nicht, welche kleine oder große Gefahr dort möglicherweise unentdeckt lauert und versehentlich herausgefordert werden könnte.

Sie wissen durch die Vorerkundungen des Professors nur, wo und wann sie von Dinosauriern unbehelligt bleiben und wo und wann sie auf einen Raubdinosaurier stoßen, oder besser, fast stoßen werden. Wie diese Begegnung ausgeht, entscheidet sich vor Ort von Fall zu Fall. Sie müssen also vorsichtig sein. Auch sind Zeitreisen noch wenig erforscht und unliebsame Überraschungen nicht ausgeschlossen. Wer wollte die Hand dafür ins Feuer legen, dass sich in der Vergangenheit nichts Wesentliches verändert hat seit dem letzten Mal.

Sie kommen vorbei an einem wassergefüllten Erdfall, der sich in den verkarsteten jura- und kreidezeitlichen Kalksteinen gebildet hat. Seine Wasserfläche ist völlig mit Blättern von Seerosen bedeckt, die um Licht und Luft kämpfen, auch einige Blüten schwimmen im Blättermeer. Am Rande des Erdfalltümpels sind die Seerosen beeinträchtigt und unzählige Spuren im nackten Uferschlamm aus rotem, nur spärlich mit Humus vermischten Waldboden verraten, dass Tiere hier eine Tränke haben. Ihre Fährtenspuren führen heraus und streuen in den Wald, wo sie noch eine Weile zu verfolgen sind. Auch ein paar beunruhigend große sind darunter, allerdings keine ganz großen. Die frühnachmittäglichen Sonnenstrahlen erreichen den Weiher nur halb und hüllen ihn in ein halbschattiges Zwielicht.

„Kommen Sie weiter! Er war nicht hier.“, fordert der Professor auf.

Der Wald wird wieder lichter und lässt die Blicke weit zwischen den Stämmen vordringen. Direkt am Bach, kaum mehr als ein Rinnsal, finden sich einige Koniferen – Sumpfzypressen und Mammutbäume – dem Laubwald eingestreut, deren rotfuchsige Rinde heraussticht und die Exotik dieser Landschaft unterstreicht. An den feuchten und nassen Stellen ist der rotbraune, tonige Boden schmierig, ja richtig rutschig und geeignet, die Angst in einem hochsteigen zu lassen, nicht rechtzeitig fliehen zu können, wenn Gefahr droht.

„Verdammte Glätte!“, schimpft jemand und erschrickt darüber, laut gesprochen zu haben.

„Was ist das eigentlich für ein Klima?“, traut sich eine Frau mit hochgekrempelten Ärmeln und Hosenbeinen zu fragen.

Dr. Drahtweller antwortet: „Das Klima ist warm feucht bis paratropisch bei uns.“ und denkt über etwas nach. „Zwei Dinge haben unser Klima im großen und ganzen seit der Trias immer feuchter werden lassen, der Zerfall Pangäas und die Norddrift unserer Kontinentalplatte.“

„Was passiert eigentlich, wenn wir in die Nähe des Dinosauriers kommen?“, fragt eine andere Frau. Jeder spürt – das ist eine dämliche Frage, und doch brennt sie einem jeden auf der Seele. Nun ist sie ausgesprochen.

Dr. Drahtweller verweist auf seinen Gurtanhang, mit den Worten: „Ich ziehe meine Sicherheits-Pistole mit den Betäubungspatronen, und dann pirschen wir uns so weit heran, dass wir ihn sehen können.“

„Und er uns!?“, ergänzt ein Mann halb als Frage.

„Kann passieren. Wollen wir aber vermeiden.“, antwortet Dr. Drahtweller. „Machen Sie bloß keine Geräusche!“, sagt er mit tiefem, eindringlichen Ton, so dass jeder es hören muss. „Ab jetzt!“

Dr. Drahtweller mustert das vor ihnen liegende, lichte waldliche Gelände. Er schaut auf die Armbanduhr, nimmt seine Betäubungspistole aus dem Halfter und geht weiter. Eine Frau drängelt sich heran

und flüstert: „Eine Frage noch.“ Sie zeigt mit dem Finger auf die Pistole. „Hilft die?“
„Das werde ich hoffentlich nie herausfinden müssen. Ich glaube schon.“, antwortet ihr der Professor mit sanftem, stillen Ton und schickt sie zurück in die Reihe.

Schweigsam und missmutig pirscht sich die Gruppe durchs unbekannte Gelände. Auf was haben sie sich da nur eingelassen, mag sich so mancher fragend denken. Der Professor schaut immer häufiger auf die Uhr. Er bleibt stehen, dreht sich herum und spricht mit leiser Stimme zu seiner Gruppe, völlige Aufmerksamkeit ist ihm dabei gewiss: „Also, ich sage Ihnen jetzt, wie Sie sich zu verhalten haben. Seien Sie mucksmäuschenstill, egal was passiert, das kann nie schaden. Halten Sie sich versteckt, hinter Bäumen oder der Gebüschgruppe, die Sie sehen werden. Machen Sie keine hastigen Bewegungen. Achten Sie auf meine Handzeichen. Wenn ich die Hand so hebe, heißt das „Halt!“. Sie suchen sich dann eine Deckung und beobachten. Bleiben Sie stets hinter mir und denken Sie daran, auch mich sehen zu können und auf mein Handzeichen zu achten. Wenn ich so zeige, heißt das, wir ziehen uns langsam zurück.

Haben das alle verstanden?“

„Ja.“, haucht es verschiedentlich zurück.

„Und noch etwas. Beruhigen Sie sich, denken Sie daran, dass ich schon mit mehreren Gruppen hier war. Es passiert Ihnen nichts, wenn Sie sich genau so verhalten. Das ist ein Erfahrungswert. Klar?“

Nun verstummt auch das letzte Flüstern. Der Professor gibt ein Signal zum Weiterziehen. Nach etwa 300 Metern oder etwas mehr hebt er die Hand. Stopp!

Aufgeregt, aber leise bis auf die pochenden Herzen, werden Deckungen aufgesucht – groß das Erschrecken, wenn jemand schon zuvorgekommen ist, ein diebischer Nervenkitzel die Belohnung, wenn endlich ein eigenes zusagendes Versteck gefunden wurde. Ein außenstehender Beobachter wäre belustigt, könnte er dem Versteckspiel der Erwachsenen zusehen, oder ist es ›die Reise nach Jerusalem‹?

Aber das hier ist kein Spiel. Eine Minute vergeht, eine weitere, und sie scheinen endlos. Fast schon droht es langweilig zu werden, hinter der Deckung hervorzulugen und nichts passiert. Gerade als der eine oder andere Puls zu sinken beginnt, ist ein Geräusch zu hören. Eine Art Schniefen. Oder war das nur die Einbildung? Es knackt von fern. Da ist etwas! Stille.

Auf einmal ist er zu sehen, so plötzlich und schon unerwartet nah, als hätte man kurz nicht aufgepasst, dabei hatte man keine Sekunde ausgelassen. Nein, dieses gigantisch und überaus lebendig zwischen den Stämmen aufscheinende Tier stampft nicht donnernd und bodenerzitternd durch den Wald. Es schreitet behende und gar nicht dümmlich voran. Es scheint zu wissen, wohin es will. Wohin will es?

Bald von Stämmen vorübergehend verdeckt, bald mit seinem mächtigen Kopf und den dünn scheinenden Ärmchen wie ein klobiger Pfeil rasch hinter den Baumriesen hervortretend, bewegt es sich auf zwei Beinen parallel zur versteckten Gruppe, das kleine Tal kreuzend in gut 100 Metern Entfernung. Doch im Talgrund angelangt, wendet es sich und kommt langsam näher. Es wird doch wohl heute nicht talauf gehen wollen, vielleicht zum Wassserloch? Schreckstarre Blicke fragen den Professor hinter seinem Baum auf vorgeschobenem Posten; der signalisiert mit Handzeichen, dass alles in Ordnung ist und er scheint sogar aufzufordern, weiter zu beobachten.

Wie ein riesiger Truthahn ohne Federn, denkt sich jemand und nimmt es gleich wieder zurück, als er die Zähne im Maul des Reptils erkennt. Schreckechsen ist genau der richtige Name für diese Viecher. Dabei ist es gar nicht mal ihre Größe, die so erschreckt, sondern ihre Gestalt und ihre raubtierhafte Gewandtheit, die man so nicht erwartet hat.

Er kommt immer noch näher, obwohl er nicht genau auf die Gruppe zuläuft. Doch keine Jahrmillionen mehr, nur noch einige Meter, Bäume und Luft trennen die Menschen von dem Fleischfresser, dem sie nicht einmal bis zur Brust reichen. Gut drei Meter über den Boden hält er seinen Kopf mit großen, glänzenden Augen, die nichts von der Müdigkeit gewöhnlicher Reptilien oder auch großer Krokodile erkennen lassen. Wechselwarm?! Auf diese Idee kann nur kommen, wer ihm nie in die Augen sah, sondern nur morsche, versteinerte Reptilienknochen vor sich hatte. Keine Frage, dieser Räuber ist ein Heißblut.

Das Tier bleibt plötzlich stehen und wendet den Kopf direkt in Richtung der Gruppe, wobei es die Nüstern bläht. Hat es etwa die Witterung aufgenommen? Zieht abgekühlte Luft unmerklich den Talgrund hinab mit Beuteduft darin, ihm direkt in die Nüstern?

Ein Mann, der sich sehr weit vorne nahe dem Professor positioniert hat, verliert die Fassung. Gerade dreht der Dinosaurier wieder ab, da springt er schon, alles vergessend, zum Professor, entreißt ihm blitzschnell die Pistole und ballert wie wild auf das urzeitliche Raubtier los. In wenigen Augenblicken ist das Magazin leergeschossen, ein nie gekanntes, mörderisch lautes Knallen verhallt mit Echo zwischen den Bäumen. Eine ältere Dame fällt ohnmächtig hinter ihrem Baum hervor und schlägt dumpf auf den Waldboden.

Der Dinosaurier sucht heillos überrascht das Weite und scheint nicht getroffen.

„Sie Idiot!“, kann Professor Drahtweller nicht mehr an sich halten. So etwas ist ihm noch nicht passiert. „Sie blöder Kerl! Geben Sie mir meine Waffe. Jetzt sind wir völlig schutzlos dank Ihnen!“ Noch immer ist der Mann außer sich und will die leergeschossene Betäubungspistole nicht hergeben. Langsam realisiert er, dass der Dinosaurier verschwunden ist und fängt wie krank an zu lachen.

„Beruhigen Sie sich. Jetzt geben Sie mir schon die Pistole.“, mit diesen Worten versucht Dr. Drahtweller der Situation wieder Herr zu werden und holt sich die Pistole zurück. Nach einer Weile kommt auch die ohnmächtige Dame, umringt von Zuspruch gebenden Frauen und Männern, wieder zu sich und kann sich an das Geschehene nicht mehr erinnern. Sie will sich erneut hinter ihrem Baum verstecken, um auf den Dinosaurier zu warten. Nur schwer lässt sie sich davon abbringen und sich leidlich überzeugen, dass er schon da war und nun wieder verschwunden ist. Sie hat ihn gesehen und doch nicht gesehen, weil sie sich nicht erinnert.

Professor Drahtweller schaut wieder auf die Uhr und gibt das Zeichen zum Rückzug. Zunächst schweigend, machen sie sich auf den Weg. Die Bedrohung scheint wie von ihnen abgefallen und bald schon entwickeln sich die ersten Gespräche.

„Ob er ihn getroffen hat?“
„Sah nicht so aus. Sind ja auch nur Betäubungspatronen.“

Der Rückweg scheint ihnen kürzer, sie kommen schnell voran.

„Herr Professor, sind wir in der Zeitspur?“, fragt eine Frau ganz entspannt.
„Ja, sind wir.“, antwortet der.

„Dann kann uns ja nichts passieren.“, sagt sie, und fügt fragend hinzu: „Sicher haben Sie noch Patronen im Schiff?“

„Nein, habe ich nicht. Das waren die letzten. Diese Betäubungspatronen sind Spezialanfertigungen, die bestellte Lieferung hat sich verzögert. Wir müssen nun bis zum Ende der Reise ohne auskommen. – So sieht es aus. Und das ist gar nicht so gut.“, stellt Dr. Drahtweller klar. „Aber machen Sie sich deswegen keine Sorgen. Wir haben ja noch andere Vorsichtsmöglichkeiten. Die Patronen waren ohnehin nur für den Notfall gedacht – und der soll ja gar nicht erst eintreten.“

Sie erreichen die kleine Lichtung, die durch Windwurf dreier Urwaldriesen entstand und zwischen deren vermodernden Stämmen und geborstenem Astwerk eine dichte Pflanzendecke aus blühenden Kräutern und Farnen den Boden überzieht. Erst jetzt werden sie auf die Bienen aufmerksam, die hier Nektar sammeln. Die Lichtung lebt, voll von kleinem Getier, überall krabbelt und summt es.

„Ich hätte nicht gedacht, dass es gegen Ende des Saurierzeitalters schon Bienen und so viele gewöhnlich aussehende Pflanzen gibt.“, bringt ein Herr sein Erstaunen zum Ausdruck.

„Ja, nicht!?“, pflichtet Dr. Drahtweller ihm bei. „Die enorme Entfaltung der bedecktsamigen Pflanzen wurde möglich, weil sie schnell neue Standorte besiedeln und sich anpassen können. Ihre Pollen haben mehr Keimspalten und werden meist von Insekten gezielt von Blüte zu Blüte transportiert, eine Koevolution von Blütenpflanzen und Insekten findet statt, die zu großer Artenvielfalt auf beiden Seiten führt, mit vielen Spezialisierungen. Zudem wachsen die Bedecktsamer sehr schnell und fruchten reichlich, sie sind konkurrenzstarke Hochleistungsmodelle der Pflanzenevolution und nehmen daher breiten Raum in der Vegetation ein.

„Was machen eigentlich die Säugetiere?“, erkundigt sich eine Frau.

„Die sind immer noch recht klein und unbedeutend, haben sich aber weiterentwickelt. Es gibt jetzt die beiden Gruppen Beuteltiere und Plazentatiere.“, erklärt der Professor.

„Plazentatiere?“, fragt sie.

„Ja. Das ist der Zweig der Säugetiere, zu dem auch wir gehören.

Wissen Sie, die erdgeschichtlichen Systeme werden von den Wissenschaftlern nach dem Charakter ihrer Lebewelt in Gruppen zusammengefasst. Am gebräuchlichsten ist die Einteilung nach der Tierwelt. Wir befinden uns gerade noch im Mesozoikum.“

„Den Begriff habe ich schon mal gehört.“, wirft ein junger Mann ein, andere Gesprächsteilnehmer pflichten ihm bei. Jeder scheint den Begriff zu kennen, doch niemand scheint damit wirklich etwas anfangen zu können.

Der Professor erklärt weiter: „Kambrium, Ordovizium, Silur, Devon, Karbon und Perm bilden das Paläozoikum oder die Alttierzeit, das Zeitalter der Trilobiten, Fische und Amphibien. Trias, Jura und Kreide werden als Mesozoikum, die Mitteltierzeit zusammengefasst, das Zeitalter der Saurier und Ammoniten. Während Tertiär und Quartär als Känozoikum – Neutierzeit – bezeichnet und von Vögeln und Säugetieren dominiert wird.

Natürlich gibt es eine Einteilung auch auf Basis der Pflanzen, und zwar der Landpflanzen, die gegenüber der tierzeitlichen Einteilung einen Vorlauf zeigt. Die großen Veränderungen der Pflanzenwelt gingen den großen Veränderungen der Tierwelt immer etwas voraus. Das Paläophytikum oder die Altpflanzenzeit begann etwa im Mittel-Silur und endete mit dem Unter-Perm, dem Rotliegenden. Es war das Zeitalter der Farnpflanzen. Das Mesophytikum, die Mittelpflanzenzeit, umfasste den Zeitraum vom Ober-Perm, also dem Zechstein, bis zum Ende der Unter-Kreide. In diesem Zeitalter waren die Nacktsamer die vorherrschenden Pflanzen. Mit der Ober-Kreide hat das Zeitalter der Bedecktsamer begonnen, das Känophytikum – und dauert an.

Tiergeschichtlich befinden wir uns also noch im Mesozoikum, pflanzengeschichtlich schon im Känophytikum. Die Natur selbst kennt ja keine solchen Einteilungen. Sie entwickelt sich als Beziehungsgeflecht bald hier, bald dort, fort.“

Sven bleibt unbemerkt zurück, während die Gruppe langsam weitergeht. Er hat zwischen Holz und Kräutern etwas entdeckt, das zunächst wie ein leicht bemooster Stein schien. Es ist ein großer, verwitterter Dinosaurierschädel. Heimlich versucht er, einen Zahn zu lösen, doch der sitzt fest. Er versucht einen anderen. Mit beiden Händen hält er den dolchartigen Zahn umklammert und rüttelt mit dem ganzen Gewicht seines kleinen Körpers, aber er will sich nicht lockern. Schon rufen seine Eltern besorgt nach ihm. Der flehende Klang ihrer Stimmen erschreckt ihn und er lässt von seinem Vorhaben ab und eilt den anderen nach, die sich schon unerwartet weit entfernt haben.

Als er sie erreicht, ist gerade ein Gespräch über das Ende der Dinosaurier im Gange. Plötzlich scheinen alle vom Fach zu sein.

„Nein, nein. Ich denke, es war ein Komet!“
„Unwahrscheinlich! Es muss ein Meteorit von mindestens zehn Kilometern Durchmesser gewesen sein!“, streiten sich zwei etwas jüngere Männer.

„Nun mal langsam!“, äußert sich Dr. Drahtweller. „Sie haben alle ein bisschen recht und doch unrecht.“ Mit dieser Äußerung kann niemand etwas anfangen.

„Herr Professor, können wir uns das Ende der Dinosaurier vom Zeitschiff aus ansehen?“, bittet ein junger Mann, und er scheint nicht nur in seinem Namen zu sprechen. Natürlich. Es herrscht eine erregte Stimmung.

„Das geht leider nicht!“, antwortet Dr. Drahtweller.
„Warum denn nicht? Das Schiff hält das doch bestimmt aus!“, kommt es zurück.

Der Professor lacht. „Ja, ja. Das mag schon sein. Aber darum geht es nicht. Sie wären enttäuscht, außer ein wenig schlechtem Wetter könnten Sie nämlich nichts erkennen!“

„Wieso das denn?!“, ist man entrüstet und erstaunt.

„Meine Damen und Herren, sie verwechseln Hollywood mit der Wirklichkeit! Natürlich gibt es Katastrophen, auch große mit weltweiten Auswirkungen. Aber ein Ereignis wie das Aussterben der Dinosaurier und vieler anderer Tiergruppen und auch Pflanzen, in den Meeren und auf den Ländern, am Ende der Kreidezeit, ist nicht die Folge einer einzigen, kurzzeitigen Katastrophe, die man sich eben mal ansehen könnte.", Dr. Drahtweller schüttelt lächelnd den Kopf.

„Das ist eine lange Geschichte, die schließlich im Zusammenbruch vieler Ökosysteme kulminiert. Sie beginnt bereits jetzt, denn gegen Ende der Kreidezeit kühlt das Weltklima etwas ab. Es werden vor allem solche Lebensformen erlöschen, die an warme, tropische Klimaverhältnisse angepasst sind."

„Aber es sterben doch auch die polaren Dinosaurier aus!", wirft der eifrigste Verfechter der Meteoriten-Exitus-These ein.

„Ja natürlich, so ist es. Ich habe ja auch nur gesagt, dass tropische Lebensformen besonders zahlreich betroffen sein werden. Sie denken zu wenig differenziert, junger Mann!", fügt Dr. Drahtweller mit einem versöhnlichen Schmunzeln hinzu.

Der Professor schaut kurz auf die Uhr und fährt dann fort: „Die Erde ist eine Wärmekraftmaschine. An der Kern/Mantel-Grenze entstehen heiße Blasen im Mantelgestein, die über Jahrmillionen nach oben steigen. Die größten erreichen irgendwann die Erdkruste und erzeugen mehr oder weniger Vulkanismus. In ziemlich genau drei Millionen Jahren, etwa 65 Millionen Jahre vor unserer Gegenwart, wird eine solche heiße Blase die Erdkruste am Rand von India erreichen und als sogenannter Hot Spot – heißer Fleck – in Erscheinung treten. Es ist ein großer ›heißer Fleck‹, der bei seinem ersten Zusammentreffen mit der Erdkruste – zufällig driftet gerade India dort vorbei – einen gewaltigen Vulkanismus auslösen wird. Viele Jahrtausende lang werden Lavastöme in schubweisen Ausbrüchen mächtige Basaltdecken aufschichten. Dabei gelangen Unmengen vulkanischer Gase und zerstäubten Gesteins in die Atmosphäre, die sich binnen weniger Jahre über beide Hemisphären verbreiten werden – nicht anders als bei unserer technischen Luftverschmutzung.

Die Folge wird ein vulkanisches Kühlzeitalter mit sauren, giftigen Niederschlägen sein, das sich etwa eine halbe Million Jahre lang auswirken wird. Vorrübergehend werden karge Landschaften mit geschwächtem Bewuchs, in dem auch Farne wieder eine größere Rolle spielen, entstehen. Lokale Umweltveränderungen koppeln zusammen und engen Lebensräume bis zum Artensterben ein."

„Aber es gibt doch eine iridiumhaltige Schicht aus dieser Zeit rund um die Welt. Die Spurenelemente darin zeigen eine Zusammensetzung wie in Steinmeteoriten!“, unterbricht ihn der Verfechter der amerikanischen Meteoriten-Exitus-Theorie voll funkelndem Widerspruchsgeist.

„Diese Schicht existiert, sie markiert das Massenaussterben und damit die Kreide/Tertiär-Grenze. Aber Sie vergessen bei Ihren Überlegungen, dass der mächtige Erdmantel aus eben genau jenem Material der Steinmeteorite besteht, aus ihm gebildet wurde. Es sind Aushauchungen aus der Tiefe des Erdkörpers, die zu schweren Belastungen der Biosphäre führten und als Folge die Tierwelt revolutionierten! Auch wir sind Teil dieser Folgen!

Schließlich fiel, für die Ereignisse eigentlich überflüssig – aber Ihnen, mein Herr, zum Trost – tatsächlich noch ein großer Stein vom Himmel und traf die Halbinsel im Golf von Mexiko. Vielleicht der letzte Sargnagel der Dinosaurier. Nun kennen Sie die wahre Geschichte.“

Mittlerweile ist die Gruppe am Landeplatz angekommen.

Ein älterer Mann, der die letzten Meter vorneweg lief, dreht sich mit den Worten herum: „Ich will Sie ja nicht erschrecken, aber die Wahrheit ist, man hat uns ausgesperrt – die Bordluke ist verschlossen!“

„Kein Grund zur Sorge!“, müht sich Professor Drahtweller, jeden Anflug von Furcht im Keime zu ersticken. Für alle Fälle habe ich eine Fernbedienung.“

Am Bullauge zeigen sich ganz flüchtig ängstliche Gesichter.

„Hey! Macht uns auf!“, ruft jemand mit sicherer Stimme so laut er kann. Aber die im Zeitschiff Zurückgebliebenen zögern, die Tür zu öffnen. Sie fürchten einen Überraschungsangriff der Raubechsen, die durch eine offene Tür hereinschlüpfen könnten.

„Macht auf! Oder wollt ihr uns verfüttern?!“, wird gefrotzelt. Währenddessen schaut Professor Drahtweller auf die Uhr. Langsam wird es Zeit, einzusteigen, denn der Zeitpfad ist zu Ende. Nun gibt es keine Garantie mehr.

„Alleine kommt ihr hier nie weg!“, ruft ein sonst eher stillerer Mann und klopft gegen das Metall. Dieses Argument überzeugt. Vorsichtig wird die Tür entriegelt und geöffnet. Unter höhnischem Gelächter stürmen die Wanderer ins Schiff.

„Ihr wisst ja nicht, was ihr verpasst habt!“, sagen sie geheimnisvoll.

Die Kreide

begann vor 135 Mio und endete vor 65 Millionen Jahren mit einem großen Artensterben, dem sämtliche Dinosaurier und Ammoniten, aber auch andere Reptilien und Meeresbewohner zum Opfer fielen.

14. Station: Kleiner Anfang – große Folgen

Das Zeitschiff taucht 20 Millionen Jahre später nur ein paarhundert Meter über dem Gelände wieder auf. Unter ihnen dehnt sich der Wald, so weit das Auge reicht. Das dunkle Grün eingestreuter und oft weit herausragender Nadelbäume hebt sich deutlich ab vom heller grünen Blättermeer unzähliger Laubbaumarten. Zwischen den Bäumen ist kaum Platz zum Landen, doch der Professor kennt natürlich eine geeignete Stelle. Langsam steuert er die Reisekapsel darauf zu, bis sie Bodenkontakt hat.

„Wir befinden uns nun im Paläogen oder Alttertiär, 48 Millionen Jahre vor der Gegenwart.“, sagt er, während er die Automatik zur Türöffnung in Gang setzt. „Ich lasse nur ein wenig frische Waldluft herein. Wir bleiben drin, es würde uns jetzt zu viel Zeit kosten, durch den dichten Wald zu stolpern. Am Ende würden wir noch jemanden verlieren.“

„Was soll's, die Saurier sind doch seit 17 Millionen Jahren tot.“, flachst ein junger Mann.

„Das stimmt, aber ihre Erben, die Säugetiere, streifen durch den Wald, darunter bereits auch ein paar Raubtiere. Allerdings sind diese nicht sehr groß – wie Hunde etwa – und würden wahrscheinlich eher weglaufen. Nicht nur die Vielfalt der Blütenpflanzen – der Bäume, Sträucher und Kräuter – hat enorm zugenommen, sondern auch die der Säugetiere. Die meisten davon würden uns eigenartig fremd anmuten, wenn auch nicht mehr so unbekannt wie die Dinosaurier."

„Ab wann können wir eigentlich so richtig vom Hainich sprechen?", erkundigt sich eine Dame.

„Tja, noch nicht, aber es gibt natürlich keine scharfe Grenze. Wie so vieles, wird der Hainich-Höhenzug, so wie wir ihn kennen, eine Folge der Plattentektonik und damit verbundener Prozesse sein. Ein kleiner Höhenzug, dessen Schicksal – und das ganz Mitteleuropas – bereits jetzt in der großen weiten Welt entschieden wird."

„Herr Professor, jetzt übertreiben Sie aber! Sie wollen uns auf den Arm nehmen?!", traut sich ein älterer Herr zu entrüsten.

„Nein, nein! Ganz und gar nicht! Denken Sie an den Nordatlantik. In der Oberkreide hatten ich Ihnen erklärt, dass sich das Rifting – wie ein „Y" – um die Südspitze Grönlands herum aufgabelte. Der West-Ast, der Grönland von Nordamerika zu trennen schien, erstarb, als unter dem Ost-Ast ein Hot Spot, ein ›heißer Fleck‹ auftauchte und das zunächst kontinentale Rifting stark förderte, so dass der infolge zunehmender Dehnung sich von Süden her entwickelnde Mittelozeanische Rücken nur diesen Weg einschlug und seither Europa und Nordamerika, letzteres mit Grönland als Krustenhalbinsel, voneinander entfernt. Aus der kontinentalen Eigenständigkeit Grönlands wurde also nichts.

Der ›heiße Fleck‹ liegt genau unter dem Mittelatlantischen Rücken und wölbt diesen zusätzlich auf, so dass der Ozeanboden als vulkanaktive Insel über den Meeresspiegel ragt – Island. Nach beiden Seiten verbreitert sich der Nordatlantik und drückt so nach Südosten gegen Europa. Von Süden aber nähert sich Afrika! Iberia und Apulia sind bereits an Europa angefügt. Solcherart in die Zange genommen, beginnt Mitteleuropa zu zerbrechen. Die Kruste zersplittert in viele Schollen, Dehnungen lassen Grabenbrüche einsinken wie den Oberrhein- und Leinetalgraben.

Dabei wird Europa weiter gemach angehoben. Die Insel, auf der wir uns befinden, reicht inzwischen von Böhmen bis Spanien, gelegentlich entstehen Verbindungen zu den europäischen Nachbarinseln, die nur durch flache epikontinentale Meeresarme voneinander und von Asien getrennt sind.

Es herrscht tropisch-subtropisches Klima mit intensiver Verwitterung. Während unser Gelände sich langsam hebt, wird es abgetragen. Auch der in der Oberkreidezeit erstmals etwas stärker herausgehobene Harz wird nun im Alttertiär weitgehend wieder eingeebnet. Die Insellandschaft ist eine flachwellige Fastebene – und wie Sie unschwer sehen, bewaldet. In tektonischen und Auslaugungs-Senken sowie küstennahen Sümpfen entstehen in ausgedehnten Waldmooren die ersten Braunkohlentorfe, die meisten fern von hier."

Sven, der verträumt aus dem Fenster schaut, bemerkt, dass sich im Gebüsch etwas bewegt. Er kann etwas Braunes mit weißlichen Tupfen erkennen – einen Rücken. Das scheue Tier zupft Blätter ab und tritt dann, als hätte es etwas entdeckt, neugierig an die Reisefähre heran, während es seine Blätter kaut. „Ein kleines Reh.", flüstert Sven und winkt vorsichtig seinen Eltern. Alle bekommen es mit und eine dichte Menschentraube quetscht und reckt sich an zwei Bullaugen.

„Ach wie niedlich!", heißt es.
„Aber irgendwie auch komisch."
„Ja."
„Es sieht aus wie ein Mini-Fohlen.", äußert sich eine Frau.

„Das ist ein ausgewachsenes Pferd.", sagt Dr. Drahtweller trocken, „Ein Urpferdchen."

Von so vielen Augenpaaren angestarrt, sucht das Urpferd die Deckung des Waldes und entfleucht so den Blicken. Dr. Drahtweller, der natürlich wusste, dass das Tierchen auftauchen würde, fährt fort:

„India stößt durch seine schnelle Norddrift bereits an Asien und kollidiert, dabei beginnt sich die indische Platte unter die asiatische zu schieben und die Kruste zu verdoppeln. Auf diese Weise wird das Hochland von Tibet entstehen.

Die Antarktis liegt am Südpol, seit Beginn des Tertiärs entfernt sich Australien zusehens von ihr. In 11 Millionen Jahren wird sich ein Klimaumschwung ereignen. Wieder einmal erweist sich die Plattentektonik als Klimagestalter, denn die zunehmend freie Pollage der Antarktis wird dort Abkühlungstendenzen begünstigen, erste Gletscher werden entstehen. Indien wird sich immer weiter unter Asien schieben und Afrika die Tethys schließen, so dass die ozeanischen Strömungsverhältnisse sich ändern werden. Vor allem aber wird beinahe eiskaltes Wasser von den Küsten der Antarktis abtauchen und in die Tiefen der Ozeanbecken strömen, wodurch die Meere sich abkühlen werden und damit das Weltklima."

„Das Eiszeitalter kommt!?", erkundigt sich ein Mann.

„Noch nicht. Vorerst wird das Weltklima sozusagen nur ›einen Gang runterschalten‹, diese Vorstufe aber wird das kommende Eiszeitalter erst möglich machen.

Für unser Gebiet wird dies eine Abnahme der Temperaturen auf subtropisches bis warmgemäßigtes Niveau bedeuten und auch einen Rückgang der Niederschläge. Der Wald wird sich zur Savanne lichten, die Gräser werden aus ihren sumpfigen Nischen heraustreten und mit neuen Arten ihren Siegeszug um die Welt starten. Gleichzeitig werden Vielfalt und Größe der Säugetiere zunehmen, die die lichten Wälder und Waldsteppen durchstreifen, obwohl einige der Entwicklungslinien aufgrund des Klimawandels bereits wieder aussterben.

In Asien wird das größte Landsäugetier aller Zeiten auf den Plan treten, ein hochgebautes vierfüßiges Tier aus der Verwandtschaft der Nashörner, welches aussehen wird wie eine Mischung aus Nashorn und Giraffe, doch mit einer Schulterhöhe von 5,5 Metern gößer als Giraffen sein wird. In den Meeren schwimmen schon jetzt Wale und Pinguine.

Auch der Baumbestand wird sich verändern. Momentan wachsen unter fast tropischem Klima immergrüne Mischwälder mit vielen hartlaubigen Bäumen und Sträuchern. Nach der Abkühlung werden laubabwerfende Gehölze einwandern, die sich weiter nördlich herausgebildet haben, im Gebiete Grönlands und Kanadas. Ihr Anteil an der Vegetation wird allmählich zunehmen."

Dr. Drahtweller verschließt die Bordluke. Schweigend und aus Gewohnheit verfolgen die Gäste jede Bewegung des Professors. Er gibt die Zielkoordinaten ein und aktiviert die Zeitmaschine. Es brummt, die Kabinenbeleuchtung löst das Tageslicht ab, bis es wieder erscheint. Ein neuer, naher und doch so ferner, längst schon vergangener Tag erwartet sie. Scheinbar wiedererweckt durch die Möglichkeit der Zeitreise.

15. Station: Jenseits von Afrika?

Wieder schwebt die Kapsel in geringer Höhe und setzt zur Landung an, nur ist es diesmal nicht schwierig, eine geeignete Landestelle zu erreichen. Der Hainich, auf dem sie landen, ist, wenn auch noch ungewöhnlich flach, deutlich zu erkennen. Er erhebt sich kaum über die flache Senke, die einmal die Mühlhausen-Langensalzaer Mulde und damit Teil des Thüringer Beckens sein wird. Die örtlich bis zur Vereinzelung aufgelichtete Gehölzvegetation lässt den Hainich optisch stärker hervortreten. Sie landen im hohen Gras des versteppten Hainich-Plateaus und sehen auch gleich ein paar Huftiere, die eilig davonlaufen und roten Staub aufwirbeln. Alle Bullaugen sind besetzt, die Blicke dringen weit ins Land, erst in den Talebenen verdichtet sich die Gehölzvegetation zum Dschungel, über dessen Blätterdach die Blicke noch hinwegreichen.

„Da wären wir. Im Neogen oder Jungtertiär, noch knapp 15 Millionen Jahre bis zu unserer Zeit.“, offeriert Dr. Drahtweller.

„Ja sind wir denn in Afrika?!“, ruft ein Herr erstaunt aus. Ein wenig kindliche Begeisterung schwingt mit.

Dr. Drahtweller öffnet die Tür. „Kommen Sie, wir bleiben dicht beim Schiff!“ Ein wenig zögerlich klettern sie, einer nach dem anderen, ins Freie.

„Willkommen im Hainich!“, begrüßt Dr. Drahtweller seine Gruppe wie ein echter Reiseleiter. Er nimmt sein Fernglas ab und reicht es dem nächststehenden Gast. „Schauen Sie nach dort drüben!“, er zeigt mit dem ausgestreckten Finger an eine entfernte Stelle zwischen den Baumgrüppchen.

Zwei Hyänen schleichen dort durchs Gras, enttäuscht ziehen sie ab, weil ihre Beute verjagt ist.

„Wenn Sie sich an Afrika erinnert fühlen, so ist das kein Wunder.“, beginnt der Professor mit seinen Erklärungen. „In den letzten Jahrmillionen sind durch die Kollision Afrikas mit Eurasien die Alpen zum Hochgebirge aufgequetscht worden. Sie werden dabei weiter nach Norden gedrückt und fahren auf die nördlich anschließenden Krustenteile auf, die sich deshalb am Alpenrand als Vortiefe durchbiegen und im Gegenzug weiter hinten bzw. weiter vorn – nämlich hier – als Mittelgebirgsgürtel aufbiegen. Da die Kruste bereits in Schollen zersplittert ist, reagieren die Schollen unterschiedlich stark.“ Dr. Drahtweller dreht sich nach Süden. „Begrüßen Sie mit mir den jungen Thüringer Wald, der um 2200 Meter gehoben wurde!“

Tatsächlich ist er zu sehen, macht aber aus der Ferne keinen großen Eindruck, ganz wie in der Gegenwart.

„Sieht aber gar nicht so hoch aus.“, entfährt es einem jungen Mann.

„Ja ja, Sie dürfen nicht vergessen, dass während der Hebung bereits wieder Gestein abgetragen wird. Nur wenn die Hebung stärker ist als die Abtragung, entsteht im Gelände überhaupt eine Erhebung, ein Berg oder Gebirge.“

„Wie schnell geht denn so was eigentlich?“, fragt ein anderer.

„Das ist natürlich sehr unterschiedlich und schwankend, meistens sind es Millimeterbeträge pro Jahr.“

„So wenig?“, fragt er ein wenig erstaunt zurück.

Dr. Drahtweller gibt ein Rechenbeispiel: „Ein Millimeter effektive Hebung im Jahr summiert sich in zwei Millionen Jahren immerhin zu zwei Kilometern. Das geht erdgeschichtlich gesehen also ganz schnell.“ Dr. Drahtweller dreht sich. „Auch der Harz ist schon da, gut 2000 Meter gehoben und von hier aus nicht zu sehen. Dazwischen ersteckt sich das mit 700 bis 900 Metern vergleichsweise gering gehobene Thüringer Becken. Unser Hainich als Randhöhe wurde etwa 1100 Meter gehoben. Durch die nur geringfügig größere Hebung von Eichsfeld und Hainich gegenüber der Umgebung wurde der Hainich nur als flacher Sattel ausgebeult, der am SW-Rand von der Eichenberg-Gotha-Saalfelder-Störungszone tangiert bis durchschnitten wird. Das resultierende Relief wird schließlich von der Abtragung kräftig mitbestimmt.

Sehen Sie, in diesem Augenblick ist bereits mehr als ein halber Kilometer Gestein vom Ur-Hainich wieder abgetragen worden und wir fußen auf den jüngsten Ablagerungen des ehemaligen Muschelkalkmeeres, beziehungsweise auf deren Verwitterungskruste aus Kalksteinrotlehm. Das Klima ist zwar deutlich kühler und trockener geworden, doch immer noch subtropisch bis gemäßigt warm.

Die zerrissene, durch die Andrift Afrikas z. T. bis auf den Erdmantel hinab zerscherte mitteleuropäische Kruste bietet Aufstiegsbahnen für basaltische Schmelzen. Das Neogen ist daher eine Zeit des Basaltvulkanismus. – Auch westlich und südwestlich des Hainichs, momentan ist jedoch gerade kein Vulkan aktiv."

„Sind wir noch auf einer Insel?", fragt jemand.

„Nein, nicht mehr. Wir sind jetzt so weit herausgehoben, das wir trockenen Fußes nach Asien oder Afrika wandern könnten. Die afrikanischc Plattc stößt gegen die eurasische, der afrikanische Kontinent hat sich mit dem eurasischen verzahnt. Die Tethys war einmal, ihre epikontinentalen Reste sind das Mittelmeer, das Schwarze und Kaspische Meer und der Aralsee."

„Und durch die Kollision Afrikas setzten afrikanische Tiere nach Eurasien über?", wendet sich ein älterer Herr an den Professor.

„So ist es.", antwortet dieser. „Nehmen Sie sich vor Säbelzahnkatzen und Nashörnern in acht! Ein Teil der Tierwelt ist natürlich auch europäischen und asiatischen Ursprungs."

Nachdenklich stellt ein anderer Mann fest: „Aber wenn Afrika mit Eurasien verschweißt ist, dann sind wir ja ein einziger Großkontinent?"

„Auch das ist richtig.", bemerkt der Professor. „Mehr noch. Die indisch – australische Platte, auf der die beiden Kontinente mitbewegt werden, schiebt sich ja im Norden, mit Indien, unter den asiatischen Teil Eurasiens und erzeugt so das Hochland von Tibet. Analog zur Auffaltung der Alpen entstand an vorderster Front der Himalaja. Somit gehört auch Indien zum Afrikanisch-Eurasischen Großkontinent."

Aus der Ferne ist das Geschrei von Affen zu hören.

„Ist Ihnen etwas aufgefallen?", fragt der Professor.

„Waren das Affen?", freut sich eine Frau.

„Ja. Aber fällt Ihnen noch etwas auf?", bohrt der Professor nach. Aber niemand weiß, worauf er hinaus will. „Na das Gezwitscher in den Bäumen. Es gibt nun jede Menge Singvogelarten."

„Und Blumen.", ergänzt eine ältere Dame.

„Die Wälder sind zu Savannen, zu Steppen mit Waldinseln aufgelichtet, Gräser und Kräuter haben sich ausgebreitet und bieten großen Weidegängern Nahrung, die von großen Raubtieren gejagt werden. Nur in den Flussniederungen, die noch nicht so tief liegen wie in unserer Gegenwart, bleibt es das ganze Jahr über feucht genug, um geschlossene Wälder zu ermöglichen. Doch gibt es nun ungemein viele Gehölzarten – viel mehr als in unserer Zeit – von denen die laubwerfenden Formen vorherrschen. Immergrüne Laubgehölze sind seltener geworden. Auch Koniferen sind nicht allzu häufig, aber artenreich vorhanden.

Das Weltklima kühlt weiter ab. In diesem Augenblick haben sich die wachsenden Gletscher der Antarktis bereits zur Eiskappe vereinigt und kalben ins Meer.

6 Millionen Jahre vor unserer Gegenwart wird das Mittelmeer seine Verbindung zum Atlantik verlieren und austrocknen, 1 Million Jahre später läuft es wieder voll.

Kurz vor Ende des Tertiärs, 3 Millionen Jahre vor unserer Gegenwart, wird sich die Eiskappe der Nordhalbkugel ausbilden und für Eurasien und Nordamerika die Eiszeit beginnen, genauer gesagt, das jungtertiär-quartäre Eiszeitalter.

Zunächst wird sich in unseren Breiten nicht allzu viel ändern. Durch die wachsenden polaren Eiskappen wird mehr und mehr Wasser gebunden, wodurch der Meeresspiegel abfällt, rückwirkend graben sich die Flüsse tiefer ein. Die Abtragung wird intensiviert und räumt vor allem die Täler aus."

Der Vortrag ist zu Ende und die ersten Passagiere wollen einsteigen, da ruft Dr. Drahtweller sie zurück mit den Worten: „Halt, halt! Ich habe noch eine Überraschung für Sie! Kennen Sie das Ries in Süddeutschland, auf der Schwäbisch-Fränkischen Alb?"

„Den Meteoritenkrater?", fragt jemand zurück.

Dr. Drahtweller schaut auf seine Uhr. „Ja, in genau 3 1/2 Minuten können wir das Ereignis beobachten!"

„O großartig! In welche Richtung müssen wir denn gucken?"

„Genau nach Süden.", antwortet Dr. Drahtweller.

Gespannt blicken sie gen Himmel und warten darauf, dass etwas passiert. Die Minuten werden lang, doch niemand will den Augenblick des Auftauchens verpassen. Plötzlich ist es so weit, ein riesiger Meteor, begleitet von einer Schauer kleinerer Meteore, leuchtet auf und zieht eine feurige Schleppe hinter sich her. Scheinbar lautlos und mit wunderbarer Geschwindigkeit fällt das Himmelsgeschwader auf die Erde zu. In der siebenten Sekunde nach ihrem Erscheinen verschwinden die Lichtpunkte hinter den Horizont und ergehen sich beim Aufprall in einen Lichtblitz. Schon spritzen Strahlströme in flachem Bogen nach Osten.

„In Tschechien und Ostsachsen regnet es gleich Glastropfen vom Himmel!", verkündet der Professor. „Wir haben sozusagen Glück, dass sie nicht in unsere Richtung fliegen, mit 250 Kilometern Entfernung liegen wir nämlich locker in Schussweite."

Nur Sekundenbruchteile nach dem Aufschlag beginnt sich eine gewaltige, dunkle Staubwolke in den Himmel zu heben. „Im Umkreis von 12 Kilometern wird jetzt der Krater ausgesprengt.", erklärt Dr. Drahtweller.

„Wie groß ist denn der Meteorit?“, fragt eine Frau.

„Der Riesmeteorit ist so groß wie ein Berg, 700 Meter im Durchmesser. Das entspräche etwa den oberen 800 Metern des Matterhorns. Die anderen sind deutlich kleiner.“

Man sah westlich eine zweite, kleinere Staubwolke aufsteigen, die aber bald von der Rieswolke geschluckt wurde.

„Einer von den Kleinen war aber auch ganz schön groß!“, meint ein Mann.
„Ja.“, antwortet Dr. Drahtweller. „Das war der Klumpen, der den benachbarten Krater des Steinheimer Beckens ausgesprengt hat.

In die dunkle, sich gigantisch ausbreitende Explosionswolke des Ries-Impakts schießt eine zweite, feurig glühende Wolke hinein und breitet sich schirmartig aus.

„Das war die Rückfederung der zusammengepressten Erdkruste. Der Meteorit hat sich 860 Meter tief in die Erde geschweißt, bevor sein Rest explodierte. Jetzt regnet es im Umkreis von 70 Kilometern Steine und Schmelztropfen!“, moderiert Dr. Drahtweller die fernen Ereignisse.

Eine knappe Minute ist vergangen und die Gruppe beobachtet, wie eine Erdbebenwelle auf sie zurast, schon werden sie angehoben und wieder gesenkt.

„Wau! Was für ein Gefühl!“, ist ein junger Mann begeistert.

Nach 12 Minuten ist endlich etwas zu hören. Ein grollendes Donnern mischt sich mit Fauchen und schwillt zu bedrohlicher Stärke an. In der Ferne durchzucken jetzt Blitze die schwarze Wolke. Dr. Drahtweller muss nun laut sprechen: „Im Umkreis von 50 Kilometern um den Krater überlebt rein gar nichts, und auch weiter entfernt findet eine ökologische Katastrophe statt.

In einer guten halben Stunde wird der staubbeladene Impaktsturm auch hier über den Hainich hinwegrasen und die Landschaft mit gewittrigem Sturzregen in Mitleidenschaft ziehen. Bis dahin müssen wir verschwunden sein. Also alles einsteigen!“

Man tut, wie geheißen, und die Zeitreisenden verschwinden einfach aus der Vergangenheit, als wären sie niemals da gewesen.

Das Tertiär

begann vor 65 Mio und endete vor 1,6 Millionen Jahren, wobei die Grenzziehung zum folgenden Quartär ausnahmsweise ganz willkürlich vorgenommen wurde.

4,4 Millionen Jahre vor der Gegenwart traten in Ostafrika, der Wiege der Menschheit, die ersten menschlichen Menschenaffen auf.

16. Station: Vom Eis gezeichnet

Wer durch die Zeit reisen kann, für den ist alles nur einen Augenblick entfernt. Gerade dem Impaktsturm entkommen, schwebt die Reisekapsel schon wieder über dem sonnigen Hainich in geringer Höhe. Der Wald hat sich noch weiter zurückgezogen und säumt als Galeriewald nur noch die Flüsse und markiert deutlich die Verläufe von Unstrut und Werra zu beiden Seiten des flachen Hainichrückens. Doch viel mehr scheint sich nicht verändert zu haben.

„Wir sind im Quartär, in dessen älterem Abschnitt, dem Pleistozän, angekommen und befinden uns 900 000 Jahre vor der Gegenwart, im Eiszeitalter.“, informiert Dr. Drahtweller wie üblich.

„Aber ich sehe ja gar kein Eis?!“, wundert sich eine Dame.

„Nun, das liegt daran, dass wir uns gerade in einer Warmzeit befinden. Während des Eiszeitalters wechseln nämlich Kalt- und Warmzeiten einander ab. Aufgrund des Zusammenwirkens von Plattentektonik, Meeresströmungen und periodischen Schwankungen der Erdachse und damit der Sonneneinstrahlung nahm die Abkühlung des Weltklimas weiter zu und geriet durch Rückkoppelungseffekte gewissermaßen ins Trudeln, ins Schwanken. Zunächst sind die Warmzeiten lang und fast noch genauso warm wie zu Ende des Tertiärs, die Kaltzeiten wenig intensiv, doch in Richtung Zukunft werden die Kaltzeiten tendeziell immer kälter ausfallen, die dazwischenliegenden Warmzeiten sich verkürzen und von mal zu mal ebenfalls geringfügig kühler werden.“, bemüht sich der Professor, das allgemeine Eiszeitgeschehen ein wenig zusammenzufassen für seine Gäste.

„Eiszeit – Kaltzeit, gibt es da einen Unterschied?“, fragt neugierig ein Gast.

„Ja natürlich, allerdings hängt das vom räumlichen Standort des Betrachters ab. Wenn das polare Eis der Arktis anschwillt und die Gletscher sich als Inlandeis weit nach Süden vorschieben – in Sibirien, Europa und Nordamerika – dann herrscht Eiszeit überall dort, wo Eis liegt, und Kaltzeit in den Tundra- und Taigagürteln davor im Süden, vor dem Eis. Allgemein wird aber auch jede größere Kaltzeit mit weitreichenden Gletschervorstößen einfach insgesamt als Eiszeit bezeichnet.“, antwortet Dr. Drahtweller.

„Wie oft passiert denn dieser Wechsel?“, erkundet sich ein älterer, offensichtlich gebildeter Herr.

„Bis zu unserer Gegenwart wird es etwa 18 größere Gletschervorstöße geben.“, sagt der Professor. „Mit jedem Eisvorstoß wird die warmzeitliche Flora und Fauna nach Süden abgedrängt. In Nordamerika ist das unproblematisch, in Europa aber stehen die Alpen und das Mittelmeer den Wanderungsbewegungen im Wege. Schon der erste Inlandeisvorstoß hat hier viele wärmeliebende Arten so weit nach Südwesten, Süden und Südosten abgedrängt, dass sie während der Interglazial- oder Warmzeiten nicht wieder einwandern konnten. Das betraf vor allem die Pflanzen.

Schauen Sie nach draußen. In der Werra tauchen Flusspferde, in der Grassteppe und den Galeriewäldern leben vielerlei große Tiere, löwenartige und andere Großkatzen, Hyänen, Nashörner, Wölfe und Bisons, neben zahlreichen Hirscharten ...“

„... und Pferde!“, ruft Sven und zeigt auf seine Entdeckung. „Pferde mit Streifenmustern am Hintern und an den Beinen!“

„... und zebraartigen Wildpferden,“, ergänzt Dr. Drahtweller. „Die Gehölzvegetation ist nicht nur zahlenmäßig – wegen relativer Trockenheit – verarmt, sondern auch hinsichtlich der Artenzusammensetzung. Es gibt da draußen kaum noch irgendwie exotisch anmutende Bäume. Und mit jeder weiteren Eiszeit werden weitere Arten nicht aus ihren Rückzugsgebieten, vor allem im Südosten, nach Mitteleuropa zurückkehren, das ja auch während der Warmzeiten immer kühler wird."

„Die Tiere werden uns auch nicht erhalten bleiben.", meint jemand. „Ist vielleicht auch besser so.", erhält er zur Antwort.

„Es wird Sie vielleicht interessieren, dass im Süden Europas bereits Urmenschen leben, die aus Afrika eingewandert sind. Hier im Gebiet habe ich noch keine gesehen.", fügt Dr. Drahtweller seinen Ausführungen hinzu, bevor er sich zum Schaltpult begibt und seine Maschine in Gang setzt.

Das vertraute Brummen kündet vom Zeitreisevorgang. Dr. Drahtweller fordert seine Gäste zum letzten Reise-Imbiss auf und holt aus der Bordbar hervor, was diese noch hergibt.

17. Station: Zwischen Eiswüste und Steppentundra

Ein neuer Tag ist erreicht, und während mit gesundem Appetit der letzte Proviant seiner Bestimmung zugeführt wird, wandern die Blicke bereits neugierig nach draußen.

Die Landschaft hat sich verändert. Öde und leer scheint sie, kein einziger Baum fängt den Blick auf dem Weg zum Horizont über die bereits vertrauten, und doch seltsam befremdlichen Hügel und Talungen hinweg. Wie ein ausgebeulter Riesenteppich mit unergründlichem Muster erscheint die Landschaft, deren Farben sich ins erdbraune, ockergelbe und grüne bis graugrüne gewandelt haben.

Dr. Drahtweller öffnet die Luke und gibt das Signal zum Heraustreten.

Jetzt im Freien verstärkt sich der Eindruck einsamer Weite noch. Es ist angenehm warm, etwa 20 Grad. Die Sonne steht hoch im Süden, es muss um die Mittagszeit sein.

Aber was ist das? Im Tal der Unstrut hat sich ein riesiger See aufgestaut vor einem merkwürdigen Berg, der dem Fluss den Weg versperrt, und offensichtlich zuvor noch nicht da war.

„Wo kommt denn der Berg her?“, fragt ein Mann mit der Unschuld eines Zeit-Touristen.
„Aus Skandinavien!“, antwortet Dr. Drahtweller und lächelt wissend.

„Aus Skandinavien?“, fragt eine ältere Frau erstaunt zurück.
„Ja. Wir befinden uns 400 000 Jahre in der Vergangenheit, in der Elster-Eiszeit während des zweiten Elstereisvorstoßes – dem einzigen Eisvorstoß, der ins Thüringer Becken vordrang. Der seltsame Berg östlich von uns, der die Unstrut abriegelt und aufstaut, ist die Front des skandinavischen Inlandeises!“

„Was? Ich habe immer gedacht, das Inlandeis wäre weiß?!“, wundert sich ein junger Mann.

„Ist es auch! Doch an der vordersten Front und jetzt im Sommer, ist das Gletschereis von ausgeschmolzenem Ton und Schluff sowie Findlingen – also Moränenmaterial – bedeckt und erscheint dadurch dunkel. Achten Sie auf die Steilkante im Gletscherstausee. Gleich wird der Gletscher kalben!

Das Eis schiebt sich weiter in unsere Richtung vor und schwimmt im Wasser etwas auf, dadurch kalbt es.“, kündigt der Professor an.

Tatsächlich, ein großer Eisscheit spant ab und rutscht ins Wassser, wo er sich flachlegt und auf und ab schaukelt, Wellenringe ziehen langsam über den See. Aus der Ferne sieht alles ein bisschen aus wie in Zeitlupe – mit schlechter Synchronisation – denn als das Getöse zu hören ist, schaukelt die Scholle schon friedlich im Wasser. Kurze Zeit blitzt am Gletscher das fast reinweiße Eis auf, doch schnell bilden schlammige Rinnsale einen dunklen, noch lückigen Vorhang, als suchte das Eis sich zu bedecken. Die kaum merklichen Rinnsale, die in tausenden Furchen den flachen Eishang heruntereilen, werden so erst sichtbar.

„Phantastisch. Und das Eis kommt wirklich aus Skandinavien? Das muss aber eine Menge Eis sein?“, fragt die ältere Dame wieder.
„Wie schnell ist es denn? Und wie hoch?“, will der junge Mann wissen.

Dr. Drahtweller fixiert den recht entfernten Gletscher. „Was wir hier sehen, ist nur der Zipfel einer großen arktischen Inlandeisfront, von England bis Sibirien. Das Nährgebiet dieses Eises liegt ein- bis zweitausend Kilometer entfernt in Skandinavien, aber man könnte wohl auch noch Teile Norddeutschlands dazurechnen. Der Eispanzer ist dort drei bis vier Kilometer dick – ein hohes, flaches, fließendes Eisgebirge, das sich über Jahrtausende aufgebaut hat und noch aufbaut. Im Schnitt legt es 30 bis 50 cm pro Tag zurück, mal mehr, mal weniger. Über die Leipziger Tieflandsbucht fließt eine breite Eiszunge ins Thüringer Becken hinein und füllt es auf. Die Eismächtigkeit beträgt zu Beginn des Thüringer Beckens nur noch etwa 300 Meter, hier im oberen Unstruttal, also in den peripheren Teilen, noch gut 100 Meter."

„Wie weit kommt es noch?", fragt ein anderer Mann.

„Wegen des Stausees, den das Eis vor sich herschiebt, können Sie gerade nicht sehen, dass sich das Unstruttal, und auch die anderen Flusstäler, seit unserem letzten Halt um etwa 50 Meter eingetieft haben. Diese Talerosion passiert vor allem in den langandauernden Frühphasen der Kalt- und Eiszeiten, wenn die schützende Vegetation bereits spärlich ist und noch viele Niederschläge fallen. Übrigens machen die waldfreien Zeitabschnitte etwa drei Viertel des Eiszeitalters aus.

Der Grund des Stausses, auf dem sich Bändertone, mit vereinzelten Drop stones, ablagern, befindet sich noch etwa 40 Meter über dem Niveau des Unstruttals unserer Zeit. Der Hainich wird also als Berg durch die Eintiefung der Täler von Unstrut und Werra noch stärker herausmodelliert werden.

Unabhängig davon ist der Hainich mehr als hoch genug, um den Vormarsch des Eises zu stoppen, es wird an der Ostflanke bei etwa 300 Metern über Null zum Stehen kommen und von da an in der Summe nur noch zurückschmelzen." Dr. Drahtweller sucht in den Augen seiner Gäste nach Fragen.

„Wo bleibt denn eigentlich das ganze Wasser von Unstrut und Gletschereis? Das kann doch gar nicht weg?!", stellt eine Frau naheliegend und zugleich scharfsinnig fest.

„Das ist eine gute Frage. Verdunsten und als Grundwasser versickern und abziehen können gewiss nur Teile, der Rest bahnt sich vermutlich einen Weg unterm Eis. Die Gletschersohle ist aufgrund des Druckes und der gestauten Erdwärme ohnehin meist flüssig.", versucht Dr. Drahtweller eine Erklärung. Schon kommt die nächste Frage.

„Warum ist es denn so warm?", fragt ihn eine Frau.

„An unserem Breitengrad steht die Sonne im Sommer hoch am Himmel, die Einstrahlung ist intensiv, deshalb sind die Sommer der Eiszeit kaum kühler als gewohnt, nur kürzer. Die Winter sind dafür umso kälter. Können Sie sich vorstellen, wie ungemütlich es hier wird, wenn kalte Winde aus Nord oder Nordost fast ungehindert über den Eisschild rasen in die Tundra hinein?" Vom Gletscherstausee herauf zieht ein kühler Hauch, der Rest eines Fallwindes vom Gletscherhang, als wollte er eine Ahnung vermitteln.

„Lassen Sie sich nicht täuschen, hier auf dem Hainich und überall in der gletscherfreien Tundra sind nur die obersten ein bis zwei Meter des Bodens aufgetaut, darunter erstreckt sich der Dauerfrostboden bis in große Tiefe.", sagt der Professor.

Das Gelände, auf dem sie sich befinden, ist mit seltsamen Steinmustern überzogen und nur karg mit Flechten und Moosen bedeckt. Ein paar kniehohe, knorrige kleine Zwergbirken harren aus und in einem Tälchen auch einige Krautweiden, die sich nur ein paar Zentimeter über den Boden erheben und in der Erosionsrinne wohl Schutz finden. Auf dem Osthang des Hainichs liegt ein Lößschleier.

Sven zieht den Professor am Arm zur Seite, um ihn nach den Steinmustern zu fragen: „Was ist das?"
„Das sind Strukturböden, ringförmige Steinwälle mit Feinerdekernen; die entstehen durch den häufigen Wechsel von Gefrieren und Auftauen im Frühjahr und Herbst.", gibt der Professor bereitwillig Auskunft und wendet sich dann an die Gruppe: „Na, gibt es unter Ihnen einen trainierten Eisbader? Nein? In einer der vorigen Reisegruppen war ein Mann dabei, der es sich nicht nehmen lassen wollte, im Gletscherstausee der Unstrut zu baden!", freut sich der Professor und lässt seinen Blick schweifen.

„Schauen Sie!", ruft er plötzlich und zeigt nach Norden an das dortige Seeufer, etwa im Bereich des späteren Mühlhausens.

Jetzt sehen es alle. „Elefanten?!“, entfährt es einer Frau.
„Mammute!“, kontert ein Mann.

Dr. Drahtweller schaltet sich ein. „Das sind Steppen-Elefanten, die Vorfahren der echten Mammute. Sie haben noch weniger gebogene Stoßzähne. Sie sind wohl wegen dem Wasser hergekommen, denn eigentlich leben sie nicht unmittelbar am Eisrand, sondern in der mit Kräutern und Gräsern bewachsenen Steppentundra, die südlich von hier, etwa in der Rhön, erst richtig beginnt. Sie zieht sich als Gürtel zwischen dem skandinavischen Inlandeis und den Alpenvorlandgletschern hin. Dort Schniefen und Schnauben, Stampfen und Stauben die großen Säuger der Lösssteppe, wie Wollhaar-Nashörner und Bisonten, Moschusochsen und eben viele Steppen-Elefanten.“

„Seht mal da!“, meldet jemand einen weiteren Fund in westlicher Richtung.
Eine Herde Rentiere zieht durchs Werratal nach Süden.

„Herrlich. Am liebsten würde ich mit ihnen ziehen.“, sagt Dr. Drahtweller.

„Aber leider, wir müssen weiter, bitte steigen Sie ein.“

18. Station: Urwald der Tiere

Im Nu ist der Zeitreisevorgang beendet und sie schweben wieder auf den Hainich nieder, der sich kaum von der Umgebung abhebt. Zwar ist die kaltzeitliche Ausräumung der Täler in den vergangenen Jahrhunderttausenden weitergegangen, der Hainich somit markanter geworden, aber so weit das Auge reicht, ist die gesamte Landschaft nun mit Wald verhüllt.

„Wir befinden uns jetzt in der letzten Warmzeit – Zwischeneiszeit oder Interglazial – vor der Warmzeit, die unsere Gegenwart darstellt. Es sind noch 120 000 Jahre bis nach Hause.

Ganz Mitteleuropa ist von Wald überzogen.“, leitet Dr. Drahtweller seine Erläuterungen dieses Zeitstopps ein.

Die Reisefähre nähert sich in einer schmalen Waldlücke langsam dem Boden. Von dem seltsamen Ding aufgeschreckt, klettert ein Leopard fauchend von seinem Ruhebaum herab und verzieht sich.

Nach der Landung öffnet Dr. Drahtweller die Tür und lässt frische, angenehme Waldluft herein. „Wir bleiben im Schiff.“, sagt er, mit Blick zur Uhr. „Die Zeit ist vorangeschritten und Munition habe ich auch nicht mehr.“

Das Grün des Blätterdaches schließt sie förmlich ein. Die Sonne blinzelt durchs Geäst, das sich sanft im lauen Sommerwinde wiegt. Man fühlt sich wie daheim. Zweifellos, dies ist der Hainich. Nur der Leopard verriet die Fremde.

„Wie Sie sehen können, ist der Wald zurückgekehrt aus seinen kaltzeitlichen Überwinterungsgebieten. Er besteht nun im wesentlichen aus den gleichen Baumarten, die Sie auch in unserer Zeit hier finden, mit einem Unterschied: Die Rotbuche ist jetzt, im Eem-Interglazial, eine Seltenheit und wird von der Hainbuche vertreten.“ Dr. Drahtweller scheint nach draußen zu lauschen.

Vom Wald stark gedämpft, ist aus der Ferne ein dumpfes Trompeten zu hören.

„Elefanten?“, lautet auch gleich die Frage aus der Runde.

„Ja. Wald-Elefanten. Vielleicht ist Ihnen beim Landeanflug aufgefallen, dass der Wald, besonders in den Weichholzauen der Flüsse und Bäche, weniger dicht ist als gewohnt. Nun, das liegt an den riesigen Wald-Elefanten, die den Wald gewissermaßen roden. Elefanten fressen den ganzen Tag und selbst noch nach Einbruch der Dunkelheit, ehe sie sich schlafen legen, und am Morgen stehen sie auf, um weiter zu fressen. Ihr Nahrungsbedarf ist enorm.

Und sie sind nicht die einzigen Fresser, Wald-Nashörner, Rot- und Damhirsche, Auerochsen und Bisons – die Vorfahren der Wisente – und anderes Getier steht ihnen zur Seite.“

„Warum gibt es hier so viele Tiere?“, erkundigt sich einer der Gäste.

„Ganz einfach, weil sie noch nicht ausgestorben sind.“, lautet die kurze Antwort des Professors. „Das Klima ist im wesentlichen mit dem unserer Warmzeit identisch. Allein die Fauna macht einen deutlichen Unterschied. Den Leoparden haben Sie schon gesehen, natürlich gibt es auch Löwen, Luchse und Wildkatzen, genauso wie Wildschweine, Bären, Hyänen, Marder, Mäuse und Maulwürfe. Auch Tarzan, pardon, der Mensch, ist anwesend, als altsteinzeitlicher Jäger und Sammler. Der Urmensch hat sich zum Altmenschen, zum frühen Neandertaler weiterentwickelt."

„Wie lange dauert diese Zwischeneiszeit?", fragt eine Dame.

„Wie alle jüngeren Warmzeiten nicht lange, insgesamt etwa 15 000 Jahre. Gegen Ende der Warmzeit wird der Wald fast nur noch aus Nadelbäumen bestehen und sich dann ganz nach Süden zurückziehen, um, klimatisch bedingt, wieder der Steppentundra Platz zu machen.

Aber wozu lange herumreden, reisen wir hin!", ist sich Dr. Drahtweller sicher. Per Computer schließt er die Tür und der gewohnte, aber immer noch mysteriöse Vorgang beginnt.

19. Station: Land der Mammutjäger

Die Reisekapsel scheint im winterlichen Nordsibirien zu landen, aber es ist der Hainich und Mitteldeutschland, das da alt verschneit und frostklar vor ihnen liegt. Der Blick reicht ungehindert bis zum Horizont, Einsamkeit liegt in der Luft, getragen von der eintönigen Weite der winterlichen, nur scheinbar kargen Mammutsteppe. Die Reisefähre setzt auf.

„Nun sind wir also wieder in der Steppentundra. Doch diesmal haben wir Winter. Wir befinden uns im Jahr 30 000 vor unserer Zeit, in der letzten oder Weichsel-Eiszeit. Wie Sie sehen, ist der Wald wieder abgewandert und der Hainich unter der Herrschaft der Winde.", beginnt Dr. Drahtweller und öffnet nebenher die Bordtür. Eiseskälte kommt herein. Der Professor bleibt aber im Schiff und so wundert es nicht, dass niemand Anstalten macht, seinen Fensterplatz zu verlassen. Es scheint draußen auch gar nichts zu sehen zu geben. Der Schnee liegt nicht sehr hoch und ist stark verweht. Die Kuppen des

Hainichs sind stellenweise freigeblasen, leeseitig ist der Schnee vom Staub dunkel gefärbt.

„Im jüngeren Quartär sind die Kaltzeiten lang und die Warmzeiten kurz. Das Eem-Interglazial, das wir eben noch besuchten, endete ungefähr vor 85 000 Jahren, von hier aus gerechnet. Das Klima wurde im ganzen zunehmend kühler und trockener. Sie müssen sich vorstellen, dass die großen Warmzeit-Kaltzeit-Klimaschwankungen von vielen kleineren Klimaschwankungen in sich gegliedert werden, die – aneinandergereiht – erst die großen Tendenzen ergeben.

Der Wald verschwand, als es für ihn zu kalt und zu trocken wurde. In günstigeren Phasen kehrte er, mit wenig empfindlichen Baumarten wie Birken und Kiefern, zurück, um bald darauf wieder zu verschwinden. Während der frühen Weichsel-Kaltzeit, die lange Zeiträume umfasste, war es noch feucht genug, um eine starke Erosion zu bewirken. Die Landschaft war nur spärlich von Vegetation geschützt, Frost-Tau-Wechselprozesse sprengten Boden und Fels und transportierten die Lockermassen rutschend die Hänge hinab, unterstützt von den Niederschlägen, die sich zu periodischen Sturzfluten sammelten und den Abtragungsschutt fortspülten.

Gleichzeitig wuchsen die polaren Gletscher und ließen dadurch den Meeresspiegel fallen, wodurch das Gefälle und damit die Transportkraft der Flüsse zunahm, die sich bis in die Oberläufe tiefer einschnitten, um die Gefällsverläufe ihrer Betten wieder auszugleichen. Im Ergebnis wurde das Landschaftsrelief weiter herausgearbeitet und nahm im Kern die uns bekannten Formen an. Etwa um 10 Meter wurden die Fluss- und Bachtäler dabei in die Tiefe erweitert.

Durch die zunehmende Trockenheit kamen diese Prozesse allmählich zum Erliegen. In den Flussbetten verblieb immer mehr Geröll und schichtete sich zu Schotterbänken auf, weil die Sturzfluten zu schnell an Kraft verloren und sich verliefen. Besonders im trockenen Spätsommer blies der Wind den Staub aus den Flussbetten und von den windumspielten Hängen, der sich als Löss im Windschatten ablagerte – hinter Bergrücken und zwischen den Gräsern und Kräutern der weiten Mammutsteppe.“

In der Reisekapsel ist es merklich kalt geworden und wer noch etwas zum Überziehen hatte, der hat es mittlerweile angezogen.

„War das in den anderen Kaltzeiten auch so?“, fragt ein interessierter Mann, der nahe der offenen Luke sitzt und etwas fröstelt.

„Ja, im wesentlichen in jeder Kaltzeit.“, antwortet Dr. Drahtweller. „Wir befinden uns im Hochglazial der letzten Eiszeit, aber in einer kurzen milderen Phase vor der maximalen Kälteschwankung.“

„Und das Eis?“, fragt der Mann.

„Das skandinavische Inlandeis reicht nur bis in die Nordostecke Deutschlands. Von dort bis zu den Alpengletschern im Süden durchstreicht der Lössgürtel der Steppen-Tundra das zukünftig deutsche Gebiet. Der Lössgürtel erstreckt sich längs vor der nordischen Gletscherkappe von Frankreich bis Südrussland.“

„Warum gibt es hier keine Tiere?“, fragt Sven den Professor.
„Wer sagt denn, dass es keine gibt?“, fragt der Professor zurück.
„Na, ich sehe keine!“, entrüstet sich der Junge.

„Kann von Ihnen jemand Tiere ausmachen?“, wendet sich Dr. Drahtweller an die Erwachsenen.
„Nein.“, bekommt er zur Antwort, nach dem man sich noch einmal umgesehen hat.

Dr. Drahtweller schließt die Luke und lässt die Zeitmaschine einen Zeitsprung von nur einem Tag machen – und nun, wie aus dem Nichts, sind Tiere da!

„Mammuts!“, tönt es in der Kabine. Dr. Drahtweller öffnet die Tür wieder. „Natürlich gibt es Tiere.“, sagt er, und er zählt auf: „Mammute, Wollhaarnashörner, Moschusochsen, Rentiere, Saiga-Antilopen, Höhlenlöwen, Höhlenhyänen, Höhlenbären, Luchse und viele mehr. Kommen Sie, sehen Sie sich das einen Moment von draußen an!“

Bis auf drei Frauen, die wegen der Temperaturen lieber hinter den Bullaugen bleiben und schon beim Blick nach draußen in der ausgekühlten Kabine zu frieren beginnen, steigen alle neugierig und, unerwartet, ein wenig ehrfürchtig aus.

Ein kalter, aber vorerst erträglicher Windzug empfängt sie und lässt sie unablässig spüren – hier regiert die Natur. Die weite, schneeweiße

Landschaft übt einen seltsamen Einfluss auf die Besucher aus, mit einer eindringlichen, so selbstverständlich scheinenden, mächtigen Klarheit, die jedes Individuum auf sich selbst zurückwirft.

Die Frostluft saugt ihren Atem förmlich auf und die Kälte krallt sich langsam aber sicher immer tiefer in ihre ungenügend geschützten Körper. Nur das harsche Knirschen des Pulverschnees unter ihren bedachten Schritten hält sie jetzt gegenwärtig und sie blinzeln, vom Schneelicht etwas geblendet, zu der kleinen Gruppe von Mammuten hinüber, die sie gut erkennen können.

Die Tiere sind beunruhigt und eilen gemessenen Schrittes in die ziellose Weite. – Rötlichbraune Fellriesen mit mächtigen, einwärtsgebogenen Stoßzähnen in der Farbe leichtverschmutzten Schnees.
„Was fressen die jetzt bloß, im Winter?“, fragt jemand mit steif gewordenen Lippen.

„Sie scharren Rentierflechte, trockenes Gras und die Zwerggehölze unter dem Schnee hervor, die hier auf dem Hainich und den anderen Bergen wachsen.“ Auch der Professor ist gezwungen, langsam zu sprechen.

„Was sind das für Tiere?“, fragt ein anderer und zeigt mit dem Finger in die Ferne auf eine Ansammlung brauner Fellpunkte, die sich merkwürdig bewegen und um etwas Größeres in der Farbe von Mammutfell gruppiert sind.

„Das?! Das sind Menschen.“, sagt Dr. Drahtweller.
„Menschen?“ Die Gesichter wenden sich dem Professor zu mit dem Ausdruck verwunderten Schreckens.

„Mammutjäger!“, bekräftigt Dr. Drahtweller seine Worte. „Menschen, die so aussehen wie wir. In Felle gehüllt. Sie haben ein Mammut erlegt und zerteilen die Beute.“

In gehörigem Abstand zu den Eiszeitjägern drücken sich einige Wölfe, wohl ein hungriges Rudel, das ihnen gefolgt ist, herum. Sie warten anscheinend auf die Reste.

„Mir wird es langsam zu kalt.“, meldet sich jemand zu Wort und hält zitternd aus, den Blick auf die fernen Verwandten gerichtet.

„Diese anatomisch modernen Menschen leben seit 10 000 Jahren in Europa und haben in den letzten paar Jahrtausenden die Neandertaler, die 200 000 Jahre lang in Europa lebten, verdrängt. Sie haben bereits Pfeil und Bogen entwickelt. Aber ich schätze, das Mammut werden sie mit Speer und Lanze erlegt haben.“, sagt der Professor.

„Jetzt haben sie uns entdeckt!“, stellt eine Frau fest.
„Und sie kommen auf uns zu!“, ergänzt wenig später der Herr neben ihr.

„Wir sind in ihre Welt eingedrungen.“, bemerkt Dr. Drahtweller lakonisch dazu. „Lassen Sie uns verschwinden, bevor wir zur mythischen Legende werden!“ Ein letzter Blick auf die flüchtenden Mammute, und einhellig wendet man sich zurück zur Reisekapsel.

„Wo haben die denn das Holz für ihre Waffen her?“, fragt ein junger Mann den Professor.

„Im Süden und Südosten gibt es kleine Waldinseln anspruchsloser Gehölze. Diese Menschen kommen weit herum; Jäger-Nomaden.“, antwortet er.
„Und Sammler!?“, möchte sich der junge Mann vergewissern.
„Natürlich.“

Sie steigen zurück in die Reisefähre und schließen die Tür. Die Freigänger fühlen sich in der Kabine in angenehmer Temperatur und geborgen. Die zurückgebliebenen Frauen aber frieren nun noch mehr durch die hereingebrachte Kälte. Dr. Drahtweller versucht sie zu trösten: „Keine Bange, es wird gleich wieder wärmer.“ Er aktiviert die Zeitmaschine, während seine durchfrorenen Gäste einen letzten Blick aus dem Bullauge werfen. Ihre Verfolger bleiben stehen und beobachten regungslos, was sie nicht verstehen. Dann verdunkelt sich das Bild.

Mit dem Heraustreten aus der Zeittransmission finden sie sich im Orbit wieder. Die Welt, die sie sehen, kann aus der Ferne nicht mehr fremd wirken.

„Im Spätglazial der Weichselkaltzeit wurde das Klima wieder milder und feuchter, in Warmphasen kehrten Birken-Kiefern-Wälder in den Hainich zurück, die mit Tundrenvegetation der Kaltphasen abwechselten. Die Gewässer schnitten sich ein wenig in die Ablagerungen ihrer Talböden ein. In der letzten Warmphase begann auch die Entwicklung des Bodens, den wir kennen und nutzen. Auf Löss entwickelte sich Löss-Schwarzerde durch Anreicherung beständiger Huminstoffe.

Besonders einschneidende Veränderungen ergaben sich am Ende der Weichselkaltzeit für die Großtierwelt. Sowohl die warmzeitlichen als auch die kaltzeitlichen Großsäuger wurden durch den Klimawandel allmählich in Rückzugsgebiete gedrängt und dadurch zu kleinen Populationen geschrumpft. Gleichzeitig wurden die Menschen zahlreicher und übten einen stärkeren Jagddruck auf die Restpopulationen aus, so dass viele Arten schließlich ausstarben.

Die Weichselkaltzeit dauerte etwa 105 000 Jahre und endete im Zeitraum zwischen 10 300 und 10 200 Jahren vor unserer Gegenwart durch den Übergang in eine Warmzeit, die wir Holozän nennen. Das Holozän wird dem Pleistozän als Abschnitt des Quartärs gleichgestellt, was eigentlich nicht zu rechtfertigen ist und allein wissenschaftshistorische Gründe hat."

20. Station: Warmzeitlicher Waldwandel

Dr. Drahtweller lässt die Reisekapsel, die kurz im Orbit verharrte, auf die Erde zurasen. „Genießen Sie den Ausblick! Das ist für heute der letzte."

Immer näher kommt Europa, und kaum, dass sie es begreifen können, schwebt die schwerelos abgebremste Reisefähre dicht über den Baumwipfeln des Hainichs.

„Wir befinden uns also im Holozän, in der Warmzeit, in der auch wir zuhause sind – allerdings erst in 6 000 Jahren! Ganz Mitteleuropa ist nun wieder von Wald bedeckt, die Tundra hat sich in den Norden zurückgezogen. Die Mammute sind auf dem Festland schon rund zweihundert Jahre vor Beginn der Warmzeit ausgestorben. Nur auf der großen Wrangel-Insel im Nordosten Sibiriens leben noch ein paar kleinere Insel-Mammute, die in diesen Tagen ihrem Ende entgegensehen.

Ganz zu Beginn des Holozäns lebte die Steppe auf und die Schwarzerdebildung setzte sich fort. Doch schnell nahmen Pioniergehölze die Landschaft in Besitz. Der Wind säte Birken-Kiefern-Wälder, welche die Wiederbewaldung einleiteten. Um 9700 vor unserer Zeit nahm der Kiefernanteil zu und es begannen sich Haselnuss-Sträucher stark auszubreiten. Sie spielten in den lichten Wäldern der damaligen Zeit eine große Rolle, bis, etwa 700 Jahre später, die Eichen einwanderten und ihnen das Licht streitig machten, dicht gefolgt von den Ulmen und etwas später den Linden und anderen Edellaubhölzern. Der Wald wandelte sich zum Eichenmischwald, denn etwa ab 8000 Jahren vor unserer Zeit – das heißt, von unserem jetzigen Zeitstopp aus gesehen, vor 2000 Jahren – begannen die Eichen den Gehölzbestand zu dominieren. 1000 Jahre später erreichten die ersten Rotbuchen das Gebiet, sie sind auch jetzt noch Seltenheiten im Hainich. Oder können Sie welche erkennen?“, fragt Dr. Drahtweller.

Ein paar Blicke gehen nach draußen. Rotbuchen sieht niemand.

„Wir befinden uns im Wärmemaximum unserer Warmzeit. Die Jahresdurchschnittstemperaturen liegen bis zu zwei Grad höher als in unserer Gegenwart, auch fallen die Niederschlagsmengen etwas größer aus.“, sagt Dr. Drahtweller.

„Und was ist mit den Tieren? Welche sind denn noch nicht ausgestorben?“, will ein Mann wissen.

Professor Drahtweller bleibt ihm die Antwort nicht schuldig: „Von den größeren existieren in diesem Augenblick noch Wisent, Auerochse, Braunbär, Rothisch, Reh, Wildschwein, Wolf, Luchs und Wildkatze.“

„Na ja, der Wald ist noch nicht so ungefährlich wie bei uns.“, überlegt der Mann laut.
„Nein, ganz bestimmt nicht.“, pflichtet ihm Dr. Drahtweller bei, „Aber schon relativ harmlos.“

Der Professor tippt auf die Bildschirmtastatur, und die Reisekapsel beginnt sich langsam, wie ein Ballon, sehr dicht über dem Kronendach in Richtung Osten zu bewegen. Sie folgt dem sanften Ostabfall des Hainichs. Die Kalkmoore und Schilfriede des Unstruttals verschwinden zusehens hinter dem talseitigen Baumkronenhorizont des

Urwalds. Plötzlich beginnt sich der Wald direkt unter ihnen seltsam zu lichten, der Waldboden, der nun häufig hindurchschimmert, wirkt wie ausgefegt, leergeräumt. Nach kurzer Strecke – sie befinden sich nun etwa am Fuße des Hainichs – landet der Professor sein Gefährt in einer Lücke zwischen den Bäumen dieses ungewöhnlichen Waldstücks.

„Was ist hier passiert?“, will jemand wissen.

„Das werden Sie gleich sehen. Kommen Sie, wir steigen ein letztes Mal aus.“ Dr. Drahtweller öffnet die Luke und der Wald empfängt die Reisenden mit Vertrautheit und Rätsel.

Fast scheint es, sie gingen spazieren. Ihr Weg führt sie ein kleines, trockenes und flaches Tal hinab. Der Wald, der hier steht, erinnert an eine Halle oder eine dicht mit Bäumen bestandene Parklandschaft, die Bäume sind stark und mächtig, Jungwuchs fehlt. Je weiter sie kommen, desto feuchter wird der Boden im Talgrund, der nun von zahllosen Trittspuren und Tierkot wie übersät ist.
„Tiere haben den Wald kahl gefressen!“, lautet einstimmig der Befund.

Sie erreichen den Ausgang des Tales, welches sich nun überraschend öffnet und den Blick auf kleine Felder mit reifendem Getreide und ein Gehöft freigibt. Die untere Talflanke ist hier gerodet, an die Stelle des Waldes tritt eine kleine Wiese mit Apfelbäumen. Der Professor signalisiert, hier halt zu machen. Unweit entspringt ein Quellbach dem Talgrund und schlängelt sich auf das Gehöft zu, welches ob seiner Bauweise beeindruckt. Es ist ganz aus Holz, Lehm, Schilf und Stroh errichtet und daher fast einheitlich von ockergelber und grauer Farbe. Über den Talrändern thront der schier allmächtige Wald.

„Wie romantisch!“, entfährt es einer Frau, bereit, dahinzuschwelgen.

Das Gehöft ist von einem wehrhaften Palisadenzaun umgeben. Von den Gebäuden sind daher beinahe nur die Dächer zu sehen, die tief hinabreichen. Selbst die Giebelseiten scheinen fensterlos.

Hunde haben die fremden Besucher bemerkt, sie fangen hinterm Zaun ein fürchterliches Gebell an. Ein ganzes Tierstimmenkonzert folgt, denn das Muhen von Rindern, Meckern von Ziegen und Blöken von Schafen mischen sich ein.

„Wer wohnt hier?“, fragt Sven.
„Im Moment nur die Tiere.“, antwortet Dr. Drahtweller. „Wir konnten uns dem Gehöft nur deswegen nähern, weil seine Bewohner gerade abwesend sind.“ „Was sind das für Leute?“, fragt ein älterer Mann ohne Pause.

„Man nennt sie Linienbandkeramiker, nach den Verzierungen ihrer Tongefäße, die sie herstellen. Wie sie sich selbst nennen, weiß ich nicht. Sie leben seit 700 Jahren im Gebiet. – Es sind Bauern, die ersten hier.“, erklärt Dr. Drahtweller.

„Das sind Menschen der Jungsteinzeit!“, ergänzt einer der Reisegäste.
„Richtig. Die ersten Ackerbauern und Viehzüchter. Sie breiteten sich aus dem Raum östlich des Mittelmeeres nach Nordwesten, über Südosteuropa, aus und werden binnen 4000 Jahren ganz Europa besiedeln, von 9000 bis 5000 vor unserer Zeit. Ihre Kultur repräsentiert die Jungsteinzeit. Auf ihrem Vormarsch drängen sie die einheimischen Jäger und Sammler, deren Kulturstufe die Mittelsteinzeit verkörpert, zurück oder lernen sie zu Bauern um.

Die Siedlertrupps folgen oft dem Lauf der Flüsse und suchen nach geeigneten Siedlungsplätzen. In Mitteleuropa, im Lössgürtel, sind dies vor allem die Ränder der Lössverbreitungsgebiete, wie hier am Fuße des Hainichs. Hier finden sie alles, was sie für ihre Wirtschafts- und Lebensweise brauchen: fruchtbaren Boden über Löss, Schilfrohr und Weidenruten für Dächer und Flechtwerk aus den Niederungen der Unstrut und ihrer Zuflüsse, Lösslehm und Bauholz. Klare Quellen und Bäche entspringen am Hainich. Eichenholz wird bevorzugt verarbeitet, denn es ist gut zu bearbeiten und dauerhaft. Der Hainich und überhaupt die Randhöhen sind mit Eichen reich gesegnet.

Auch für das Vieh ist der Wald als Weidewald unentbehrlich. Gerodet wird mit der Steinaxt nur auf fruchtbaren Talböden, meist zur Anlage von Äckern. Kein Wunder also, dass sich diese Menschen genau zwischen Aue und Wald niederließen.“

„Was ist das für ein Getreide auf dem Feld da?“, fragt eine junge Frau.
„Das ist Weizen. Sie bauen verschiedene urtümliche Weizen- und Gerstenarten an, dazu Hirse, Erbsen, Linsen, Lein und Mohn.

Die Tiere haben Sie ja schon gehört, welche haben Sie erkannt?", wendet sich der Professor an die ganze Gruppe.

„Hunde!"

„Kühe! Schafe!"
„Ziegen!", lauten die Antworten.

Der Professor bemüht sich, die Tiere ein wenig zu ordnen. „Hunde, seit langem schon der beste Freund des Menschen. Domestizierte Ziegen und Schafe haben die Vorfahren dieser Menschen schon aus der ostmediterranen Heimat mitgebracht. Rinder – ihre Hauptfleischnahrung – haben sie selbst wiederholt aus wilden Auerochsen domestiziert, ebenso die Schweine."

„Ich frage mich, wo die Bewohner des Gehöftes hingegangen sind. Sind sie alle in der Ernte?", fragt ein älterer Mann.

„Noch nicht.", antwortet der Professor. „Sie sind zusammen mit der Nachbarschaft fort zu einem Fruchtbarkeitsfest, welches sie an einem Kultort zelebrieren. Dort bringen sie den Göttern Pflanzen-, Tier- und Menschenopfer dar für eine gute Ernte."

„Oh Gott.", einige wenden sich angewidert ab. Es ist eine Sache, davon zu lesen oder zu wissen, aber eine andere, zur gleichen Zeit vor ihrem verlassenen Gehöft zu stehen und das Geblöke und den Gestank ihres Viehs wahrzunehmen.

„Es sind eben Barbaren.", bemerkt ein Herr gelassen.
„Indoeuropäer.", erwidert Dr. Drahtweller scheinbar korrigierend.

„Was heißt das?", will jemand wissen.
„Nun, das heißt, dass sie unsere Vorfahren sind, auch kulturell. Sie sprechen indoeuropäisch. Aus dem Indoeuropäischen haben sich alle europäischen Sprachen unserer Zeit, ausgenommen das Finnische und Ungarische, entwickelt, sowie das Indische, Iranische und Armenische. Etwa ein Viertel bis ein Drittel unseres Grundwortschatzes stammt aus dieser Zeit, aus dem Indoeuropäischen.", sagt der Professor.

„Wie bitte?", fragt jemand zurück.

„Ja. Worte wie Kuh, Rind und Ochse, Bock, Ziege und Schwein, gehen auf diese Sprache zurück, auch zähmen, scheren, säen und mahlen, oder bohren, binden, flechten. Auch Acker und Furche, Dach und Balken, Rad, Achse, Nabe und Deichsel, oder Beil, Ahle und Angel, sowie Baumnamen: Eiche, Esche, Erle, Buche, Birke, Ahorn, Linde, Fichte, Tanne und andere. Natürlich auch Namen von Wildtieren wie Fuchs, Dachs und Hase, Hirsch und Wolf, oder Kranich, Rabe, Star und Storch.

Bezeichnungen für Körperteile: Mund, Lippe, Zunge, Zahn, Nase, Auge, Ohr, Haupt, Hals, Arm, Achsel, Herz, Knie, Fuß. Verwandtschaftsbezeichnungen wie Vater und Mutter, Bruder und Schwester, Sohn und Tochter, Ehe, Sippe, Witwe. Auch die Zahlwörter bis hundert sind ihnen bekannt. Die Menschen rechnen im Dezimal-, aber auch im Zwölfersystem.“, erklärt der Professor.

„Zwölfersystem?“, fragt wieder jemand.
„Sie wissen doch bestimmt, was ein Dutzend ist; oder das Fünffache davon, ein Schock?!“, fragt Dr. Drahtweller.

„Äh, ja klar.“
„Sehen Sie. Und die Linienbandkeramiker wissen es auch.“, fügt er hinzu.

„Heißt das, wir könnten mit ihnen reden?“, erkundigt sich ein junger Mann voller Neugier.

„Nein, das könnten wir nicht. Die sprechen indoeuropäisch, nicht deutsch. Ausdrucksweise und Aussprache sind uns bis auf wenige seltene Anklänge völlig fremd, eine Fremdsprache eben. Außerdem müssen wir eine Begegnung mit ihnen unbedingt vermeiden, sie könnte einen kulturellen Einfluss mit ungeahnten Folgen für unsere Gegenwart auslösen. Und wir wollen doch zurückkehren, oder?“, meint Dr. Drahtweller scherzend und doch mit vollem Ernst. Die Gruppe lenkt daraufhin ihre Schritte zurück zur Reisekapsel.

„Uns trennen noch 6000 Jahre von daheim, nicht viel, wenn man bedenkt, wie tief wir in der Vergangenheit waren.“, erzählt Dr. Drahtweller. „In 1000 Jahren wird der Anteil der Rotbuche im mitteleuropäischen Urwald stark zugenommen haben und vielenorts, wie im Hainich, dominierend auftreten, dicht gefolgt von der ebenfalls zunehmenden, aber selteneren Hainbuche. So entsteht der Wald, den wir aus dem Hainich unserer Tage kennen.

Auf den Waldstandorten entwickeln sich braune Waldböden. Die schrittweise, differenzierte Einwanderung der Gehölzarten nach einer Eiszeit ist typisch für jede der vergangenen Warmzeiten, die holozäne Warmzeit fällt aber, neben ihrer fortgeschrittenen Artenverarmung, durch ihre sich entwickelnde Rotbuchendominanz auf. In den vorangegangenen Warmzeiten, wie zuletzt im Eem, blieb die Rotbuche selten und wurde ganz von der Hainbuche vertreten.

4400 Jahre vor unserer Gegenwart werden die letzten Wald-Elefanten erlöschen, die momentan noch als Zwergformen auf den Mittelmeerinseln leben. Wenig später werden ihre Schädel von Seefahrern für die von Zyklopen gehalten und in die Sage Eingang finden.“

Dr. Drahtweller lässt seine Gäste einsteigen und zählt durch, als letzter steigt er ein und verschließt die Bordtür. „Auf geht's zum letzten Zeitsprung!“, sagt er, benennt die Zielkoordinaten und aktiviert den Zeittransformer. Die geheimnisvolle Maschine brummt und fliegt, in Dunkelheit gehüllt, durch ein Stückchen Zeit.

21. Station: Wir sind zurück!

Die Kabinenlampe verlischt und die Gegenwart hat sie wieder. Es begrüßt sie der Tag, von dem sie abgeflogen sind. Dem Bodenpersonal scheint es, als seien sie nur eine Minute weg gewesen. Die Stunde ist so frisch wie vorm Abflug. Vor den Bullaugen zeigt sich der gewohnte Hainich und am hölzernen Kontrollhäuschen prangt das Zeichen des Nationalparks.

Dr. Drahtweller öffnet mit Hilfe des Computers die Tür.
„Tja, viel bleibt nicht zu sagen.“, richtet er sein Wort an die Gäste. „Vom 7. bis 13. Jahrhundert, also der Karolingerzeit bis ins Hohe Mittelalter, liefen die großen Rodungen des mitteleuropäischen Urwaldes ab und schufen im wesentlichen die uns bekannte Wald-Feld-Verteilung. Wälder wachsen fast nur noch auf für die Landwirtschaft schlecht geeigneten Standorten. Ihr Holz wird gebraucht. Mit der Zunahme der Ackerflächen nahm auch die Bevölkerungsdichte zu, um dann im Industriezeitalter noch stärker anzuwachsen. Das machte die Forstwirtschaft, die Bewirtschaftung der Restwälder erforderlich. Seit dem 18. Jahrhundert entwickelt sich deshalb die Forstwissenschaft.

Wisent, Auerochse und Braunbär wurden im Hainich frühzeitig ausgerottet, wie andernorts auch. Im 17. Jahrhundert wurde der letzte Luchs im Hainich erlegt und war damals bereits eine Sensation. Wölfe gab es noch bis ins 19. Jahrhundert hinein, auch sie wurden schließlich restlos getötet.

Die Römer hatten das Damwild, das im Holozän nicht selbst wieder einwanderte, über die Alpen gebracht. Im 20. Jahrhundert wurde es im Hainich eingebürgert, ebenso wie der aus Nordamerika stammende Waschbär. Gegen Ende des 20. Jahrhunderts wurde der Nationalpark Hainich eingerichtet, um Natur wieder Natur sein zu lassen, wenigstens ein Stück weit." Dr. Drahtweller schaut in die Gesichter. „Haben Sie noch Fragen?"

„Ja. Wie geht es weiter? Können Sie eigentlich auch in die Zukunft reisen?", fragt ein junger Mann.

„Natürlich. Ich habe doch eine Zeitmaschine, ich kann mich in der Zeit frei bewegen.", antwortet Dr. Drahtweller mit dem Ton der Selbstverständlichkeit, wohlwissend, dass dies nicht selbstverständlich ist. Seine Gäste sind bass erstaunt. Doch er fügt gleich hinzu, denn er weiß nur zu gut, welche Fragen das heraufbeschwören kann: „Es ist strengstens untersagt, detaillierte Informationen über die Zukunft weiterzureichen. Vor allem das menschliche Gemeinwesen betreffende Informationen sind völlig tabu, leider. Ich bin da streng gebunden, doch zurecht. Ich weiß meine Verantwortung zu tragen und bitte da um Nachsicht.

Was ich Ihnen aber erzählen kann, sind die großen erdgeschichtlichen Rahmenbedingungen.", fährt er fort. Seine Gäste verharren mit etwas besorgten Gesichtern und überlegen, welche Bedeutung es für sie hat, die Zukunft zu kennen.

In der Zukunft ist alles anders, glauben wir, hoffen wir, befürchten wir. Die Zukunft ist offen!? Oder steht sie schon irgenwie fest? Ist es nur wahrscheinlich, dass ein Tag auf den anderen folgt, oder muss es so passieren, vielleicht, weil es so passieren wird?! Die Zukunft ist verwirrend. Vielleicht stehen manche Dinge schon fest und andere sind noch offen, wer weiß?

Der Professor wartet nicht ab, bis er zum Reden aufgefordert wird und beginnt: „Die Zukunft ist so lange offen, bis sie feststeht, und sie steht fest, sofern sie nicht geöffnet wird. Ich erwarte nicht, dass Sie das verstehen, zerbrechen Sie sich nicht den Kopf darüber – aber es ist wahr, zumindest aus der Sicht von uns Menschen.

Wie es die nächsten Jahre weitergeht, wissen Sie im Prinzip selbst. Aus einem Grund, den ich Ihnen nicht zu nennen brauche, verstärkt sich der Treibhauseffekt und führt zu einer langsamen aber stetigen globalen Erwärmung. Durch das Schmelzen des Eises im hohen Norden schwächt sich der Nordatlantikstrom ab – also das Nordende des Golfstroms, der Europa beheizt – und lässt dadurch die globale Erwärmung in Europa während des 21. Jahrhunderts weniger stark ausfallen als anderswo. Im 22. Jahrhundert bricht der Nordatlantikstrom ganz ab und Europa fällt in eine kleine Eiszeit mit zum Teil sibirischen Verhältnissen, die einige Jahrtausende anhält, während man anderswo zur gleichen Zeit von einer Superwarmzeit spricht.

In etwa 50 000 Jahren hat sich das Klima wieder normalisiert – naturisiert – und durch globale Abkühlung entsteht die nächste richtige Eiszeit mit Inlandgletschern und jahrzehntausenden Dauer. Die skandinavischen Gletscher werden nur wenig über die Südküste der Ostsee hinaus vordringen. Es folgen noch weitere Warm- und Kaltzeiten mit immer geringer ausfallenden Gletschervorstößen, das Eiszeitalter pendelt allmählich aus und die Erde geht in etwa 2 Millionen Jahren in ein neues Wärmezeitalter über. An den Polen herrscht dann wieder kühl gemäßigtes Klima und die Eiskappen schmelzen völlig ab. Die Nordsee dringt nach Mitteldeutschland und über den Oberrheingraben bis an die Alpen vor. Bei guter Sicht kann man vom Hainich aus das Meer sehen.

In 3 Millionen Jahren wird die Oberfläche des Hainichs durch die Abtragung aus den Schichten des Buntsandsteins bestehen. In 10 Millionen Jahren werden Nord- und Ostsee durch den Abtragungsschutt der umliegenden Mittel- und Hochgebirge weitestgehend verschüttet sein.

Das Mittelmeer wird ebenfalls verfüllt, Alpen und Atlas verrumpfen, werden aber durch die fortgesetzte Andrift Afrikas gegen Europa weiter nachgehoben. In 50 Millionen Jahren wird durch die innige Verschweißung Afrikas und Europas das verfüllte Mittelmeer zusammengequetscht und als neues Hochgebirge herausgehoben. Begleitend werden auch die zu Hügellandschaften eingeebneten, nördlich vorgelagerten, ehemaligen Mittelgebirge, wie Harz und Thüringer Wald – und dazischen der kaum noch erkennbare, zum Teil bis auf das varistische Grundgebirge abgetragene Hainich – wieder verstärkt gehoben, so dass sie wieder als Gebirge in Erscheinung treten.

Australia wird in Südostasien mit dem Afrikanisch-Eurasischen-Großkontinent kollidieren. Später schließt sich Antarktika an Australia an. In 150 Millionen Jahren beginnt sich der Atlantik wieder zu schließen, in dem der atlantische Ozeanboden an den östlichen Kontinentalrändern Amerikas abzutauchen beginnt. Alle Kontinente werden sich also auf Kollisionskurs befinden. Die zarte Verbindung von Eurasien und Nordamerika über die Beringbrücke reißt ab und die Kontinente verschweißen sich in 250 Millionen Jahren unter Bildung neuer hoher Faltengebirge dort, wo einst der Atlantik war. Nur vom Indik bleibt ein Stück Meeresboden mit Restmeer darauf übrig, ringförmig umschlossen, eingeschlossen im neuen Superkontinent, der Pangäa Ultima.

Das ehemalige Europa wird zusammen mit dem Nordwesten des ehemaligen Afrikas die Nordspitze des neuen Superkontinents bilden.

Alles, was einen Anfang hat, hat auch ein Ende. In knapp 5 Milliarden Jahren wird die Sonne als Supernova explodieren und die irdische Evolution auslöschen. Jedes Ende ist aber auch ein neuer Anfang. Mit der Explosion verstreut unser Stern seine neu erbrütete Materie in die Galaxie und mischt die Karten neu für die Entstehung von Himmelskörpern.

Doch bis dahin ist noch lange Zeit. Jetzt sind Sie erst einmal zuhause, was den Zeitort betrifft. Sie haben einen langen Tag hinter sich, einen Tag in der Erdgeschichte. Ich wünsche Ihnen eine gute Heimreise! Und wenn Sie wollen, melden Sie sich doch mal wieder an, vielleicht für eine meiner vertiefenden Spezialtouren. Auf Wiedersehen!" Der Professor lässt sich nicht anmerken, dass ihm jeder Abschied immer wieder ein wenig schwer fällt, doch gleichzeitig ist er auch froh, dass die Reise erfolgreich verlaufen und nun zu Ende ist.

„Vielen Dank, Herr Professor!", ergreift eine Dame, ein wenig stellvertretend für alle, das Wort. „Das war eine sehr außergewöhnliche und informative Reise. Ich schätze, wir werden wohl von unseren Erlebnissen noch träumen!"

„Ja, vielen Dank und auf Wiedersehen!“, fällt man den Worten bei. „Auf Wiedersehen!“, heißt es.

Sven verabschiedet sich mit den Worten: „Wenn ich groß bin, baue ich mir auch so eine Zeitreisemaschine ... .“

Das Quartär

begann vor 1,65 Millionen Jahren und dauert noch an. Zu Beginn des Quartärs wurde der Harz noch einmal – auf seine heutige Höhe – herausgehoben.

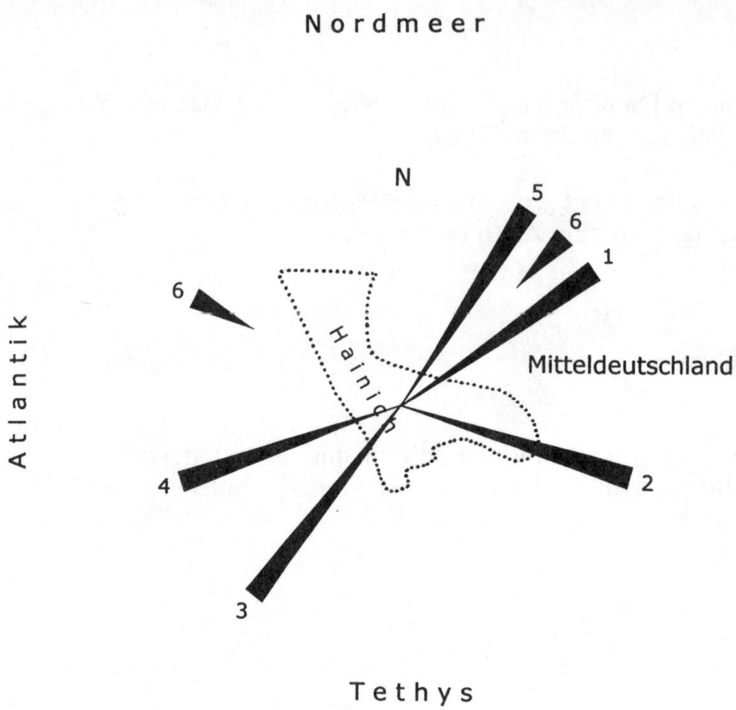

Meeresrose, Transgressionsrose: Richtungsrose der Meeresvorstöße ins Hainich-Gebiet (resp. Mitteldeutschland), nach dem Niedergang des Varistischen Gebirges

1 + Zechstein-Meer (Ober-Perm)
- (Land)
2 + Röt-Meer (Oberer Bundsandstein, Unter-Trias)
+ Wellenkalk-Meer (Mittel-Trias), reichte vom Unteren Muschelkalk bis zum Ende des Mittleren Muschelkalks; (Röt-Wellenkalk-Meer)
3 + Hauptmuschelkalk-Meer (Mittel-Trias), frischte das im Mittleren Muschelkalk fast eingetrocknete Meer wieder auf; (Röt-Muschelkalk-Meer)
- (Land)
+ Grenzdolomit-Meer (Unterer Keuper, Ober-Trias), auch vor und nach dem Grenzdolomit-Ereignis (Meeresbedeckung) „schwappte" das Meer der Unter- und Mittelkeuperzeit wiederholt kurzfristig aufs Land (in die Deltaebene)
- (Land)
4 + Rät-Lias (Oberkeuper-Unterjura)-Meer (Ober-Trias, Unter-Jura)
- (Land)
5 + Cenoman-Meer (Ober-Kreide), Pläner-Meer
- (Land)
6 (+) Oligozän-Meer (Paläogen, Alt-Tertiär), erreichte Mitteldeutschland, aber nicht den Hainich

3. Wandern im ›Nationalpark Hainich‹ und ›Naturpark Eichsfeld-Hainich-Werratal‹ und der Region

3.1. Einleitung

Die Mitte Deutschlands lädt zum Wandern ein. Nach eigenem Willen quer durchs Gelände, auf Pfaden und Wegen, ausgewiesenen Wanderrouten oder geführten Exkursionen können Sie die abwechslungsreiche Landschaft erkunden und genießen. Zu Fuß, per Rad, mit dem Auto oder Bus, Kleinflugzeug, Ballon, Boot, Kanu, Floß, mit Kutsche, Schlitten oder auf dem Pferderücken können Sie auf Tour gehen.

Im Allgemeinen ist das Betreten der Landschaftsbestandteile, insbesondere der Wälder, zum Zwecke der Erholung gestattet. Das Radfahren (und Fahren mit Krankenfahrstühlen) sowie das Reiten sind im Walde nur auf Straßen und Wegen gestattet und zwar auf eigene Gefahr. Örtliche Regelungen der Eigentümer können ein Anderes bestimmen. So ist Radfahren in Nationalparken nur auf bestimmten Strecken möglich. Die Wege dürfen dort auch vom Wanderer nicht verlassen, keine Pflanzen abgerissen und keine Tiere beunruhigt werden. Selbstverständlich ist Feueranzünden im Wald verboten und Hunde sind an die Leine zu nehmen. Werfen Sie nichts weg.

Auch Biosphärenreservate haben eine vollgeschützte Kernzone, ansonsten sind sie den zahlreichen Naturparken ähnlich und haben wie diese das Ziel, besonders schutzwürdige Landschaften als Modellregionen zu entwickeln, in denen regionales Wirtschaften und Naturschutz unter einen Hut genommen werden.

Zum Wandern empfiehlt sich bequeme und wetterfeste Kleidung, vor allem festes Schuhwerk zu jeder Jahreszeit, das auch einmal mit Nässe in Berührung kommen kann.

3.2. Bleiben Sie gesund!

Von aufgebrachten Wildschweinen und tollwütigen Füchsen einmal abgesehen, haben Sie in unseren Wäldern keine gefährlichen Raubtiere (mehr) zu erwarten. Dennoch lauern ernstzunehmende Gefahren, vor denen man sich möglichst in Acht nehmen sollte. Zuerst sind die verbreiteten Zecken zu nennen, die zwar selbst nicht gefährlich sind, aber Überträger verschiedener Krankheiten sein können.

Zecken leben in Bodennähe, sie lauern auf Gräsern und Kräutern, an Sträuchern und Unterholz bis etwa 1 m Höhe und sind vom Frühjahr bis zum Spätherbst (November) aktiv. Sie lassen sich beim Vorübergehen von Säugetieren abstreifen und suchen dann nach einer Stelle zum Saugen, nach warmer, weicher Haut. Man schützt sich daher (vorübergehend) vor Zeckenstichen durch geschlossene Kleidung. Lange Hosenbeine bis auf die Schuhe herunter oder über die Hosenbeine gezogene Socken halten die Zecken eine zeitlang auf.

Gelegentliches Abklopfen der auf der Kleidung herumkrabbelnden Zecken bei Gängen durch zeckenreiches Gelände ist sinnvoll. In jedem Falle sollte man, zurück aus dem Gelände, den Körper gründlich nach Zecken absuchen und diese gegebenenfalls zügig entfernen. Mit den Fingernägeln, einer Pinzette oder unter Zuhilfenahme eines Messers werden die Zecken herausgehebelt, ohne sie dabei zu zerdrücken oder abzureißen. Anschließend müssen sie „todsicher“ entsorgt werden.

Zeckenstiche sind meist nicht spürbar, da der Speichel der Zecken betäubende Substanzen enthält. Ist die Zecke mit FSME-Viren infiziert, können diese mit dem Speichel gleich nach dem Stich übertragen werden. Je nach Organbefall verläuft die Erkrankung, die nicht bekämpft, sondern nur symptomabschwächend behandelt werden kann, verschieden schwer. Zunächst treten Fieber, Kopf- und Gliederschmerzen wie bei einer Sommergrippe auf, mit denen die Erkrankung günstigenfalls abklingt. Möglicherweise dehnt sie sich aber auf die Hirnhaut aus, begleitet von hohem Fieber, starken Kopfschmerzen und Nackensteifigkeit, auch dieser Infekt kann nach einigen Tagen folgenlos ausheilen. Schlimmstenfalls wird das ganze Gehirn betroffen, was sich in schweren Symptomen äußert und zu Folgeschäden bis hin zum Tod führen kann.

Gegen FSME kann man sich Impfen lassen, dieser Impfschutz wird berufsbedingten Risikogruppen und darüber hinaus allen empfohlen, die mit Gebieten in Kontakt kommen, in denen Erkrankungen aufgetreten sind (siehe dazu www. immuno.de).

Im Mitteldarm der Zecken können sich Borrelien (Borreliose-Bakterien) aufhalten, die beim Saugen im Laufe der Zeit in den Wirtskörper einwandern können und dort vielschichtige (uneinheitliche) Symptome hervorrufen. Einige Tage bis Wochen nach dem Stich kann eine (muss aber nicht) charakteristische ringförmige Hautrötung (Wanderröte) an der Einstichstelle, aber auch anderswo am Körper, auftreten. Die Infektion kann ebenfalls das zentrale Nervensystem befallen und zu schweren Folgekrankheiten führen. Eine Borreliose sollte möglichst frühzeitig mit Antibiotika behandelt werden.

Alle Entwicklungsstadien der Zecke (ausgenommen natürlich das Ei) saugen und können Krankheiten übertragen.

Noch heimtückischer ist der Fuchsbandwurm, der viel gefährlicher als andere Bandwürmer ist und als der schwerwiegendste Parasit in Mitteleuropa gilt. Als Überträger kommen neben Füchsen auch Hunde und Katzen in Frage. Von befallenen Tieren (Endwirten) werden Wurmeier in großen Mengen mit dem Kot ausgeschieden. Von hier gelangen sie über Pflanzen, Pilze oder Staub in den Darm von Zwischenwirten. Der Mensch ist ein Zwischenwirt; da er allerdings nicht (mehr) von Füchsen, Hunden (Wölfen) oder Katzen (an)gefressen wird, ein Fehlzwischenwirt.

Wer Fuchs- oder Hundebandwurmeier über den Mund aufnimmt, wird befallen. Vom Darm wandern die Larven über den Blutkreislauf in verschiedene Organe, vor allem Leber und Lunge, aber gelegentlich auch ins Gehirn, und entwickeln sich dort zu kapselartigen oder infiltrierenden, gewebezerstörenden Finnen, die zeitlebens weiterwachsen. Platzt eine Finne, kann ein Schock eintreten, außerdem werden zahlreiche neue Finnen im Körper ausgesät.

Der Befall lässt sich serologisch nachweisen. Bei etwa neun von zehn Infizierten siegt im Laufe der Zeit das Immunsystem über den Eindringling, nur etwa einer wird, nach vielen Jahren, auch krank. Allerdings ist es dann oft zu spät, eine Heilung kaum noch möglich. Einzelne überschaubare Finnen können günstigenfalls operativ entfernt werden, bei infiltrierenden Finnen gelingt dies in der Regel nicht.

Bleibt die Parasitose unbehandelt, führt sie in 90% der Fälle zum Tode, behandelt versterben nur noch 10% in den folgenden 10 Jahren. Die Weiterentwicklung infiltrierender Finnen muss zeitlebens medikamentös verhindert oder eingeschränkt werden.

Eine Heilungschance besteht also nur bei der Möglichkeit vollständiger operativer Entfernung. Andernfalls führt die Erkrankung langfristig (über Jahre und Jahrzehnte) zum Tode des Betroffenen.

Vor Fuchsbandwürmern schützt man sich durch Hygiene. Wer Kräuter oder Beeren aus dem Wald roh verzehren möchte, sollte diese vorher gründlich abspülen. Das gleiche gilt für Gemüse und Fallobst aus dem Garten oder der Feldflur – also überall dort, wo Endwirte (Füchse, Hunde, Katzen) zutritt haben. Pilze sollten grundsätzlich ausreichend erhitzt werden, dadurch werden eventuelle Parasiten abgetötet. Einfrieren hilft nicht gegen Fuchsbandwurmeier, aber Trocknen nach einigen Tagen Dauer. Wer viel mit Erde und Gras in Berührung kommt, sollte beim Essen peinlichst auf Hygiene achten. Bei Landwirten ist die Fuchsbandwurm-Parasitose als Berufskrankheit anerkannt.

Gefährdete Hunde und Katzen sollten regelmäßig (alle 3–4 Wochen) mit speziellem Fuchsbandwurm-Präparat entwurmt werden.

Letztlich muss jeder selbst entscheiden, wie er mit dieser Gefahr umgeht, Voraussetzung aber ist, sie überhaupt zu kennen und einschätzen zu können.

Gefahren ganz anderer Art ergeben sich aus der Witterung. Werden Sie im freien Gelände oder im Wald von einem Gewitter überrascht, dann prüfen Sie zunächst, ob Sie in der Nähe einen geeigneten Unterschlupf erreichen können – ein Gebäude oder ein geschlossenes Fahrzeug. Bedenken Sie dabei, dass Eisen und Wasser leitfähig sind und bevorzugt vom Blitz getroffen werden können, ebenso herausragende Dinge.

Stellen Sie sich nicht unter Bäume, auch nicht im dichten Wald. Verlassen Sie sich nicht darauf, dass Blitze nur dort einschlagen, wo Sie es für wahrscheinlich halten. Blitze können praktisch überall auftreffen und im Falle horizontalstreichender Blitze sogar scheinbar aus heiterem Himmel heraus einschlagen. Auch wenn das Gewitter noch einige Kilometer entfernt ist, sind Sie daher nicht wirklich sicher, außerdem zieht es möglicherweise schnell heran.

Wenn Sie keinen sicheren Unterschlupf erreichen können, dann suchen Sie sich eine Vertiefung im Gelände (nicht unter einem Baum oder Felsen!) und genieren Sie sich nicht, auch bei Regen, sich möglichst flach in die Vertiefung zu kauern oder besser noch zu legen. Ziehen Sie die Arme (und Beine, wenn Sie nur kauern) dicht an den Körper heran, halten Sie die Kniee geschlossen, auch wenn Sie liegen. Vermeiden Sie also, mit irgend einem Teil Ihres Körpers, dem Ladungsaustausch, der zwischen Wolken und Erde (beiderseitig!) stattfindet, als Antenne oder Brücke zu dienen.

Bei Sturm, Schnee- oder Eislast besteht die Gefahr des Herabbrechens starker Äste und des Umfallens ganzer Bäume. Dann ist es im Wald sehr gefährlich. Halten Sie sich auch von scheinbar friedlichen Windwurfflächen fern. Das Holz steht oftmals unter heftiger Biegespannung und kann regelrecht explodieren.

Orte, an denen Holzeinschlagsarbeiten stattfinden, sind nichts für Wanderer. Man wird Sie dort auch nicht willkommen heißen.

Treib- und Hochsitzjagden stellen eine weitere Gefahrenquelle dar, besonders bei schlechter Sicht (Nebel, Dunkelheit) oder an abgelegenen Orten und zu Tageszeiten, an denen die Beutezügler Wild, aber keine Wanderer erwarten.

Zuletzt sei noch darauf verwiesen, keine unbekannten oder bekannt giftigen Pilze, Beeren oder Kräuter zu essen und diesbezüglich auf Kinder zu achten (und auf Jugendliche, die manchmal risikofreudig und in naiver Unterschätzung möglicher Folgeschäden mit wildwachsenden Rauschgiften experimentieren).

Darüber hinaus aber gilt: Wandern ist gesund und der Wald eine Stätte der Erholung!

3.3. Schau ins Land ...

Im geographischen Zentrum Deutschlands bilden hauptsächlich Trias-Ablagerungen – im Hainich vor allem Kalksteine des Muschelkalkmeeres – das gegenwärtige Gelände. Aufschlüsse der geologischen Hinterlassenschaften aller anderen erdgeschichtlichen Systeme sind erst im weiteren natürlichen Umfeld des Hainichs zu finden. Mit den Grundgebirgsaufragungen von Harz, Kyffhäuser, Werra-Grauwackengebirge und Thüringer Wald, von denen Harz und Thüringer Wald auch morphologisch als Mittelgebirge in Erscheinung treten, stoßen paläozoische Gesteine zutage und werden so sichtbar.

Als Grundgebirge werden bei uns, in ihrer Gesamtheit, alle Krustengesteine bezeichnet, die am Bau des Varistischen Gebirges – der zentralpangäanischen Naht – beteiligt waren und als dessen Rumpf bis heute erhalten geblieben sind. Sie umfassen zeitlich das Präkambrium bis Unterkarbon. Der Begriff Grundgebirge wird natürlich auch über das Verbreitungsgebiet des Varistischen Gebirges hinaus verwendet für die kristallinen Gesteine (Metamorphite = Umwandlungsgesteine, z. B. Gneis, und Plutonite = Erstarrungsgesteine, z. B. Granit) der kontinentalen Kruste.

Liegengebliebene und somit erhaltene Reste des Abtragungsschuttes des Varistischen Gebirges, Molassen genannt, bilden das – nur stellenweise – über dem Grundgebirge liegende Molasse- oder Übergangsstockwerk. Es repräsentiert das Oberkarbon bis Unterperm (Rotliegendes). Darüber folgt das Tafeldeckgebirgsstockwerk, so genannt wegen seiner flachen Lagerung von Sedimentgesteinsschicht über Sedimentgesteinsschicht mit weitreichender Verbreitung der einzelnen Schichtglieder, es wurde vom Oberperm (Zechstein) bis zur Kreidezeit abgelagert. Schließlich finden sich darüber noch (meist lockere) Ablagerungen aus Tertiär und Quartär, bezeichnet als Känozoisches Lockergesteinsstockwerk.

Aufgrund unterschiedlich starker Hebung und Abtragung der einzelnen Bruchschollenblöcke der mitteldeutschen Erdkruste ist es heute möglich, sich Einblicke in den Aufbau der obersten 3 km der im Gebiet etwa 28 (27–30) km mächtigen Erdkruste zu erwandern. Ähnliche Gesteine, wie sie durch Heraushebung und Freilegung im Umfeld des Hainichs anstehen, bauen in der Tiefe auch den Hainich auf.

Das Wetter in Mitteleuropa ist abwechslungsreich. Warum eigentlich?

Zuerst sei festgestellt, dass Europa durch den Golfstrom (im europäischen Abschnitt Nordatlantikstrom genannt) klimatisch begünstigt wird. So ist es generell wärmer, als nach der Breitenlage, im Vergleich mit Nordamerika und Asien, zu erwarten wäre. Der Golfstrom transportiert aus dem tropischen Atlantik Wärme heran, die im Winter sozusagen „heizt“.

Europa ist relativ klein und liegt in der Westwindzone der Nordhalbkugel, d. h., der Wind weht überwiegend aus westlichen Richtungen und kommt vom Meer. Im Sommer wirkt das Meerwasser, das von der Sonne viel langsamer erwärmt wird als die Landmassen, kühlend auf die Luft.

Das führt zu dem Effekt des ozeanisch getönten Klimas, der Wasserkörper des nahen Atlantiks mit seinen Nebenmeeren Nordsee und Ostsee dämpft die Temperaturschwankungen der darüberstreichenden Luft – im Sommer bleibt sie relativ kühl, im Winter wird sie nicht allzu kalt.

Je länger die Luftmassen sich über Land bewegen, desto mehr schwindet der ozeanische Einfluss zugunsten eines kontinental getönten Klimas, die Temperaturschwankungen werden stärker. Im Sommer erhitzt sich die Luft über den Festländern stark, während sie im Winter ebenso stark auskühlt. Hinzu kommt, dass die Luft auf ihrem Weg über Land tendenziell immer trockener wird, sich abregnet.

Alles Süßwasser auf dem Lande stammt aus dem Meer. Durch Verdunstung geht es in die Luft über, kondensiert und fällt als Niederschlag wieder aus, nur ein kleiner Teil davon über Land; steigt dann womöglich mehrfach als Wasserdampf wieder auf und regnet wieder ab, fließt schließlich als Oberflächenwasser oder über den Luftweg zurück zum Weltozean.

Die Luftmassen der Erde sind, in Abhängigkeit vom Einstrahlungswinkel der Sonne, in Breitengürteln angeordnet, die den Klimazonen entsprechen.

Ihre Grenzen verschieben sich mit den Jahreszeiten etwas hin und her. Im Tropengürtel herrscht Ostwind, in den Subtropengürteln Westwind und an den Polen wieder Ostwind vor. Mitteleuropa liegt in den hohen mittleren Breiten und damit am Rande des subtropischen Westwindgürtels der Nordhalbkugel mit bereits gemäßigtem Klima. Im Norden grenzen die kalten polaren Ostwinde an die warmgemäßigten Luftmassen der Westwindzone, folglich kommt es zu

Verwirbelungen: Kalt- und Warmfronten jagen sich in großen linksdrehenden Luftmassenwirbeln (Zyklonen) hinterher, sie werden im Westwindgürtel als die bekannten Tiefdruckgebiete mitgeführt und bringen uns das abwechslungsreiche Wetter, bis sie sich ineinander aufgelöst haben. Im Winter kann Mitteleuropa unter polaren, im Sommer unter subtropischen Einfluss gelangen.

An der Grenze zwischen Westwindgürtel und tropischem Ostwindgürtel im Süden entstehen die tropischen Wirbelstürme, die zunächst im tropischen Luftgürtel westwärts ziehen, aber allmählich in die Westwindzone hinein abdriften und dann polwärts und ostwärts verschleppt werden, manche können dann, meist abgeschwächt, wie ein gewöhnlicher Westwindzyklon über Europa ankommen und verebben.

Durch das Zusammenspiel von Westwindgürtel, jahreszeitlichen Schwankungen und Zyklonen ergibt sich für die Hainichregion eine vorherrschende Windrichtung aus Südwest. Die Mittelgebirge wie auch der Hainich und das Obereichsfeld stauen die Winde etwas auf, die Luftmassen werden nach oben abgelenkt, kühlen ein wenig aus und verlieren durch Kondensation einen Großteil ihrer Feuchtigkeit als Niederschlag. Dadurch ergeben sich für die Westflanken und die Gipfelbereiche höhere Niederschlagsmengen als für das Vorland, während die ostseits der Höhen sich anschließenden Gebiete im Regenschatten liegen.

Der Übergang vom subozeanisch getönten Klima des westlichen Mitteleuropas zum subkontinental getönten Klima des östlichen Mitteleuropas wird daher (beispielsweise) am Hainich besonders deutlich. Das Klima des Hainichs und Obereichsfeldes ist subozeanisch feucht und kühl, das des ostseits anschließenden Thüringer Beckens, als Ausläufer des mitteldeutschen Trockengebietes hinter den Mittelgebirgen, subkontinental warm und trocken. Durch das Geländerelief wird sozusagen eine allgemeine Tendenz zugeschärft und in der Vegetation deutlich. Im Hainich wachsen subozeanische, rotbuchenreiche Laubwälder, die am Ostrand des Hainichs in hainbuchenreiche Laubmischwälder übergehen. Hainbuchen- und winterlindenreiche Wälder würden fast das ganze subkontinentale Thüringer Becken überziehen, würde man die feldreiche Kulturlandschaft aufgeben.

In der Gipfelregion bei Eigenrieden fallen durchschnittlich 795 mm Niederschlag im Jahr bei 7 Grad Celsius Jahresmitteltemperatur,

15 km weiter östlich und 300 m tiefer im Tal der Unstrut und Notter bei Grabe sind es nur noch 550 mm bei 8,7 Grad Celsius.

An warmen, flachgründigen Hängen im Eichsfeld und vor allem im Thüringer Becken haben sich Trockenrasen entwickelt. Im Unstruttal der Mühlhausen - Bad Langensalzaer - Mulde ziehen sich zwischen Grabe und Welsbach Keuperhügel mit artenreichen Trockenrasen hin, ebenso am Ostfuß der Fahner Höhe. Hier treffen sich osteuropäische und mittel- bis westeuropäische Wald- und Wiesensteppenpflanzen zu einer blumenreichen, durch Beweidung freigehaltenen Kultursteppe.

Auch politisch ist die Hainich- und Mittelpunktsregion eine Nahtstelle zwischen Ost und West. Hier verlief die Innerdeutsche Grenze, die eine Grenze zwischen den Blöcken war.

Der Höhenrücken des Hainichs ist zugleich Wasserscheide zwischen dem Werra-Weser- und dem Unstrut-Saale-Elbe-System. Im Thüringer Schiefergebirge grenzt auch noch das Main-Rhein-System ab. Alle Wässer fließen schließlich wieder der Nordsee und damit dem Atlantik zu.

3.4. Integriertes Schutzkonzept

Das ›Integrierte Schutzkonzept‹ für den Hainich und die Region stellt den pragmatischen Versuch dar, die teilweise widerstrebenden Interessen in der Region zueinander zu führen und die Entwicklung von Natur und Kultur in Kombination modellhaft zu gestalten. Es besteht aus drei Teilen. Im südlichen Hainich wurde ein ›Nationalpark Hainich‹ ausgewiesen mit zwei Schutzzonen der Kategorie I (2100 ha), auch als Total- oder Naturzonen bezeichnet, in denen jede Bewirtschaftung unterbleibt, und einer Schutzzone II oder Entwicklungszone, die langfristig ebenfalls zur Naturzone umgeformt werden soll.

Der 7610 ha große Nationalpark Hainich, der im wesentlichen aus zwei Truppenübungsplätzen hervorging, ist also ein „Entwicklungsnationalpark“, der die Kategorie ›Zeit‹ mit einschließt. Die „Ökologie der gewöhnlichen Natur – des Naturwaldes Mitteldeutschlands“ steht im Zentrum des örtlichen Nationalparkgedankens, entsprechend dem Motto der deutschen Nationalparke: Natur Natur sein lassen! Der Hainich-Nationalpark ist Teil des EU-weiten Schutzgebietsnetzes Natura 2000. Auch ein ethischer Wert kommt diesem Nationalpark im Herzen Deutschlands, und damit Europas, zu: Truppenübungsplätze nahe der ehemaligen Grenzlinie des Kalten Krieges wurden dem Frieden, nicht nur dem Frieden mit der Natur, zurückgegeben.

Der zweite Baustein des Integrierten Schutzkonzeptes ist der Wald des mittleren und nördlichen Hainichs, bis auf die Höhe Mühlhausens, für den der Status ›Naturwaldreservat‹ vergeben wurde. Hier soll die jahrhundertealte Plenterwaldwirtschaft fortgeführt werden, die naturnahe Wälder erzeugt, in denen Bäume aller Altersstadien ungeordnet vorkommen. Der Plenterwald sät sich selbst, ihm werden lediglich einzelne hiebreife Bäume entnommen ("geplündert").

Der Hainich-Wald ist das größte zusammenhängende Laubwaldgebiet Deutschlands und umfaßt 13 000 ha. Er repräsentiert den von Rotbuchen dominierten, sommergrünen Laubmischwald für ganz Europa und damit weltweit, denn Wälder dieser Art gibt es natürlich außerhalb Europas nicht.

Dritter Teil des Schutzkonzeptes ist der die beiden vorgenannten Teile einschließende ›Naturpark Eichsfeld-Hainich-Werratal‹ mit 84 000 ha Fläche. Er enthält daneben viele Landschafts- und Naturschutzgebiete sowie Gemeinden, in denen gelebt und gearbeitet wird.

Territorial gehören Teile des nordwestlichen Hainichs gleichzeitig bereits zum Obereichsfeld (eichsfeldischer Hainich), das sich landschaftsräumlich lückenlos im Norden an den Hainich anschließt. Auch vom, nach Osten weiterführenden, Dün gehören große Abschnitte gleichzeitig zum Eichsfeld. An den Dün schließt sich in Fortsetzung die Hainleite an. Südöstlich des Düns erheben sich die Heilinger Höhen. Das kleine Ohmgebirge nördlich ist völlig Bestandteil des Eichsfeldes, welches in das südliche, größere und höher gelegene Ober- und das nördliche, tiefergelegene Untereichsfeld unterteilt wird. Der nach Osten umbiegende südliche Hainich führt dicht an die Fahnersche Höhe heran, welche auch als abgerückte Fortsetzung des Hainichs verstanden werden könnte.

Während sich das Werratal durchs Werrabergland schlängelt, durchfließt die Unstrut die Weiten des Thüringer Beckens.

3.5. Zielpunkte („Rosinenführer")*

*... geologische Aufschlüsse:

PRÄKAMBRIUM: Vom jüngeren Präkambrium (dem Proterozoikum) an bis ins mittlere Unterkarbon hinein wurden im mitteldeutschen Raum tonig-siltige (schluffige) Schlämme, Sande, seltener kiesige Sande, vereinzelt auch Kalke und zwischendurch immer wieder auch magmatische Gesteine (im Zusammenhang mit riftogenen Prozessen bei der Abspaltung der Mikrokontinente von Gondwana und der plattentektonischen Wanderung) unter flachmarinen Bedingungen abgelagert, bis zur völligen Auffaltung der Massen zum Varistischen Gebirge durch den Zusammenschub der Kontinente im Verlaufe des Oberkarbons (Pangäa-Entstehung). Dementsprechend sind aus diesem Zeitraum vor allem Tonschiefer, Phyllite und Grauwacken überliefert, nur im Einflussbereich frühzeitig (präkambrisch bis devonisch) stärkerer Metamorphose sind die Ausgangsgesteine (Sedimente und Magmatite) bis zu Glimmerschiefern, Amphiboliten und Gneisen umgewandelt worden. Das trifft für die Gesteine der Mitteldeutschen Kristallinzone zu, die ja bereits im Devon zur Insel aufgepresst wurde.

In den sedimentären Ablagerungen des Proterozoikums und Paläozoikums nimmt die Mächtigkeit der kalkigen Einschaltungen vom Älteren zum Jüngeren tendenziell zu, ebenso natürlich die Fossilführung infolge der sich gerade erst zu höherem Leben entfaltenden Evolution. Die kaledonische Gebirgsbildung (im Ober-Kambrium – Ordovizium – Silur – Unter-Devon) hat Mitteldeutschland nur wenig betroffen.

Gesteine der Mitteldeutschen Kristallinzone treten in der Region (letztere entspricht etwa dem Hainich und seinem 60-km-Umfeld) im nordwestlichen Thüringer Wald im Ruhlaer Kristallin (Kristallin von Ruhla-Brotterode) zu Tage sowie im Kristallin des Kyffhäusers. Im Ruhlaer Kristallin findet man auch solche Metamorphite (Umwandlungsgesteine) an der Oberfläche, deren Ausgangsgesteine im Proterozoikum gebildet wurden und deren vergleichsweise höhergradige Metamorphose vor allem während der Heraushebung (der Insel) im Devon ablief.

Region: • Nordwestlicher Thüringer Wald: Kristallin von Ruhla-Brotterode: **Steinbach** bei Bad Liebenstein: nahe am nordöstlichen Ortsausgang von Steinbach im Schleifkothengrund: Steinbacher Augengneis (Proterozoikum, Liebensteiner Gruppe) am Lotzerödchen.

Fernregion: • Thüringer Schiefergebirge: Schwarzburger Antiklinorium (Sattel): **Katzhütte**: ehem. Stbr. im Tal der Weißen Schwarza, 700 m südlich vom Bahnhof Katzhütte: Grauwacke mit phyllitischen Tonschieferlagen (Proterozoikum, Katzhütte-Gruppe, Großbreitenbach-Folge); die aus Sand und Tonschlamm (des Schelfmeeres auf dem noch nicht abgedrifteten Saxothuringikum) hervorgegangenen Gesteine sind deutlich weniger stark metamorphisiert als die der Mitteldeutschen Kristallinzone. Auch eine Spalte (Dehnung des Nordrandes von Gondwana!), in der Magma gangförmig aufstieg und schnell zu einem Ryolith erstarrte, der dann von der Metamorphose mitbetroffen wurde, ist aufgeschlossen.

• Harz: Ecker-Gneis im **Tal der Ecker** nordwestlich des Brockens (z. B. am Sellen-Berg), auf ehemals E-Avalonia bzw. Old-Red-Kontinent.

KAMBRIUM: Region: • Nordwestlicher Thüringer Wald: Kristallin von Ruhla-Brotterode: **Ruhla**: ehem. Stbr. am nördlichen Ortsausgang (Bushaltestelle ›Bahnhof Ruhla‹): verschiedene Glimmerschiefer-Typen (basal auch Amphibolit-Linsen) aus kambrischen Ausgangsgesteinen (Sedimente mit zwischengeschalteten Vulkaniten); kambrisches Alter lithostratigraphisch abgeleitet (Ruhlaer Hauptgruppe, Gömigenstein-Gruppe). Der Aufschluss ist verzäunt.

• Nordwestlicher Thüringer Wald: Kristallin von Ruhla-Brotterode: **Thal**, südlicher Ortsausgang in Richtung Ruhla: sehr kleiner ehem. Stbr.: Glimmerschiefer im Kontakt zu Granitporphyrgang (rhyolithisches Magma, welches während oder kurz nach der maximalen Hebung des Varistischen Gebirges aufdrang und erstarrte).

Fernregion: • Thüringer Schiefergebirge: Schwarzburger Antiklinorium (Sattel): **Gillersdorf** (nördlich Grossbreitenbach): ehem.

Dachschiefertagebaue am Süd-Fuß des ›Langen Berges‹, 1 km nördlich Gillersdorf: (sandstreifige) Tonschiefer, kambrisches Alter lithostratigraphisch abgeleitet (Goldisthal-Gruppe).

ORDOVIZIUM: Fernregion: • Thüringer Schiefergebirge: Schwarzburger Antiklinorium (Sattel): **Steinach**: Böschungen und Georgsfelsen am Fahrweg Richtung Tierberg, etwa Ortsmitte, östliche Talflanke: schluffiger Tonschiefer (Gräfenthaler Gruppe, Lederschiefer-Folge) mit sehr vereinzelten „Geröllchen“ (›dropstones‹ der südpolaren Sahara-Vereisung).

• Thüringer Schiefergebirge: Schwarzburger Antiklinorium (Sattel): **Goldisthal**: Ein eindrucksvoller Aufschluss begleitet über ca. 1,2 km Länge die Umgehungstraße (Pumpspeicherwerk) südöstlich Goldisthal Richtung Scheibe-Alsbach und erschließt Tonschiefer mit Quarziten (metamorphe Schluff- und Sandsteine, sog. Meta-Sandsteine). Das ausgedehnte (vorherrschend Tonschiefer-)Profil reicht stratigraphisch vom höchsten Präkambrium (Frohnberg-Gruppe) bei Goldisthal bis ins tiefere Ordovizium (Phycoden-Gruppe) in Richtung Scheibe. Die Grenze Präkambrium/Kambrium, die Schlotbrekzie eines unterpermischen (Gehrener Gruppe) Melaphyr-Vulkans sowie eine Aufschiebung sind mit Tafeln bezeichnet.

SILUR: Fernregion: • Thüringer Schiefergebirge: Bergaer Antiklinorium (Sattel): **Gräfenwarth/Saalburg** bei Schleiz, an der Bleilochtalsperre: ehem. Kieselschiefersteinbruch Richtung Campingplatz bei „Steinerner Rose“: Unterer Graptolithenschiefer mit Kieselschiefer. Die „Steinerne Rose“ ist schalig verwitterter Diabas (Paläobasalt) des Devons.

• Thüringer Schiefergebirge: Schwarzburger Antiklinorium (Sattel): **Saalfeld**: ehem. Alaunschiefergrube („Feengrotten“) und nähere Umgebung: Graptolithenschiefer.

DEVON: Region: • Werra-Grauwackengebirge: **Hilgershausen**: ehem. Stbr. an der Straßengabel östlich des Ortes: Grauwacke und Tonschiefer des Oberdevons. Es handelt sich um sandigen, ins Meer gespülten Abtragungsschutt der Insel (der Mitteldeutschen Kristallinzone), welche zu dieser Zeit den erdgeschichtlich ersten Wald trug.

• Südharz: **Ilfeld** b. Nordhausen: nördlich Netzkater: Grauwacke-Aufschlüsse (ehem. Stbr.) und betriebener Stbr. Unterberg an der Straße (6 km) nördlich von Ilfeld. Es handelt sich auch hier um sandigen Abtragungsschutt der devonischen, als Insel aufragenden Mitteldeutschen Kristallinzone, gebleicht und stark verfestigt.
Siehe auch Zechstein (Südharz).

KARBON: Region: • Nordwestlicher Thüringer Wald: Kristallin von Ruhla-Brotterode: **Ruhla**: Aufschlüsse (Lesesteine) des Ruhlaer Granits (2. Intrusionsphase, Oberkarbon) südlich des Ortes entlang des Rennsteigs zwischen Glöckner und Gerberstein. Während und kurz nach der maximalen Heraushebung des Varistischen Gebirges intrudierte granitisches Magma in die Gebirgswurzel und erstarrte dort allmählich (zu grobkristallinem Biotit-Monzogranit). Zu dieser Zeit querte das Gebirge gerade den Äquator.

• Nordwestlicher Thüringer Wald: Wintersteiner Mulde am Kristallin von Ruhla-Brotterode: **Ruhla**: Halden des histor. Steinkohlebergbaus an der Öhrenkammer ostsüdöstlich des Ortes: graue Ton- und Sandsteine der kohleführenden Schichten mit Pflanzenresten, entstanden in einer kleinen Bergtalsenke (Innenmolasse) am oberen Ende der großen Saalesenke, die aus dem Varistischen Gebirge hinaus ins Vorland führte (zu den küstennahen Steinkohlewäldern auf der Außenmolasse); höchstes Oberkarbon (Stefan).

• Kyffhäuser: nahe dem Nordwestrand der Saalesenke: histor. Stbr. im rotbraunen Konglomeratsandstein des Kyffhäusers (höchstes Oberkarbon, Stefan) im Bereich der **Burg Kyffhausen** (Mittelburg), mit Kieselholz (Cordaiten-Stämme als Schichtflut-Treibholz).

PERM: Region: • Südöstlicher Thüringer Wald: Südostrand der Thüringer-Wald-Senke (letztere ist das obere Teilstück (obere Ende) der großen Saalesenke: **Manebach** b. Ilmenau: Ortsausgang Richtung Stützerbach (Bushaltestelle): Referenzprofil Kammerberg mit grauen, geröllführenden Sandsteinen, Steinkohlenflözen und kohligen, fossilführenden Schluffsteinen („Brandschiefern“) als Ablagerungen einer wasserdurchflossenen, vermoorten Teilsenke dieses varistischen Bergtales (Thüringer-Wald-Senke, Innenmolasse) zur Zeit der Manebach-Folge (Unterrotliegendes, Unterperm).

• Nordwestlicher Thüringer Wald: Thüringer-Wald-Senke als oberes Teilstück der Saalesenke: **Friedrichroda**: Ortsausgang Richtung Rennsteig/Kleinschmalkalden: entlang der Straße, die im Schilfwassergrund talauf führt, stehen verschiedene, meist rotbraune Gesteine des Unterperms (Rotliegenden) an: Konglomerate, Sand- und Schluffsteine sowie Tuffe der Goldlauter-Folge (mit grauschwarzem, fossilreichen, tonigen Seesediment am Fuße des Gottlobs, Ortsausgang), der stärker vulkanithaltigen Oberhof-Folge (u. a. Weißleberstein-Quarzporphyr (Paläorhyolith)) und der Rotterode-Folge (Regenberg-Quarzporphyr (Paläorhyolith)). Infolge der zunehmenden Zergleitung und Abtragung des Varistischen Gebirges weiteten sich die Talbecken und verbanden sich mehr und mehr, so auch die Saalesenke mit der sich südwestlich anschließenden Oos-Main-Senke. Im Bereich des späteren Thüringer Waldes – hier trafen sich Tal- und Höhenzüge zu einem komplizierteren, abwechslungsreichen Gelände – kam es zu kleinräumigeren tektonischen Hebungs- und Senkungsbewegungen im Zuge des Gebirgszerfalls, die zu einem rasch wechselnden Neben- und Übereinander grober und feiner Sedimente führten, die bei kurzen Transportwegen hohe und niedrige Reliefenergie bezeugen, sowie zu Vulkantätigkeit.

• Nordwestlicher Thüringer Wald: Eisenacher Senke: **Eisenach**: rotbraune Konglomerate (besser: Fanglomerate = kaum sortierte Schuttstromgesteine aus Ton, Schluff, Sand, Kies oder eckigem Gesteinsschutt, die bei Starkregenereignissen (während der (kurzen?) Regenzeit über Zentralpangäa) als murenartige Schichtströme abglitten) und schluffige Tonsteine (in meist abflusslosen, flachen Becken abgesetzt) wechseln einander ab, so an der Wartburgschleife (Parkplatz) unterhalb der Wartburg; Konglomerate an der Straße Eisenach-Wilhelmsthal. Das Varistische Gebirge war zu dieser Zeit (höchstes Oberrotliegendes, Eisenach-Folge) stark eingeebnet und abgesunken. Der Pangäa-Mega-Monsun fegte fast ungebremst über die Hügellandschaft und trieb Sand vor sich her.

• Nordwestlicher Thüringer Wald: Nördlicher Zechsteingürtel: **Förtha** b. Eisenach: Berühmtes Zechsteinprofil am Bahnhof

Förtha, östlich des Ortes (Richtung Unkeroda): bestehend aus dem hellgrauen Basiskonglomerat (Zechsteinkonglomerat), welches bei der Transgression des Zechsteinmeeres aus den jüngsten, umgelagerten Rotliegendsedimenten (nicht umgelagerte, aber gebleichte Rotliegendsedimente werden „Grauliegendes" genannt) entstand, darüber lagert der schwarze bis grauschwarze Kupferschiefer (bituminöser Mergelstein) als Faulschlammbildung (Bodensatz des frühen Zechsteinmeeres mit sauerstoffuntersättigtem Bodenwasserkörper), welcher nach oben von grauem, normalmarinem (belüftetem) Mergelkalkstein bzw. Kalkstein (Zechsteinkalk) abgelöst wird. Darüber folgt noch ein großporiges dolomitisches Gestein, aus dem Sulfat ausgelaugt wurde („Blasenwacke"); tiefstes Oberperm, Zechstein 1 (Werra-Folge).

• Nordwestlicher Thüringer Wald: Nördlicher Zechsteingürtel: **Clausberg** südwestlich Eisenach: schöner Aufschluss im Bereich Grauliegendes, Zechsteinkonglomerat, Kupferschiefer und Zechsteinkalk (tiefstes Oberperm, Zechstein 1 (Werra-Folge)) an einem Reit- und Wanderweg wenig nördlich des Clausberges bei Clausberg.

• Nordwestlicher Thüringer Wald: **Thal** b. Eisenach: dolomitisierte Zechstein-Riffe rund um Thal (nordwestlich, nördlich, östlich, südlich sowie südöstlich, zwischen Thal und Seebach sowie Thal und Kittelsthal). Ehem. Stbr. nordwestlich von Thal am Feldweg nach Kittelsthal (Südflanke des Krumsberges), im Aufschluss steht braungrauer massiger Riffdolomit (Zechstein 1 (Werra-Folge)) an, auf Klüften und Spalten weißer Baryt als jüngere Bildung. Die Riffe wuchsen am Rande des Kristallins von Ruhla-Brotterode auf, welches als flacher Bergrumpf vorübergehend noch als kleine Insel aus dem Zechsteinmeer ragte.

• Nordwestlicher Thüringer Wald: **Kittelsthal** b. Eisenach: ehem. Stbr. im Zechsteinsalinar am (süd)westlichen Ortsausgang: hellgrauer, mitunter tonigdolomitischer, Gips – teilweise noch als Anhydrit vorliegend, darüber der Braunrote Salzton und (verdeckt) ausgelaugter Dolomit; (Oberperm, Zechstein 1 (Werra-Folge)).

• Südharz: **Bartolfelde** b. Bad Lauterberg: ehem. Stbr. nördlich (NNE') des Ortes: Südharz-Grauwacke (Oberdevon) mit Brandungskehle (Kliff) des Zechsteinmeeres, überlagert von Bryozoen-(Moostierchen-)Riffkalk (Oberperm, Zechstein). Die Zechstein-Riffe entwickelten sich auf Untiefen der Eichsfeld-Oberharz-Schwelle.

• Südharz: Ilfelder Becken: **Ilfeld** b. Nordhausen: Aufschluss „Lange Wand“ im Süden der Ortschaft, am Prallhang der Bere, (Zugang über Straße ›Rosensteg‹): über oberrotliegendzeitlich tiefgründig (zu krümeligem Lockergestein) verwittertem Porphyrit (Paläoandesit) des Unterrotliegenden (Unterperms) lagern Zechsteinkonglomerat, Kupferschiefer und Zechsteinkalk (Oberperm, Zechstein 1 (Werra- Folge)). Der zersetzte Porphyrit war, als tiefere Bodenkrume, Teil der Landoberfläche des niedergegangenen Varistischen Gebirges am Ende des Rotliegenden, vor Einbruch des Zechsteinmeeres, dessen basale Sedimente darüber anstehen.

• Südharz: **Niedersachswerfen** b. Nordhausen: Kohnstein und Mühlberg westlich des Ortes: Anhydrit, oberflächlich (bis ca. 20 m) hydratisiert zu Gips, Zechstein 1 (Werra-Folge), darüber Reste von Dolomit des Zechstein 1 bis 2 (oberste Werra-Folge und untere Staßfurt-Folge).

TRIAS: Region: Aufgrund der flächenhaften Verbreitung der Trias im Gebiet des Hainichs und seiner Umgebung, existieren zahlreiche kleinere und größere Aufschlüsse in Gesteinen des Buntsandsteins und Muschelkalks, seltener des Keupers. Vor allem Unterer Muschelkalk (Wellenkalk) wurde und wird in einigen großen Gruben (Steinbrüchen, Tagebauen) gewonnen.

• Eichsfeld: **Vollenborn** b. Deuna am Dün: Sandsteintagebau des Zementwerkes Deuna, am Struthforst nordwestlich Vollenborn: vorwiegend rotbraune, untergeordnet graugrüne Ton-, Schluff- und Sandsteine des Mittleren Buntsandsteins (oberste Volpriehausen-Folge, Detfurth-Folge).

• Eichsfeld: **Deuna** am Dün: Tonsteintagebau des Zementwerkes Deuna, südöstlich des Ortes: vorwiegend rotbraune Tonsteine sowie graue Dolomitbank des Oberen Buntsandsteins (Pelitröt-Folge).

• Eichsfeld: **Deuna** am Dün: Kalksteintagebau des Zementwerkes Deuna, südöstlich des Ortes, hinter der Steilkante des Düns: hellgraue Kalk- bis Mergelkalksteine des Unteren Muschelkalks (Wellenkalk-Folge mit Unterem Wellenkalk, Oolithzone und tieferem Mittleren Wellenkalk).

• Werratal: **Gerstungen** b. Eisenach: Aufschlüsse entlang der Straße Gerstungen-Oberellen an der Südflanke des Flenselsberges: vorwiegend rotbraune, untergeordnet grüngraue und weißliche Wechsellagerung mürber Sand-, Schluff- und Tonsteine des Unteren Buntsandsteins (Bernburg-Folge).

• Werratal: **Vacha** b. Bad Salzungen: Aufschluss (ehem. Stbr.) am Siechenberg nördlich des Ortes, an der Straße Oberzella-Philippsthal: rotbraune Sandsteine, mit Schluff- und Tonsteinzwischenlagen, des Mittleren Buntsandsteins (Volpriehausen-Folge).

• Eichsfeld: **Effelder** südwestlich Dingelstädt: betriebener Stbr. nordwestlich Effelder: hellgraue Kalk- und Mergelkalksteine des Unteren Muschelkalks (Wellenkalk-Folge mit Terebratulazone und Oberem Wellenkalk).

• Hainich: **Eigenrieden** b. Mühlhausen: zwei unmittelbar benachbarte, betriebene Stbre. mit gemeinsamer Zufahrt an der Straße nach Faulungen, westlich des Ortes: hellgraue sowie untergeordnet rötlichgraue Kalk- und Mergelkalksteine des Unteren Muschelkalks (Wellenkalk-Folge mit Oberem Wellenkalk und Schaumkalkzone) und gelbgraue dolomitische Kalkmergelsteine des Mittleren Muschelkalks (Anhydrit-Folge mit Unterem Dolomit). Nur im östlichen Bruch steht über der Ostwand die basale Anhydrit-Folge an. Im Gelände schließt sich nach Osten die restliche Anhydrit-Folge und mit der Erhebung des Burg (Schichtstufe) der basale Obere Muschelkalk (Hauptmuschelkalk-Folge mit Trochitenkalk) an. Der Eigenriedener Steingraben durchschneidet in seinem Verlauf durch den Nordhainich den Oberen Muschelkalk (Hauptmuschelkalk-Folge mit Trochitenkalk und Ceratitenschichten) und stellenweise auch den obersten Mittleren Muschelkalk (Anhydrit-Folge mit Oberem Dolomit), ist aber wegen Bewuchses fast unzugänglich.

• Hainich: **Oberdorla**: betriebener Stbr. etwa 5 km westnordwestlich des Ortes, im Seebacher Grund am Senkig (mitten im Nordhainich, nordöstlich Heyerode): hell- und mittelgraue Kalksteine des Unteren Muschelkalks (Wellenkalk-Folge mit Schaumkalkzone) und gelbgraue dolomitische Kalkmergelsteine und Tonsteine des Mittleren Muschelkalks (Anhydrit-Folge mit Unterem Dolomit und Unterer Wechsellagerung, eventuell auch noch Mittlerer Wechsellagerung (ausgelaugtes Profil)).

• Werratal: **Bischofroda** b. Mihla: betriebener Stbr. im Oberen Muschelkalk (Hauptmuschelkalk-Folge) südwestlich des Ortes. Je nach Abbausituation ist die gesamte Hauptmuschelkalk-Folge (Trochitenkalk, Ceratitenschichten) inklusive Liegend- und Hangendkontakt aufgeschlossen, sowie tektonische Falten mit mineralisierten Klüften, welche sich zwischen Oberjura und Unterpleistozän entwickelten. Vom Gelände (Mihlaer Berg) hat man einen schönen Blick auf die Südwestflanke des Hainichs (mit der durchziehenden Eichenberg-Gotha-Saalfelder Störungszone).

• Werratal: **Lauterbach** b. Mihla: ehem. Stbr. am nördlichen (nordwestlichen) Ortsrand: graugelb, rotbraun und graulila gefärbter Sandstein des Unteren Keupers (Erfurt-Formation mit Sandstein S2, „Hauptlettenkohlensandstein“).

• Unstruttal: **Bollstedt** (OT von Weinbergen): Roter Berg zwischen Bollstedt und Altengottern: in drei betriebenen Tongruben sind bunte (vorwiegend rotbraune und grüngraue) Sand-, Schluff- und Tonsteine des Mittleren Keupers (Stuttgart-Formation (km2) mit Grauem und Rotem Schilfsandstein sowie in der südlichen Grube b. Altengottern auch basale Weser-Formation (km3) mit grüngrauem Steinmergel, rotbraunem Tonstein und (vorwiegend weißem) Gips) aufgeschlossen.

• Werratal: **Ütteroda** b. Creuzburg: Aufschluss 0,5 km südwestlich des Ortes: rotbraune und grauviolette, untergeordnet graugrüne Dolomitmergelsteine des Mittleren Keupers (Arnstadt-Formation, km5). Auffällig sind Abschiebungen im Zusammenhang mit dem Creuzburger Graben.

• Thüringer Becken: **Günthersleben** südöstlich Gotha: betriebene Stbre. auf dem Seeberg nördlich Günthersleben: gelbe

Sandsteine und blaugrauer Tonstein des Oberen Keupers (Rät, Exter-Formation) sowie stellenweise blaugrauer Tonstein des basalen Juras (Lias); marin.

JURA: Region: • Werratal: **Stregda** b. Eisenach: Tongrube 300 m südwestlich des Ortes: blaugraue und grüngraue marine Tonsteine mit karbonatischen Konkretionen; Unterjura (Lias, Sinemurium). Die Juragesteine sind nur durch die Absenkung im Creuzburger Graben erhalten.

KREIDE: Region: • Eichsfeld: Ohmgebirge: **Kaltohmfeld** b. Worbis: Aufschlüsse im Sachsental (Bachgrund), ca. 700 m südwestlich des Ortes: glaukonithaltige gelbe Sandsteine und graue Mergel, darüber graue Mergelkalke. Diese marinen Sedimentgesteine der unteren Oberkreide (Cenomanium) sind Zeugen der (vorerst) letzten Meeresüberflutung der Hainichregion.

TERTIÄR: Region: • „Werratal“: **Niederkaufungen** b. Kassel: Aufschlüsse am Weg entlang des Südhanges des Gelben Berges (Prallhang der Losse) am Nordrand des Ortes: schluffige gelbe Sandsteine und grüngraue Tonsteine in Wechsellagerung, sedimentiert während eines Meeresvorstoßes im Paläogen (Oberoligozän, Chattium). Der Hainich blieb küstennahes Festland.

• „Werratal“: **Großalmerode**: Sand, Ton und Braunkohle des Paläogens (Eozän, Oligozän) und Neogens (Miozän) am Hirschberg südwestlich des Ortes. Die Zeche Hirschberg (Großalmerode – Epterode) fördert Braunkohle (Oligo- bis Miozän) im Tief- und Tagebau, die Firma Fastner fördert Ton des Paläogens (Eozän) im Tiefbau.

• „Werratal“, Hoher Meißner: **Bransrode** b. Großalmerode: betriebener Stbr. im Basaltplateau des Meißners. Der Basalt und seine tiefgründige, erhaltene Verwitterungsdecke entstanden im Neogen (Miozän), eingetiefte, mit umgelagerten tertiären Sedimenten (Sand, Tertiärquarzit, Ton, Basalt, Braunkohle) gefüllte Rinnen darauf im Miozän oder Pliozän.

• Werratal: **Eschwege**: ehem. Stbr. (Blaue Kuppe) 2 km südlich des Ortes: Basalt des Neogens (Miozän) im Kontakt mit (gefrittetem) Sandstein des Buntsandsteins.

• Werratal: **Gerstungen** b. Eisenach: ehem. Sandgrube westlich des Ortes im Nesseltal: Kies, Sand und Ton des obersten Neogens (Oberpliozän, Zersatzkiesfolge).

QUARTÄR: Region: • Unstruttal: Fahnersche Höhe: **Burgtonna** b. Bad Langensalza: zwei betriebene Stbre. am nordöstlichen Ortsrand: abgebaut wird lockerer und fester, gelbgrauer Süßwasserkalk (Travertin) der Tonna (Oberpleistozän, Eem-Interglazial), daneben können je nach Aufschlussverhältnissen Fluss-Schotter der frühen Elstereiszeit (Jüngerer Grobschotter), verzahnt mit Gletscherstausee-Bändertonen (des Elster-II-Vorstoßes ins Thüringer Becken) und überlagernder Elster-II-Grundmoräne, Bach-Schotter der Hauptmittelterrasse mit auflagerndem Löss (Saale-Kaltzeit, Drenthe), Bach-Schotter der Unteren Mittelterrasse (Saale-Kaltzeit, Warthe), Schwarzerde-Kolluvien der frühen Weichsel-Kaltzeit, Bach-Schotter der Niederterrasse und deren hanglagigen Äquivalente (frühe bis mittlere Weichsel-Kaltzeit) mit auflagerndem, verlehmten (in manchen Eiskeilpseudomorphosen noch staubfeinem) Löss (Hochglazial der Weichsel-Kaltzeit), spätweichselzeitlicher Bach-Schwemmlösslehm (Auelehm), spätweichsel-holozäne Keupertonschwarzerde sowie holozäne Bach-Auenkiese, humoses Kolluvium (humoser, schluffiger Ton der „Riethserie“) und als jüngste Anschwemmung spätholozäner Bach-Auelehm beobachtet werden.

Insgesamt sedimentäre Zeugnisse der letzten 400 000 Jahre Talgeschichte.

• Hainich: **Mühlhausen**: Spittelgrund im Mühlhäuser Stadtwald, südwestlich Mühlhausen, westlich Weidensee: Es handelt sich im Spittelgrund um den Eigenriedener Steingraben vor seinem Austritt aus dem Hainich-Wald. Oberhalb des Spittelbrunnens (einer gefassten, periodisch fließenden Quelle) schlängelt sich der Steingraben in Mäandern durchs Tal.

Das in den Kaltzeiten etwa v-förmig eingetiefte Tal ist im Talgrund mit Sedimentfracht der letzten Kaltzeit (Weichsel-Kaltzeit) flach polsterförmig aufgefüllt – mit Abtragungsschutt des Oberen Muschelkalks. Große und kleine Kalksteine in lehmiger Grundmasse, selten einmal ausgewaschen und etwas sortiert, zeugen von murenartigen Schlammströmen während der kurzen, warmen Sommer.

Ab dem Spätglazial und im Verlaufe des Holozäns tiefte sich das auch heute nur periodisch fließende Gewässer in eindrucksvollen Mäanderschlingen wenige Meter in den Lehm-Schotter-Körper ein und schuf ein verschlungenes Tälchen im Tal. Die Mäander sind weiterhin aktiv. Doch die völlige Räumung des Talbodens und die massive Fortsetzung der Talerosion geschehen erst während der nächsten Kaltzeit.

*... unter Tage:

Region: • Werratal: Werra-Grauwacken-Gebirge: **Meißner-Abterode** b. Eschwege: nordöstlich des Ortes: Besucherbergwerk „Grube Gustav": Es können Grubenräume aus dem Kupferschiefer-, Kobalt- und Schwerspatabbau besichtigt werden, und zwar vom 15.03.–31.10.: Di–So, 13–16 Uhr (ab 6 Personen), oder nach Vereinbarung (ab 15 Personen), Tel.: 0 56 57/75 00.

• Werratal: Werra-Grauwacken-Gebirge: **Hilgershausen**: süd-südwestlich des Ortes: Hilgershäuser Höhle: Mit etwa 20 m Breite, 50 m Tiefe und 12 m Höhe kaum mehr als ein großes Loch (Laut Tafel die größte Höhle Hessens, was natürlich so nicht stimmen kann, es sei denn, die Hohlräume setzen sich ausgedehnt fort.). Sie war eine altgermanische Kultstätte. Vor der hohen, verkarsteten Zechsteindolomit - Felswand, an der der schöne Steinfederfarn *(Asplenium trichomanes)* wächst, bilden drei hohe Buchen auf den Schuttfächern und andere Bäume ein hohes Dach, eine erlebenswerte Walddomkulisse. Auch die Akustik dieses hallenartigen Vorplatzes ist eindrucksvoll. Verständlich, dass sich die Germanen hier Walhalla näher fühlten.

Je näher man zum Höhleneingang hinabsteigt, desto kühler wird es. Die eigentliche Höhle ist durch ein Gittertor versperrt und liegt fast im Dunkeln.

• „Werratal": **Hoher Meißner**: mehrere (verschlossene) Stollen führen unterhalb des Meißnerplateaus in den Berg und dienten der Braunkohlegewinnung. Der Eingang (das Stollenmundloch) des Karlsstollens, unweit der Meißnerstraße über der Ostflanke, bei Schwalbenthal, ist nur mit einem groben Gitter verschlossen und erlaubt einen Blick in den allmählich verbrechenden, engen Stollen, hier zunächst in mittleren Bundsandstein (Detfurth-Wechsellagerung) aufgefahren.

Die unter dem Basalt noch vorhandene Braunkohle ist z. T. in Schwelbrand, seit Jahrhunderten schon. An der Stinksteinwand sind die Abgase zu riechen. Im Abstand von einigen Jahrzehnten kommt es immer mal wieder zu Durchbrüchen des Feuers, der Wald entzündet sich, zuletzt im Frühjahr 2001. Mitunter sind die Schwel-Rauchgase schon im Auto während des Vorbeifahrens zu bemerken.

• Nordwestlicher Thüringer Wald: **Kittelsthal** b. Eisenach: Tropfsteinhöhle und ehem. Barytbergbau, östlich des Ortes; im Zechstein-Riffkalk. Geöffnet 4.-10., Di–Fr: 9–17 Uhr, Sa und So: 10–18 Uhr, Tel.: 03 69 29/6 33 18.

• Nordwestlicher Thüringer Wald: **Schweina** b. Bad Liebenstein: Altensteiner Höhle im Riffdolomit des Zechsteins 1 (Werra-Folge) am östlichen Ortsrand, geöffnet: 5.–9., Mo–Mi, Fr–So: 10–17 Uhr; 10.–4., Mo–Mi, Fr–So: 10–12 und 13–16 Uhr, Tel.: 03 69 61/7 12 16.

• Nordwestlicher Thüringer Wald: **Bad Liebenstein**: Schaubergwerk am Aschenberg (im Zechsteinkalk), dazu ein Bergbaumuseum mit Grubenbahn (Freigelände über Tage); geöffnet 3.–11.: Dienstag–Freitag: 13.30–22 Uhr, Samstag, Sonntag: 10–22 Uhr, Tel.: 03 69 61/3 02 52.

• Nordwestlicher Thüringer Wald: **Trusetal**: Besucherbergwerk des ehem. Schwer- und Flussspatbergbaues „Hühn“ am Ortsausgang Richtung Seligenthal. Zu sehen sind der Hauptgang (Spaltenfüllung aus Baryt und Fluorit), als Nebengestein tritt vor allem Zweiglimmergneis des Ruhlaer Kristallins auf. Die Grubenausfahrt erfolgt mit der Grubenbahn. Geöffnet 3.–10., täglich von 10–17 Uhr, Tel.: 03 68 40/8 10 87.

• Nordwestlicher Thüringer Wald: **Asbach** b. Schmalkalden: Schaubergwerk „Finstertal“, ehem. Eisenerzbergwerk, geöffnet 4.–10., Mi–So: 10–17 Uhr, Tel.: 0 36 83/48 80 37.

• Werratal: **Walldorf** b. Meiningen: Sandstein- und Märchenhöhle Walldorf, südwestlich des Ortes: der Streu- und Scheuersandabbau hinterließ ein untertägiges Labyrinth von 6,5 ha Fläche (größte Höhlung dieser Art in Europa); im obersten Mittleren Buntsandstein (Solling-Folge, Chirotheriensandstein); geöffnet: 1.3.–1.11., täglich: 9–17 Uhr, 6.–8.: 9–18 Uhr, Tel.: 0 36 93/8 99 10.

• Werratal: **Meiningen**: Goetz-Höhle am Westhang der Stadt, größte erschlossene Kluft- und Spaltenhöhle Europas, im Muschelkalk. Geöffnet: Do–Di von 10–17 Uhr, Führungen stündlich, für größere Gruppen mit Voranmeldung auch mittwochs, Tel.: 0 36 93/50 34 84.

• Werratal: **Merkers** b. Bad Salzungen: Erlebnisbergwerk Merkers: (ehem.) Kalisalzbergwerk: Einfahrt mit dem Förderkorb, anschließend ausgedehnte (auch schnelle und laute) Grubenfahrt mit dem offenen Mannschaftswagen (etwa 20 km), tiefster Halt bei 750 m Teufe. Im Besucherbergwerk Merkers begegnet man den Resten des modernen, noch nicht lange aufgegebenen Kalibergbaus, in der Grube wird jedoch noch Versatzbergbau betrieben; aufgeschlossen sind Kalisalze (Flöze Hessen und Thüringen) und Steinsalz des Zechsteins 1 (Werra-Folge), alle weiß. Geöffnet für Besucher ab 10 Jahren: Di–So, nach Voranmeldung zu den Führungen jeweils 9.15 Uhr und 13.15 Uhr, Tel.: 0 36 95/61 41 01 oder 61 30 03.

• Nordwestlicher Thüringer Wald: **Friedrichroda**: Marienglashöhle nordwestlich des Ortes, Richtung Tabarz: ehem. Gipsbergbau mit Kristallgrotte, Aufschlüsse im Buntsandstein und Zechstein; täglich geöffnet von 9–17 Uhr; 10.–3.: 9–16 Uhr, Tel.: 0 36 23/30 49 53.

• Nordthüringen: **Sondershausen**: Erlebnisbergwerk „Glückauf“ Sondershausen: ehem. Kalisalzbergwerk (nur noch Versatzbergbau): Einfahrt mit dem Förderkorb bis in 680 m Teufe, anschließend Grubenfahrt im offenen Mannschaftswagen (etwa 15 km). Aufgeschlossen sind Kalisalze (Flöz Staßfurt, rot) und Steinsalz (weiß) des Zechsteins 2 (Staßfurt-Folge). Geöffnet für Besucher ab 10 Jahren: wochentäglich und Sa sind Führungen nach Voranmeldung möglich 10 Uhr, 14 Uhr, 16 Uhr, ohne Voranmeldung Mi: 14 Uhr und So: 11 Uhr, Tel.: 0 36 32/65 52 01. Das Erlebnisbergwerk bietet vielfache kulturelle Nutzungsmöglichkeiten: Laufen, Radfahren (auch Rennen finden statt), Kahnfahrten auf dem Laugensee, Grubenbahnfahrt, ein Festsaal steht für Tagungen, Hochzeiten, etc. zur Verfügung, ein Konzertsaal für das musikalische Erlebnis, demnächst auch Kegeln, (Internetadresse: www.erlebnisbergwerk.com).

• Kyffhäuser: **Rottleben** b. Bad Frankenhausen: Barbarossahöhle nördlich des Ortes: einzige erschlossene Anhydrithöhle Europas (Zechstein 1, Werra-Folge), z. T. mit beginnender Vergipsung; geöffnet: 4.–10., täglich: 10–17 Uhr, 11.–3., Di–So: 10–16 Uhr, Tel.: 03 46 71/7 90 36.

• Südharz: **Uftrungen** nordwestlich Kelbra: Heimkehle: Gipshöhle (Zechstein 3, Leine-Folge), sowie Karstausstellung. Geöffnet: täglich von 10–17 Uhr, 10.–3.: 10–16 Uhr, Tel.: 03 46 53/3 05.

• Südharz: Ilfelder Becken: **Ilfeld** b. Nordhausen: nördlich des Ortes (östlich Netzkater), am Bahnhof der Harzquerbahn (Haltestelle Netzkater) befindet sich das Steinkohlen-Besucherbergwerk Rabensteiner Stollen: Sandstein, Tonstein (oft als fossilreicher „Brandschiefer") und Steinkohle des basalen Rotliegenden (Netzkater-Formation, Innenmolasse) im ehem. Bergwerk und auf der kleinen Halde davor. Geöffnet von Di–So: 10–17 Uhr (Wintermonate bis 16 Uhr), Tel.: 03 63 31/4 81 53.

• Südharz: **Bad Lauterberg**: Besucherstollen Scholmzeche/Aufrichtigkeit im Kurpark: Der Eisenerz-Suchstollen ist in Grauwacke und Tonschiefer des Oberdevons aufgefahren, zu sehen sein sollen Kupfererz, Schwerspat und etwas Eisenerz; geöffnet zu den Führungen: Di, Fr, Sa, jeweils um 15 und 16 Uhr, 7.–8. auch So: 14 Uhr ; Tel.: 0 55 24/9 20 40.

• Südharz: **Scharzfeld** (Herzberg-Scharzfeld): Einhornhöhle im ältesten Zechsteindolomit (Zechstein 1, Werra-Folge), größte Schauhöhle des Westharzes. In pleistozänen Höhlensedimenten wurden Knochen vom Höhlenbären, Höhlenlöwen, Wolf, Bison u.a. Tieren sowie 35 000 Jahre alte Steinwerkzeuge (vermutlich von späten Neandertalern hergestellt) gefunden. Jüngere Zeugnisse der Anwesenheit von Menschen in der Höhle stammen aus der Jungsteinzeit und Bronzezeit. Geöffnet: 4.–10.: täglich von 9.30–17 Uhr, Tel.: 0 55 21/36 16.

Fernregion: • Thüringer Schiefergebirge: Schwarzburger Antiklinorium (Sattel): **Saalfeld**: Schaubergwerk „Saalfelder Feengrotten“, ehem. Alaunschiefergrube (Silur), Saalfelder Feengrotten und Heilstollen GmbH, Tel.: 0 36 71/5 50 40. Gilt mit ihren bunten Tropfsteinen als farbenreichste Schaugrotte der Welt! Geöffnet: 3.–10: täglich von 9–17 Uhr; im November nur Sa, So: 10–15.30 Uhr; 12.–2.: täglich von 10–15.30 Uhr. Kinder unter drei Jahren sowie Rollstuhlfahrer und schwer Gehbehinderte dürfen die Feengrotten leider nicht besuchen.

• Thüringer Schiefergebirge: **Schmiedefeld** b. Neuhaus am Rennweg: Schaubergwerk Morrasina: ehem. Alaunschieferbergwerk (im silurischen Schwarzschiefer), östlich des Ortes, mit farbigen Tropfsteinen (ähnlich Feengrotten Saalfeld); sowie Bergbaumuseum und bergbaukundlicher Lehrpfad; geöffnet täglich von 9–17 Uhr, Tel.: 03 67 01/6 15 77.

• Thüringer Schiefergebirge: **Lehesten** b. Wurzbach: Historischer Schieferbergbau, „Staatsbruch“, westlich des Ortes: Dachschiefer (Kulm-Dachschiefer) des tiefsten Unterkarbons (Dinantium, Tournaisium), Führungen nach Voranmeldung Mo, Di sowie Do, Fr jeweils um 9 Uhr und 11 Uhr, Tel.: 03 66 53/2 22 12.

• Thüringer Schiefergebirge: **Meschenbach** nordwestlich Sonneberg: Zinselhöhle, auf halber Strecke zwischen Meschenbach und Rabenäußig, im Muschelkalk: Nicht erschlossene Abenteuerhöhle, die mit vor Ort gestellter Ausrüstung (u. a. Taschenlampe) selbst erkundet werden kann. Geöffnet von 5.–9. nach Voranmeldung unter Tel.: 03 67 66/8 02 04 oder (wochenends) 03 67 66/8 02 64.

• Thüringer Becken: **Weimar**: „Parkhöhlen“: teilweise begehbare Stollen im Travertin (vermutlich Ehringsdorf-Interglazial, oberes Mittelpleistozän) des Ilmparks, geöffnet Mi–So: 10–13 Uhr und 14–16 Uhr, Tel.: 0 36 43/54 51 02.

• Südöstliches Harzvorland: Sangerhäuser Mulde: **Wettelrode** nördlich Sangerhausen: Schaubergwerk und Bergbaumuseum

Röhrigschacht (ehem. Kupferschieferbergbau, Zechstein): Mi-So, 9.30–17 Uhr, Einfahrten (per Förderkorb) in den 282 m teufen Schacht jeweils um 10, 11.15, 12.30, 13.45, 15 Uhr, Fahrt mit der Grubenbahn, Ausstellungsräume, über Tage kleine Halde.

• Nordharz: **Rübeland** b. Elbingerode: Die zwei bekannten Tropfsteinhöhlen Hermannshöhle und Baumannshöhle befinden sich in devonischen Kalken des Elbingeröder Komplexes. Der größte Hohlraum der Baumannshöhle kann auch für kulturelle Veranstaltungen genutzt werden; mittelaltsteinzeitliche Feuersteinartefakte belegen die Anwesenheit von Menschen zur Zeit der Neandertaler. In beiden Höhlen können Knochen von Höhlenbären besichtigt werden. Geöffnet (beide Höhlen gleichzeitig, manchmal auch nur eine): 2.–6.: 9–16.30 Uhr, 7.–8.: 9–17.30 Uhr, 9.–10.: 9–16.30 Uhr, 11.–1.: 9–15.30 Uhr , Tel.: 03 94 54/4 91 32.

• Nordharz: **Elbingerode**: Besucherbergwerk „Drei Kronen und Ehrt", zuletzt „Einheit", östlich des Ortes (Mühlental): Hier erfolgte bis 1990 Bergbau auf Pyrit in devonischen Schichten. Ein Veranstaltungsraum kann von jedermann kulturell genutzt werden. Täglich Führungen um 9, 11, 13, 15 Uhr sowie auf Anfrage, Tel.: 03 94 54/4 29 10.

• Nordharz: **Elbingerode**: Schaubergwerk Büchenberg nördlich des Ortes: ehem. Eisenerzgrube mit schönem Erzlager-Aufschluss Untertage: Schalstein/hämatitisches Eisenerz mit Tuffitbändern/Schalstein (vorwiegend vulkanische Ablagerungen auf dem Meeresboden, Devon), Übertage ergänzt ein Bergbaulehrpfad. Täglich Führungen im Schaubergwerk: 6.–10.: stündlich von 10–17 Uhr; 11.–5.: anderthalbstündlich von 10–16 Uhr, feiertags letzte Führung 17 Uhr, Tel. 03 94 54/4 22 00.

*... Wasser:

Region: Immer wenn es langanhaltend und ausgiebig regnet über Eichsfeld und Hainich oder eine dicke Schneedecke allmählich abtaut, also nur wenige Male im Jahr, dringt Sickerwasser bis zum

Grundwasserspiegel vor und ergänzt das Grundwasserreservoir. Vor allem auf Klüften im Gestein kann sich das untertägige Wasser gut bewegen, es fließt natürlich auch hier bergab. Besonders härtere Gesteinsschichten („Bänke“) sind durch die tektonischen Bewegungen stärker zerrüttet und damit besonders wasserleitend; vor allem dort, wo zusätzlich Störungen das Gesteinspaket vertikal durchziehen, konzentriert sich der Grundwasserabfluss. Nun bestehen die wasseraktiven Gesteinsschichten von Eichsfeld und Hainich vorwiegend aus wasserlöslichen Gesteinen der Trias: Kalkstein, Gips und Steinsalz, so dass die Klüfte im Laufe der Zeit zu Spalten und Hohlräumen, zu mehr oder minder wassererfüllten Höhlen, erweitert werden. Es entsteht Karst.

Seit der Landwerdung verkarstungsfähiger Gesteine unter humidem Klima, also seit der Kreidezeit, finden diese Prozesse im Gebiet statt und sind Teil des Abtragungsvorgangs. Dabei vollzieht sich die Verkarstung eines betroffenen Kluftsystems sehr schnell, innerhalb von wenigen Jahrtausenden im Kalk, im Gips noch schneller und am schnellsten im leichtlöslichen Steinsalz.

Das Grundwasser von Südeichsfeld und Hainich zieht entlang nordwest-südost streichender Störungszonen hinab ins Thüringer Becken und gerät dabei zunehmend unter Druck, denn von der Höhe drängt Grundwasser, der Schwerkraft folgend, in den Karstwasserleitern nach, während das Wasser unter der tonigen Keuperbedeckung des Thüringer Beckens selten Aufstiegswege findet. Folglich wird es innerhalb der Muschelkalkschichten tief hinabgedrückt und führt zu einem Tiefenkarst, weit unter dem eigentlichen Vorfluter, der Unstrut. Die Senke von Reiser-Ammern und die Gottersche Senke gehen vermutlich auf diesen Tiefenkarst zurück.

Im oberflächlichen Verbreitungsgebiet des Muschelkalks sind Erdfälle nicht selten. Sie entstehen, wenn die Decken größerer Höhlen einstürzen und die Einbrüche die Oberfläche erreichen. Es lassen sich lokale Einsenkungen der Geländeoberfläche einerseits und punktuelle, ganz durchgeschlagene „Einbruchschlote“ andererseits beobachten, deren steile Wände allmählich abrutschen und einen Trichter bilden. Das gespannte Karstgrundwasser steigt in den Erdfallröhren auf bis zum Druckausgleich, liegt dieser oberhalb des Geländereliefs, fließt eine Erdfallquelle, von denen am Osthang des Hainichs zahlreiche zu finden sind.

Die im Gelände erkennbaren Erdfälle sind alle jünger als die Weichselkaltzeit, also weniger als 10 000 Jahr alt, denn die älteren Hohlformen sind mit Solifluktionsschutt und Lösslehm gefüllt und nur beim zufälligen Anschnitt in Steinbrüchen oder Baugruben sichtbar. Jederzeit können neue Erdfälle entstehen, was hin und wieder auch geschieht. Pleistozänen Alters hingegen sind die typischen „Steingräben“, die in beinahe regelmäßigen Abständen die flache Hainich-Ostflanke herunterziehen. Ihre momentane Gestalt geht im wesentlichen auf die Abtragungsprozesse während der letzten Kaltzeit zurück, damals wie heute waren sie periodisch fließende Gerinne. Am Grunde dieser Kerbtäler liegen lehmige Kalksteinschotter – Reste der kaltzeitlichen Schuttströme.

- Hainich: **Mühlhausen**: Quellgebiet von Popperode: Erdfallquellen und Quellstellen am Westrand von Mühlhausen: in der Küllstedter Störungszone treten im Bereich beginnender Keuperüberdeckung (Übergang des Hainichsattels zur Mühlhausen-Bad Langensalzaer Mulde als Teil des Thüringer Beckens) mehrere Karstwasserströme mit unterschiedlicher, generell kalkreicher Lösungsfracht zu Tage. Gelöster Gips und Steinsalz entstammen dem Mittleren Muschelkalk. Besonders sehenswert sind die gefasste Popperöder Quelle (Erdfallquelle, entstanden 1199) und die Thomasquelle (Erdfallquelle, entstanden 1901), bei der unterm Wasserspiegel noch die schroffen Felsabbrüche zu sehen sind. Sie folgen vorexistenten Klüften, welche die überregionale (germanotype) Zerscherung der Kruste mit zwei typischen Streichrichtungen – NW-SE und NNE-SSW – widerspiegeln. Der Quellabfluss ist verrohrt und nicht sichtbar.

Schwanenteich und Thomasteich sind künstlich angestaut und Angelgewässer. Der Schwanenteich kann mit Ruder- und Tretbooten befahren werden, ein Freibad ist angegliedert.

Die städtische Hallen- und Spaßbadanlage „Thüringentherme“ befindet sich im Stadtzentrum (Lindenbühl).

Die Süßwasserkalke (Travertine), welche mehr als 6 km^2 Fläche im Stadtgebiet Mühlhausens einnehmen, sind Wiederablagerungen des im Karstwasser gelösten Kalkes. Ein Aufschluss befindet sich nahe der Unstrut zwischen Ammern und Reiser.

• Hainich: **Oberdorla**: Quellgebiet westlich des Ortes: ähnlich dem Mühlhäuser Quellgebiet setzt sich die hydrogeologische Situation an der Oberdorlaer Störung fort. (So auch südwestlich von Bad Langensalza im Gebiet der Golken.) Sehenswert ist der Melchiorbrunnen (Erdfallquelle) südwestlich Oberdorlas.

Bei Niederdorla laden nördlich der holozäne Torfstichsee „Opfermoor“ und südöstlich die Talsperre Seebach (auch Stausee Oppershausen genannt) zum Angeln und verweilen ein.

• Hainich: **Langula**: westsüdwestlich des Ortes, zwischen Feldflur und der Obsttrift „Kirschlehde“, befindet sich ein eindrucksvoller, baumumstandener, trockener Erdfalltrichter.

• Hainich: **Kammerforst**: westlich des Ortes, an der Straße im Wald hinter dem Hainichhaus, befinden sich mehrere, von der Straße aus sichtbare, tiefe Erdfalltrichter.

Südöstlich des Ortes, im Nationalpark Hainich, erwartet der romantische und botanisch interessante „Hünenteich“, eine Erdfallsenke mit zeitweise abflussspendendem Tümpel, die Besucher.

• Unstruttal: **Sömmerda**: Kanu fahren lernen und Kanufahren auf der Unstrut, Tel.: 0 36 34/62 34 62.

• Werratal: Kanu-Ausleihen und Bootsanlegestellen gibt es fast in allen Orten entlang der **Werra**, die etwa ab Hildburghausen oder besser erst ab Meiningen bis zur Mündung in Hannoversch-Münden für Kanus schiffbar ist, allerdings müssen die Wehre umgangen werden. In der näheren Region (Eichsfeld-Hainich-Werratal) befinden sich Ausleihen in Neuenhof, Hörschel, Creuzburg, Mihla, Probsteizella, Eschwege, Jestädt, Witzenhausen. Ab Wernshausen, Vacha und Lauchröden kann man auch Floßfahrten erleben.

• Werratal: **Wanfried**: Kalktuffmoor und Travertin-Wasserfall „Elfengrund“ mit gegenwärtiger Kalkabscheidung, im Tal des Gatterbaches östlich des Ortes. Das Karstwasser entstammt der Westflanke des eichsfeldischen Hainichs. Im verkarsteten Wellenkalk (Unterer Muschelkalk) sinkt das Wasser, Kalk lösend, bis auf die stauenden Tonsteine des obersten Buntsandsteins (Röt) ab und tritt dann im erosiven Anschnitt in Gestalt von Schichtquellen aus. Im Verlaufe des Holozäns (vor allem im Zeitraum von 9000 bis 2000 Jahren vor heute) hat sich ein Kalktufflager (Travertinformation) gebildet, in das sich der Bach talaufwärts wieder einschnitt.

Momentan gleicht die Kalkabscheidung etwa gerade die Erosion wieder aus und bleibt auf Überlaufstellen (Gefälle und flache Rieselfelder oberhalb und im Bereich des Wasserfalles) beschränkt. Während an den Gefällen der Wasserfall-Kaskaden sich Kalk anlagert und eine weitere Rückverlagerung des Wasserfalles damit progressiv verhindert wird, erodiert der Gatterbach andernorts etwas stärker als er sedimentiert, so z. B. unterhalb des Falles im „Elfengrund".

• Eichsfeld: **Großbartloff**: Travertin-Wasserfall der Lutter an der Spitzmühle östlich des Ortes. Die Verhältnisse entsprechen prinzipiell denen vom Wasserfall „Elfengrund" bei Wanfried (s. oben), ein Kalktuffmoor ist (wohl wegen menschlichen Eingriffs) nicht entwickelt. Am steilen Wasserfall ist die Kalkanlagerung anhand der „Kalktuffschürzen" sehr deutlich erkennbar. Das Süßwasserkalklager von Großbartloff ist mächtig und ausgedehnt, nördlich der Wasserfall-Schlucht wurde der lockere Süßwasserkalk vormals abgebaut (Aufschluss).

• Werratal: **Bad Sooden-Allendorf**: Gradierwerk: Im Zechstein-Gürtel des Werra-Grauwacken-Gebirges auftretende Steinsalz-Sole wurde früher im Gradierwerk angereichert und in der Saline zur Kochsalzgewinnung eingedampft. Heute dient das Gradierwerk, welches die umgebende Luft mit Salz anreichert, der heilbadlichen Sole-Inhalation.

• Werratal: **Bad Salzungen**: Gradierwerke: Steinsalz-Sole des Zechsteins dient heute zur Anreicherung der die Gradierwerke umgebenden Luft mit Salz zu Kurzwecken (Sole-Inhalation), geöffnet täglich: 8–17 Uhr, Tel.: 0 36 95/69 34 11.

• Nordwestlicher Thüringer Wald: **Eisenach**: Drachenschlucht südlich des Ortes: Klamm des Marienbaches im Konglomeratsandstein des Oberrotliegenden.

Fernregion: • Südliches Thüringer Becken: **Uhlstädt** b. Rudolstadt: Von Uhlstädt aus kann man sich auf der Saale flößen lassen: Tel.: 03 67 42/6 35 34 (Regionaler Fremdenverkehrsverband Saaleland e.V.).

*... von oben:

›SCHWERER ALS LUFT‹: Der Traum vom Fliegen muss kein Traum bleiben. Erleben Sie die Landschaften Mitteldeutschlands aus der Vogelperspektive!

Region: • Werratal-Eichsfeld/Hainich-Unstruttal: Am Harsberg bei **Lauterbach** (südwestlicher Hainich) befindet sich ein Segel- und Gleitflugplatz. Südlich **Eschwege** kann man vom Flugplatz Blaue Kuppe-Stauffenbühl mit dem Segelflugzeug oder auch Ultraleichtflieger abheben, Tel.: 0 56 51/1 39 39 oder 34 60. Nordnordöstlich **Bollstedt** b. Mühlhausen können Sie ebenfalls mit dem Segelflugzeug oder einer kleinen Propellermaschine starten, Tel.: 0 36 01/44 98 60. Bei schönem Wetter finden hier allwochenendlich Flüge statt. Auch nordnordwestlich von **Bad Langensalza** befindet sich ein kleiner Flugplatz, von dem Ultraleichtflieger abheben, Tel.: 0 36 03/81 15 06.

Weiterhin starten vom Flugplatz Obermehler nordwestlich von Schlotheim Rundflüge im Segel- oder kleinen Motorflugzeug, Tel.: 03 60 21/9 49 79 oder 9 28 21.

›LEICHTER ALS LUFT‹: Wenn Sie es romantischer und abenteuerlicher mögen, können Sie mit dem Heißluft-Ballon zu einer Fahrt durch die Lüfte in 150 bis 3 000 Meter Höhe über den Boden aufsteigen. Ein Ballonfahrt-Ereignis dauert insgesamt etwa 3 bis 4 Stunden, von denen Sie 1 bis 1 1/2 Stunden in der Luft verbringen, wenn alles gut geht. Gestartet wird morgens nach Sonnenaufgang oder abends 2 bis 3 Stunden vor Sonnenuntergang. Es empfiehlt sich baumwollene Spazier- oder Wanderbekleidung und festes, knöchelhohes und flachsohliges Schuhwerk. Der Ballonpilot entscheidet, ob Sie mitfahren dürfen. Ballonfahrten sind in jeder Hinsicht wetterabhängiger als Flüge nach dem Prinzip ›Schwerer als Luft‹. Der Landeort kann nur abgeschätzt werden.

Region: • Werratal: **Eschwege**: Hot Air Ballonteam – W. von Canstein, Tel.: 0 56 09/8 05 65, sowie Ballonclub Werra-Meißner Eschwege e.V., Tel.: 0 56 51/55 22.

• Eichsfeld: **Heilbad Heiligenstadt**: Ballon-Team/Thüringen, Tel.: 0 36 06/65 71 00.

• Eichsfeld: Duderstadt-**Gerblingerode**: The Big Balloons, Tel.: 0 55 27/7 10 95 oder 01 72/5 61 33 44.

• Unstruttal: **Weißensee** b. Sömmerda: Ballonteam Reiche, Tel.: 03 63 74/2 05 81.

• Nordwestlicher Thüringer Wald: **Floh-Seligenthal** b. Schmalkalden: Erster Thüringer Ballonfahrerverein e.V., Tel.: 0 36 83/60 49 13.

(Die Zeitreisen des Dr. Drahtwellers sind leider bis auf weiteres völlig ausgebucht.)

*... Mittelpunkt Deutschlands:

Wo liegt Deutschlands Mitte? – Diese Frage stellte sich nach der Wiedervereinigung und wurde in der Folge je nach angewandter Suchmethode etwas unterschiedlich beantwortet, daher konkurrieren heute 5 Orte um diese Auszeichnung. Sie alle liegen um den Hainich herum! Somit wird klar, der Hainich *ist* das geographische Zentrum Deutschlands, Mühlhausen die Stadt der Mitte.

• **Niederdorla** b. Mühlhausen: Die erste Mittelpunktsbestimmung, die 1990 stattfand, ergab durch Mittelung der Extrempunkt-Koordinaten Deutschlands einen Punkt wenig nördlich von Niederdorla, zufällig (und sinnfällig) unmittelbar neben einem bedeutsamen germanisch-frühdeutschen Moorheiligtum! Von hier aus ist es gleichweit in alle Ecken unseres Landes, etwa 400 km Luftlinie.

Am Mittelpunkt (51 Grad und 10 Minuten nördlicher Breite sowie 10 Grad und 27 Minuten östlicher Länge) wurde 1991 eine

40jährige Linde gepflanzt und ein Stein mit Tafel aufgestellt. Ein Ausstellungspavillion und eine Freilichtanlage zum Thema „Opfermoor Vogtei“, mit maßstäblich aus authentischen Materialien und in authentischer Technologie nachgebauten Gebäuden (Wohnstallhaus, Speicher, Grubenhäusern, Tor, Zäunen) eines germanisch-frühdeutschen Gehöftes sowie etlicher Heiligtümer der regional bedeutsamen Kultstätte, machen diesen Mittelpunkt besonders besuchenswert.

Das Gelände ist eine holozäne Auslaugungssenke, die zunehmend vermoorte. Von der Eisenzeit bis ins Mittelalter war das Moor Kultplatz, begründet im 6. Jahrhundert v.u.Z. (Hallstatt D). Etwa im 2. Jahrhundert v. u. Z. entstand ein kleiner Erdfallsee im Moor, der Zeit seines mehrhundertjährigen Bestehens Zentrum des kultischen Geschehens war bis über seine natürliche Vertorfung hinaus. Es wurden Speise-, Tier- und Menschenopfer dargebracht, verschiedenen (männlichen und weiblichen) Gottheiten gehuldigt. In der späten Völkerwanderungszeit wurde das letzte große Heiligtum durch Brand zerstört, vermutlich nach der Eroberung des Thüringerreiches durch die Franken 531 mit sich anschließender, jahrhundertelanger Christianisierung.

Noch im 10. und 11. Jahrhundert wurden Gefäße und Hunde im ehemaligen, aber anscheinend noch nicht vergessenen Gebietsheiligtum vergraben. Die Gründung des Archidiakonats Dorla 1123 kann daher als Versuch angesehen werden, die sakrale Bedeutung des Ortes endgültig auf das Christentum zu übertragen.

Noch heute sind die Einwohner der „Vogtei“ traditionsbewusst und pflegen Volksbräuche heidnischer Herkunft im Jahreslauf des Dorflebens, ausgerichtet von den Jugendlichen.

Entdeckt wurden die kultischen Zeugnisse beim Torfabbau im 20. Jahrhundert, 90 Heiligtümer wurden nachgewiesen. Sie dokumentieren 1100 Jahre bzw. die letzten 2500 Jahre Geistesgeschichte Alteuropas. Griechisches, keltisches, römisches, westgermanisches und christliches Glaubensgut kamen an diesem Ort, in dieser Landschaft zusammen und waren wirksam. Nicht erst seit heute, seit Jahrtausenden ist die Region Berührungs- und Ausgleichszone zwischen den Kulturen des Südens und Nordens, Ostens und Westens; seine Menschen keltischer, germanischer und slawischer Abstammung, wie die meisten Deutschen es sind.

Die Freilichtanlage ist generell, die Innenausstellung täglich von 10–18 Uhr geöffnet.

• **Flinsberg** b. Heiligenstadt: 1991 wurde dieser kleine Ort südsüdöstlich Heilbad Heiligenstadt, der „Hauptstadt des Eichsfeldes", mathematisch als Mittelpunkt bestimmt. Auch hier wurde ein Baum gepflanzt (Stieleiche) und ein Stein mit Tafel aufgestellt. Interessant ist ein Pflaster mit dem Umriss Deutschlands – man kann sich auf den markierten Mittelpunkt stellen und rundherum „nach Deutschland hineinschauen".

• **Silberhausen** b. Dingelstädt: 1996 wurde dieser Ort durch ausbalancieren der Hoheitsfläche (einschließlich der Meeresgebiete) der BRD als Mittelpunkt bestimmt.

• **Landstreit** b. Eisenach: 1997 ergab eine Computeranalyse, bei der die Fläche des Landes in 90 000 Bildpunkte überführt wurde, diesen kleinen Ort nördlich Eisenach als Mittelpunkt.

• **Krebeck** nordöstlich Göttingen: Auch dieser Ort soll die Mittelpunktslage bezeichnen. Allerdings wurde ein fragwürdiges, ungewöhnliches Bestimmungsverfahren angewandt. Es wurde nicht die Fläche an sich, sondern das Relief Deutschlands, durch Polygonzüge nachmodelliert, als Bestimmungsgrundlage herangezogen. Krebeck bezeichnet also, vorläufig, weil mathematisch noch nicht exakt lösbar, den Mittelpunkt der unebenen Oberfläche Deutschlands.

Sieht man einmal vom Sonderfall Krebeck ab und bestimmt durch ausbalancieren der Fläche zwischen den anderen Mittelpunkten den „Mittelpunkt der Mittelpunkte", so liegt dieser im Mühlhäuser Stadtwald (am Diedorfer Stieg zwischen Eigenrieden und Heyerode), also im Nord-Hainich.

*... Pflanzen:

Region: • Hainich: **Mühlhausen**: Mühlhäuser Stadtwald am westlichen Ortsrand: Die edellaubholzreichen Buchenwälder sind der typische, „deutsche Frühlingswald“ mit vielen farbenfrohen Frühblühern. Noch im Winter öffnet der Seidelbast seine Blüten. Es folgen die eigentlichen Frühblüher Märzenbecher, Leberblümchen, Weißes und Gelbes Buschwindröschen, Scharbockskraut, Hohler Lerchensporn, Waldgoldstern, Goldnessel, Echtes Lungenkraut, Hohe Schlüsselblume und Frühlings-Platterbse in den Monaten März bis Mai.

Nach dem die Laubbäume Rotbuche, Weißbuche, Stiel- und Traubeneiche, Winter- und Sommerlinde, Berg-, Spitz- und Feldahorn, Bergulme, Esche, Birke, Elsbeere und noch andere ihr Laubdach entfaltet haben, erscheinen die Blüten zahlreicher Orchideenarten und der Türkenbundlilie, zuletzt begleitet vom Duft der Lindenblüten. Im Hochsommer zeigen Wald-Akelei und Nesselblättrige Glockenblume ihre Pracht im satten Waldesgrün.

Der Herbst bringt mit seinen würzigen Gerüchen, ockergelben und bunten Farbkombinationen des Laubes sowie zahlreicher Pilzarten einen letzten, sehr erlebenswerten Höhepunkt im Vegetationsjahr.

• Hainich: **Mühlhausen**: Mühlhäuser Stadtwald: Im Mai ist der Waldboden zwischen Castendyck-Brücke und Katalaunischen Feldern am Eigenriedener Steingraben schneeweiß vom Blütenmeer des Bärlauchs, die Luft vom Knoblauchduft erfüllt.

• Hainich: **Mühlhausen**: Mühlhäuser Stadtwald: Als natürliche „Exoten“ treten an oberflächlich versauerten Bodenstellen, vor allem im Bereich der Stammtrauf alter Buchen, kalkfliehende Pilzarten und Heidelbeersträucher auf (Im Bereich einer Fichtenpflanzung ausnahmsweise auch Heidekraut und Keulenbärlapp.).

Manchenorts wurden Gruppen von Fichten, Kiefern und Lärchen sowie Laub- und Nadelbaum-Mischwäldern forstkultiviert, ebenso die aus Nordamerika eingeführte Douglasie. In einem forstlichen Pflanzgarten auf der Anhöhe des Stadtwaldes, kurz bevor dieser zum Eigenriedener Steingraben herunterreicht, stehen u. a. zwei mächtige (über einhundert Jahre alte) Riesen-Mammutbäume.

• Hainich: **Kammerforst**: Nationalpark Hainich: Naturnahe Kalkbuchenwälder und Kalkbuchenmischwälder ehemals bäuerlicher Nutzung als Mittel- und Plenterwälder, sowie gerodete Flächen (ehemalige Truppenübungsplätze) mit beginnender Wiederbewaldung, stellen den Nationalpark dar, in dessen Gebietsschutz sich der mitteleuropäische, rotbuchenreiche bis rotbuchendominierte Urwald, wie er momentan typisch ist oder wäre, wieder entwickeln darf. Im Einzelnen werden im bestehenden Wald die Grundtypen Waldgersten-Buchenwald, Orchideen-Buchenwald, Eschen-Ahorn-Schluchtwald und Eichen-Hainbuchenwald unterschieden.

• Hainich: **Kammerforst**: Nationalpark: Betteleiche am Ihlefeld: Auf 500 bis 800 Jahre geschätzte, lebende Stieleiche mit ruinösem Stamm. Der Sage nach soll in den Stamm der jungen Eiche ein Loch gezimmert worden sein, um Speisen für die in der Nähe lebenden Mönche darin abstellen zu können.

• Eichsfeld: **Katharinenberg**: Hangwiesen mit tausenden Wiesen-Schlüsselblumen über der Landstraße westnordwestlich des Ortes.

• Eichsfeld: **Großbartloff**: Bachsumpf am Ausgang des Glasegrundes in das Luttertal gegenüber der Luttermühle, ostnordöstlich des Ortes, mit Kriechweiden und tausenden Herbstzeitlosen.

• Eichsfeld: **Faulungen**: An den Hängen der subozeanisch getönten Kalk-Buchenwälder sind vereinzelt Eiben eingestreut. Nördlich Faulungen befindet sich ein großflächiges Eibenvorkommen an der „Klosterschranne“ mit 278 Exemplaren, die bis etwa 150 Jahre alt sind.

• Eichsfeld: **Wendehausen**: Am Mühlberg, den Höhen ostseits am Ort, wächst die Spitzblättrige Mehlbeere *(Sorbus acutisecta)* in wenigen Exemplaren. Dabei handelt es sich um eine nur in

Nordwestthüringen vorkommende Sippe oder Kleinart der Breitblättrigen Mehlbeere *(Sorbus latifolia)*. Die Spitzblättrige Mehlbeere wurde erst 1960 an mehreren Stellen zwischen Wendehausen und Treffurt entdeckt.

• "Unstruttal": **Volkenroda** nordöstlich Mühlhausen, b. Körner: Im Bereich der Ortschaft mit Klosteranlage fallen die vielen Misteln auf, die hier auf engem Raum auf unterschiedlichen Wirtsbäumen: Pappel, Weide, Linde, Ahorn, Apfel, anzutreffen sind. Am nördlichen Ortsrand schließt sich der Volkenröder Wald an, gleich im Nordosten, an der Straße nach Obermehler, steht die mindestens 600 Jahre alte, sehr imposante „Königseiche" oder „Tausendjährige Eiche", eine übriggebliebene Traubeneiche der Waldweide-Zeit, wie die tiefsitzenden Astnarben des mächtigen, vitalen Baumes belegen.

An der nordwestlichen Obsttrift am Kälberteich fällt die Gemeine Waldrebe *(Clematis vitalba)* auf, die ebenso wie der Efeu eine einheimische Liane darstellt. Im Kälberteich selbst ist der Wasserfenchel *(Oenanthe aquatica)* eine Besonderheit.

Der Volkenrodaer Wald beherbergt alle Frühblüher und für die Kalkbuchenwälder der Region typischen Pflanzen, die hier auf kleinem Raum gefunden werden können.

• Unstruttal: **Bollstedt**: Zwischen Bollstedt und Grabe erstreckt sich der Weinberg, dessen Flanken Steppenpflanzen wie Dornigen Hauhechel, Feld-Mannstreu und Frühlings-Adonisröschen beherbergen, neben vielen anderen.

• Südöstlicher (Mittlerer) Thüringer Wald: **Oberhof**: Rennsteiggarten Oberhof südsüdwestlich des Ortes: Auf 868 m ü. NN und einer Fläche von 7 ha erwarten den Besucher etwa 4 000 Pflanzenarten aus den Gebirgen der Welt und der Arktischen Region (Gebirgspflanzengarten), daneben auch ein Naturschutzgarten mit einer Auswahl geschützter Planzenarten Thüringens sowie ein Thüringer Heilkräutergarten; geöffnet vom 20.4.–30.9. täglich von 9–18 Uhr, vom 1.10.–31.10. täglich von 9–17 Uhr, Tel.: 03 68 42/2 22 45.

• Leinetalgraben: **Göttingen**: Im Norden der Stadt, im Nord-Bereich der Universität (an der B 27) befindet sich der Wissenschaftspark, bestehend aus den Grünanlagen der dortigen Institute mit Geopark, Forstbotanischem Garten und pflanzengeographischem Arboretum sowie Neuem Botanischen Garten.

Im Geopark sind große geologische Objekte, künstliche und künstlerische Modelle sowie Anpflanzungen (Tertiärwald) zu sehen. Der Forstbotanische Garten mit pflanzengeographischem Arboretum umfasst weit über 1000 Gehölzarten und -formen. Im Neuen Botanischen Garten können u.a. eine Sammlung mitteleuropäischer Wildstauden sowie Ackerwildkräuter besichtigt werden, letztere sind Teil einer angewandten Dreifelderwirtschaft, auf diese Weise soll gleichzeitig die mittelalterliche Form des Ackerbaues, als ein Stück mitteleuropäischer Kultur, durch Ausübung erhalten werden. Die Anlagen sind jederzeit begehbar, allein die Versuchshäuser sind nur nach Voranmeldung in der Zeit von 8–15.45 Uhr zu besichtigen.

Der Alte Botanische Garten liegt im Zentrum am Rande der Altstadt Göttingens. Hier laden u. a. ein Farn-, ein Regenwald- und ein Cycadeenhaus zum Besuch ein, geöffnet täglich von 8–18 Uhr, außer 10.–4. an Sa, So u. Feiert.: 8–15 Uhr.

Fernregion: • Oberharz (Westharz): **Schierke**: Auf dem höchsten Berg des Harzes, dem Brocken (Ein durch die Abtragung herauspräparierter Granit-Pluton. Das Granit-Magma drang während des Oberkarbons in die Gebirgswurzel des Varistischen Gebirges ein und erstarrte.) haben sich Pflanzen der Kältesteppe (Tundra) der letzten Kaltzeit reliktisch erhalten, so z. B. Zwergbirke *(Betula nana)* und Schlammsegge *(Carex limosa)*, welche u. a. auf dem Radauborn-Hochmoor wachsen.

Im Brockengarten auf dem Gipfel können diese und andere alpine und subarktische Pflanzen aus aller Welt besichtigt werden, etwa 1500 Arten. Die Glazialrelikte des Brockens werden gezielt vermehrt und im Gipfelbereich ausgepflanzt, um ihren bedrohten Bestand zu sichern. Führungen durch den Brockengarten finden von Mai bis Oktober täglich 11.30 und 14 Uhr statt, Tel.: 0 39 43/55 02 20.

• Westharz: **Bad Grund**: Arboretum Grund (Exotenwald) nördlich des Ortes, zu erreichen z. B. vom Parkplatz Hübichenstein aus (Hübichenstein, Iberg und Winterberg bestehen aus massigem Riffkalk des Devons (ehem. Atoll), vergleichbar dem Elbingeröder Komplex.). Das für Besucher erschlossene etwa 120 ha große Arboretum ist ein forstlicher Versuchsanbau unter Harzer Waldbedingungen. Etwa 600 Gehölzarten aus aller Welt, darunter solche, die vor der „Vertreibung“ durch das Eiszeitalter bei uns heimisch waren, finden sich in den Wald eingepflanzt.

• Niederlausitz: **Cottbus**: Spreeauenpark: „Fertigmachen zur Zeitreise“ lautet das Motto des Laubag-Info-Centers (LIC), in dem sich alles um die miozäne Braunkohle des Reviers dreht. Im Freigelände des Parkes laden ein Tertiärwald, ein „Braunkohlenmoor“ und eine Findlingsallee zum Verweilen ein. Der Niederlausitzer Teriärwald ist eine fundstellengetreue Nachgestaltung eines etwa 10 Millionen Jahre alten (obermiozänen) Altwasserarmes der Ur-Elbe, welcher 45 km südwestlich von Cottbus aufgeschlossen wurde. Im Spreeauenpark wurden die fossilen Biotope der ehemaligen Flusslandschaft konkret nachgestaltet. Dazu wurden die heute noch lebenden Nachfahren der fossilisiert angetroffenen Gewächse aus ihren verstreuten Reliktarealen im östlichen und südöstlichen Nordamerika, Mittel- und Südeuropa, Transkaukasien bis Nordiran und nicht zuletzt Ostasien wieder zusammengeholt. Über 100 Arten versammelt der Niederlausitzer Tertiärwald mit Altwassertümpel, Schilf- und Riedgürtel, Sumpfwald, Weich- und Hartholzaue, Moorgebüsch, Buchenwald und Eichen-Mischwald. 172 Sumpfzypressen wurden gepflanzt, auch Mammut- und Amberbäume u.a. in dem schon recht modern anmutenden „Urzeit-Wald“.

Im „Kohlemoor“ werden die Entwicklungsstufen vom Sumpfwald über Buschmoor, Riedmoor, Kiefern-Waldmoor zum Schirmtannen-Hochmoor nebeneinander dargestellt, wie sie sich in den nährstoffarmen (flussfernen) Mooren der Niederlausitz vor etwa 17 Millionen Jahren (Bildungszeit des 2. Niederlausitzer Braunkohlenflözes) im Zuge der Verlandung entwickelten. Die gezeigten Palmen, Lorbeere, Zimtbäume und Wasserfichten müssen als Kübelpflanzen im Winter ins Kalthaus.

Die Findlingsallee ist eine Sammlung skandinavischer Leitgeschiebe aus Niederlausitzer Tagebauen.

Der Spreeauenpark ist täglich von 9–18 Uhr, im Winter von 9–17 Uhr geöffnet. Das LIC öffnet außer montags täglich von 9–16 Uhr: Tel.: 0357 51/71 00 36.

• Ruhrgebiet: **Dortmund**: Im Botanischen Garten des Ortes gibt es ein Kohleflorahaus. Mit Hilfe von Baumfarnen, Schachtelhalmen und anderen Pflanzen aus aller Welt sowie originalen Steinkohlefossilien von Bärlappbäumen soll der Eindruck eines oberkarbonen paralischen Steinkohlenwaldes entstehen, wie er in der Vorsenke des Varistischen Gebirges (Außenmolasse) bestand. Das Kohleflorahaus im Botanischen Garten Rombergpark ist von 4.–9.: 10–18 Uhr und von 10.–3.: 10–16 Uhr geöffnet; Tel.: 02 31/5 02 41 64.

*... Tiere:

Im Zentrum Europas schritt die Ausrottung oder Verdrängung der letzteiszeitlich ohnehin schon stark verarmten Großfauna am weitesten voran. Im Gebiet von Hainich, Fahnerscher Höhe, Heilinger Höhen und Mühlhausen - Langensalzaer Mulde bzw. Thüringer Becken verschwanden zuletzt der Fischotter und die Großtrappe Mitte des 20. Jahrhunderts.

Die nächsten, ehemals über ganz Europa verbreiteten, Elche leben noch in Nord- und Osteuropa, die dort ebenfalls noch lebenden Braunbären kommen auch in den Alpen noch vor, z. B. in Österreich. Die Auerochsen (Ur) sind ganz erloschen bzw. in unserem Hausrind aufgegangen, die Wisente konnten gerade noch gerettet werden und leben in einem Schutzgebiet, dem Urwald von Bialowieza, in NE-Polen.

Aufgrund der Naturschutzbemühungen ist eine Tendenz zur Wiedereinwanderung von Wölfen aus Osten (Polen) und Luchsen von Süden (Tschechien und Schweiz) nach Deutschland zu vermerken. In den Waldlandschaften des deutschen (und französischen) Mittelgebirgsraumes sind aber nach wie vor Füchse und Wildkatzen sowie eingebürgerte nordamerikanische Waschbären die größten Raubtiere. Programme zur direkten Wiederansiedlung des Luchses laufen in Frankreich und Deutschland (z. B. im Harz).

Region: • **Hainich**: Hier leben Reh, Rothirsch und Wildschwein, Fuchs, Dachs und Wildkatze. Der Damhirsch, der vor, nicht aber nach der letzten Eiszeit natürlich vorkam, wurde eingebürgert. Waschbären sind nordamerikanische Neubürger. Über den Hainich und die Region verläuft eine Flugroute der baltischen Kraniche, deren v-förmige Formationen und trompetendes Geschrei zweimal im Jahr wahrgenommen werden können. Den einzelnen Formationen können mehr als 200 Tiere angehören, jeder Durchzug erstreckt sich über einige Tage bis Wochen.

• **Fahnersche Höhe**: Die Ackerfluren beherbergen den selten gewordenen, bedrohten Feldhamster. Es können auch völlig schwarz gefärbte Exemplare angetroffen werden.

• Unstruttal: **Seebach**: Vogelschutzwarte im ehem. Wasserschloss: kleine Ausstellung im Gebäude und Vogelschutzpark mit Volieren; wochentags geöffnet; Tel.: 0 36 01/44 05 65, Führungen können auch mit dem Heimatverein Seebach e.V. unter 0 36 01/44 08 81 vereinbart werden.

• Eichsfeld: **Burg Gleichenstein** westlich Wachstedt b. Dingelstädt: Burgfalknerei: Abhängig vom Wetter, findet täglich um 11.30 und 15.30 Uhr eine Greifvogel-Flugschau statt. Die Greifvögel können auch in den Volieren beobachtet werden: 3.–10., täglich von 10–17 Uhr. Tel.: 03 60 82/8 12 53.

• Eichsfeld: **Worbis**: Alternativer Bärenpark am nordwestlichen Ortsausgang (Richtung Duderstadt): Hier können Sie Bären aus nicht artgerechter Haltung in ihrem neuen Domizil, einer Freigehegeanlage, von Plattformen und geschützten Gängen aus einsehen. Der Bärenpark, der auch Füchse beinhaltet, ist ganzjährig ab 9 Uhr geöffnet; Tel.: 03 60 74/9 29 66.

• Hainich: **Mühlhausen**: Wildgehege mit Rot- und Damhirschen am Waldschlösschen südwestlich der Stadt; frei zugänglich.

• Nordthüringen (Hainleite): **Straußberg** westlich Sondershausen: Affenfreigehege am Ferienpark Feuerkuppe mit etwa 60 Affen verschiedener Arten, auf dem Straußberg bei der Sommerrodelbahn, geöffnet täglich 9–18 Uhr.

Die Reitsportmöglichkeiten der Region sind zahlreich. Einige sollen im Folgenden genannt sein.

- Eichsfeld: **Worbis-Siegfriederode**: Reiterhof Biermann; Tel.: 03 60 74/9 27 74.

- Eichsfeld: **Böseckendorf** südwestlich Duderstadt: Gestüt Excalibur; Tel.: 03 60 71/9 08 28.

- Eichsfeld: **Westhausen** ostnordöstlich Heilbad Heiligenstadt: Reitstall Riethmüller; Tel.: 01 72/2 82 84 88.

- Eichsfeld: **Büttstedt** westnordwestlich Mühlhausen: Familienhof Staufenbiel: Kutschfahrten und Reiten; Telefon: 03 60 75/6 42 69.

- Hainich: **Mühlhausen**: Reiterhof Gut Weidensee südwestlich des Ortes; Tel.: 0 36 01/42 63 20.

- Hainich: **Kammerforst**: Kremserfahrten, im Winter Schlittenfahrten: Herr Zilling, Tel.: 03 60 28/3 60 95; Herr Schröter, Tel.: 03 60 28/3 08 45; Herr Kollaschek, Tel.: 03 60 28/3 01 36.

- Hainich: **Behringen**: Reiten und Kremserfahrten, im Winter Schlittenfahrten: Frau Zilling 03 62 54/7 00 39.

- Hainich: **Berka v.d.H.**: Reiten und Kremserfahrten, im Winter Schlittenfahrten: Herr Hübschmann 03 69 24/3 04 16, Herr Hartung 03 69 24/4 21 85.

- Hainich: **Bischofroda**: Kremserfahrten, im Winter Schlittenfahrten: Herr Berz 03 69 24/3 10 64.

- Werratal/Hainich: **Mihla**: Kremserfahrten, ausgerichtet von landwirtschaftlichem Unternehmen: Herr Duscha 03 69 24/4 23 07.

- Unstruttal/Hainich: **Bad Langensalza**: Gestüt Böhmenhof, nördlicher Ortsrand: Reiten (auch für Anfänger), Kremserfahrten: Herr Wollenhaupt 0 36 03/84 59 47.

- Südöstlicher (Mittlerer) Thüringer Wald: **Zella-Mehlis**: Thüringer Meeresaquarium: in 60 Aquarien und 6 Vivarien werden etwa 4000 Tiere gehalten: darunter Haie, Riffbewohner, Krokodile, Forellen und Karpfen; geöffnet: täglich von 10–18 Uhr; Tel.: 0 36 82/4 19 78.

• Südöstlicher (Mittlerer) Thüringer Wald: **Suhl**: Tierpark: zu sehen sind europäische Haus- und Wildtiere sowie tropische und subtropische Reptilien im Vivarium; geöffnet: täglich von 9–18 Uhr, Tel.: 0 36 81/76 04 41.

• Thüringer Becken: **Erfurt**: Thüringer Zoopark in Erfurt-Nord (am Roten Berg). Hier findet man u.a. viele Tiere, die Nachfahren verwandter, einst auch in Mitteleuropa heimischer Tiere sind. Geöffnet: 4.–9.: von 8–18 Uhr und 10.–3.: von 9 Uhr bis zur Dämmerung; Tel.: 03 61/75 18 80.

*... Museen:

Region: • Werratal: **Bad Sooden-Allendorf**: Grenzmuseum „Schifflersgrund" nordöstlich des Ortes Richtung Sickenberg (OT Asbach-Sickenberg): Dokumentationen zur deutschen Teilung an der ehem. innerdeutschen Grenze; geöffnet: 3.–10.: täglich von 10–17 Uhr, 11.–2.: werktags: 10–16 Uhr, wochenends: 13–16 Uhr, Tel.: 03 60 87/9 84 09.

• Werratal: **Mollenfelde** nördlich Witzenhausen: Europäisches Brotmuseum: 6000 Jahre Kulturgeschichte des Brotes; Tel.: 0 55 04/5 80.

• Eichsfeld: **Teistungen** südlich Duderstadt: Grenzlandmuseum Eichsfeld: Dokumentationen zur Entwicklung von Grenze und Region an der ehem. innerdeutschen Grenze. (Ergänzt sich z. T. mit der Ausstellung „Schifflersgrund" bei Bad Sooden-Allendorf.); geöffnet: täglich, außer montags, von 10–17 Uhr; Tel.: 03 60 71/9 71 12.

• Hainich/Unstruttal: **Mühlhausen**: Museum am Lindenbühl im Stadtzentrum: Naturkundliche Ausstellungen zur Geologie und Biologie Nordthüringens, Muschelkalkfossilien, Ausstellung zur

Ur- und Frühgeschichte des Mühlhäuser Raumes. Geöffnet, außer montags, täglich von 10–16.30 Uhr; Tel.: 0 36 01/81 60 66.

• Südwestliches Thüringer Becken: **Gotha**: Museum der Natur Gotha: Naturkundliche Ausstellungen, Schwerpunktthemen: Artenschutz – eine Herausforderung der Menschheit, Thüringer Wald – Natur und Naturgeschichte einer Landschaft, Ursaurier – zwischen Thüringer Wald und Rocky Mountains, Insekten – erfolgreichste Tiergruppe der Welt. Geöffnet: täglich außer montags, 5.–10.: von 10–17 Uhr, 11.–4.: von 10–16 Uhr; Tel.: 0 36 21/82 30 10.

• „Werratal"/Südöstlicher Thüringer Wald: **Schleusingen**: Naturhistorisches Museum Schloss Bertholdsburg: Naturkundliche Ausstellungen, Schwerpunktthemen: 300 Millionen Jahre Thüringen – Auf den Spuren unserer Umwelt, Minerale – Faszination in Form und Farbe. Aus unseren Sammlungen (Dinosaurier, Vögel, Säugetiere). Geöffnet: Di–Fr von 9–17 Uhr, Sa, So und Feiert. von 10–18 Uhr, letzter Einlass 1 h vor Schließung; Tel.: 03 68 41/4 79 61.

Fernregion: • Thüringer Schiefergebirge: **Theuern** westlich Steinach: Goldmuseum: Ausstellung zu Geschichte, Geologie und Gewinnung des Goldes in Thüringen, Deutschland und anderswo, sowie Goldwaschkurse. Geöffnet: täglich von 9–17 Uhr; Tel.: 03 67 66/8 78 14.

*... Touristen-Informationen:

Region: • Eichsfeld: **Fürstenhagen** südsüdwestlich Heilbad Heiligenstadt: Informationszentrum (mit Ausstellung) und Verwaltung des Naturparkes Eichsfeld-Hainich-Werratal, Dorfstraße 19; geöffnet: werktags von 10–16 Uhr, wochenends von 10–17 Uhr, Tel.: 03 60 83/46 63.

• Eichsfeld: **Heilbad Heiligenstadt**: Verkehrsverband Heiligenstadt e.V., Wilhelmstraße 50; Tel.: 0 36 06/61 25 38.

• Eichsfeld: **Leinefelde**: HVE-Eichsfeld-Touristik, Bahnhofstraße 22; Tel.: 0 36 05/50 36 60.

• Hainich/Unstruttal: **Mühlhausen**: Fremdenverkehrsamt, Ratsstraße 20; Tel.: 0 36 01/45 23 35.

• Hainich: **Bad Langensalza**: Verwaltung des Nationalparks Hainich und Nationalpark-Information, Bei der Marktkirche 9, geöffnet: werktags von 9–18 Uhr, wochenends und feiertags von 10–15 Uhr; Tel.: 0 36 03/39 07 28.

In den Nationalpark-Informationen rund um den Hainich ist ein Gastgeberverzeichnis als Broschüre: „Nationalparkregion Hainich. Zu Gast in der Mitte Deutschlands“ mit genauen Angaben über Ferienwohnungen, Ferienhäuser, Hotels, Gasthöfe, Pensionen und Privatzimmer erhältlich.

• Hainich: **Kammerforst**: Nationalpark-Information (mit Ausstellung), Obergut, Straße der Einheit 29, geöffnet: werktags von 9–18 Uhr, wochenends und feiertags von 13-17 Uhr; Tel.: 03 60 28/3 68 93.

• Hainich: **Behringen**: Nationalpark-Information (mit Ausstellung), Hauptstraße 29, geöffnet: werktags von 9–18 Uhr, wochenends und feiertags von 13–17 Uhr; Tel.: 03 62 54/7 86 40.

• Hainich: **Berka v.d.H.**: Nationalpark-Information (mit Ausstellung), Hauptstraße 166, geöffnet: werktags von 9–18 Uhr, wochenends und feiertags von 13–17 Uhr; Tel.: 03 69 24/4 18 96.

• Werratal/Hainich: **Mihla**: Verwaltungsgemeinschaft Mihla, Marktstraße 18; Tel.: 03 69 24/38 00.

• Nordwestlicher Thüringer Wald: **Eisenach**: Tourismus Eisenach GmbH, Touristinformation, Markt 2; Tel.: 0 36 91/67 02 60.

• Werratal: **Bad Salzungen**: Werratal-Touristik-Verein, Erzberger Allee 14; Tel.: 0 36 95/61 64 21.

• Werratal: **Creuzburg**: Tourist-Information (Fremdenverkehrsbüro) Creuzburg, Am Markt 3; Tel.: 03 69 26/9 80 47.

• Werratal: **Treffurt**: Fremdenverkehrsamt (Naturpark-Zentrum, mit Ausstellung) im Bürgerhaus, Puschkinstraße 3; Tel.: 03 69 23/5 15 42.

• Werratal: **Eschwege**: Verkehrsbüro, Hospitalplatz 16; Tel.: 0 56 51/30 42 10.

INTERNETADRESSEN:

www.kernland.de
www.naturpark-ehw.thueringen.de
www.hainich.de
www.landkreis-unstrut-hainich.de
www.eichsfeld.de
www.mittelpunkt-deutschland.de
www.mittelpunkt-deutschlands.de
www.muehlhausen.de
www.werra-meissner.de
www.thueringer-wald.com
www.kyffhaeuser.de/tourism/f_start.html
www.suedharz.de/auswahl.html
www.klaus-gottschling.de/tourismus/tms-thr2.htm
http://home.t-online.de/home/tourismus2000/vogel.htm

3.6. Routen

Entsprechend der Vielzahl befestigter und unbefestigter Wege unserer Kulturlandschaft ist die Menge möglicher Wanderwege und Wegsamkeiten, die der „Pfadfinder“ einschlagen könnte, unüberschaubar. Das Erlebnis ›Weg‹ entsteht ja ohnehin erst beim Gehen und bekanntlich gelangt auch niemand zweimal an den selben Fluss. Gerade diese Vielfalt verlangt nach Orientierung.

Zum Einen mögen Ihnen die im „Rosinenführer“ genannten Ziele Anregungen zum eigenen „Entdeckungspfad“ geben, zum Anderen sollen im Folgenden einige Strecken aus dem breiten Angebot herausgegriffen und skizziert werden. Fast jede Ortschaft verfügt über ein eigenes, lokal ausgewiesenes Wegenetz, hie und da verbindet ein regionaler oder überregionaler Wanderweg die Fluren. Als Wanderkarte sei, neben der Begleitkarte ›Die-Mitte-Deutschland-Karte‹, die Artifex-Karte Nr. 6, Freizeit im Naturpark Eichsfeld-Hainich-Werratal (1. Auflage 2000, 2. überarbeitete Auflage, mit Wassersportangaben, 2001) empfohlen, auch sie deckt natürlich nicht die gesamte Region der vorgestellten Routen ab.

3.6.1. Rundwanderwege

Region: • Südharz: **Ilfeld**: Rund um den Waldgasthof Hufhaus (Hotel und Restaurant) führen zwei Strecken (7 km und 10 km), welche als Skiwanderwege beschildert und im Winter gespurt sind.

• Kyffhäuser: **Bad Frankenhausen**: Geologisch-Botanischer Wanderweg im Naturpark Kyffhäuser, vorwiegend über Zechstein.
Länge: kleine Runde (6 km) und große Runde (10 km)
Beginn/Ziel: am Stadtpark in Bad Frankenhausen.
Verlauf: Kyffhäuserstraße (B 85) nach links (Nordwesten) verlassen (Hinweistafel): vorbei an Schloss „Hoheneck" und dem „Galgenberg", ehem. Waldschlösschen, „Weiße Küche", „Kattenburg", „Alte Salzstraße" (kleine Runde: hier zurück nach Bad Frankenhausen), „Kleine Wipper", Bad Frankenhausen (ca. 3 h).

• Eichsfeld: **Duderstadt**: Rundwanderung Naherholungsgebiet Pferdeberg südwestlich Gerblingerode.
Länge: 10 km (3 1/2 h)
Markierungen: schwarzer Vogel auf weißem Grund, schwarzes Pferd auf weißem Grund, brauner Schmetterling auf weißem Grund
Beginn/Ziel: Obertor im Südosten Duderstadts
Verlauf: Obertor, Adenauerring, Mühlhäuser Straße nach Gerblingerode, dort Hauptstraße, Brückenstraße (südwestlich), Aussichtspunkt Pferdeberg (Pferdebergturm) mit Blick auf Weser- und Leinebergland, Harz und Ohmgebirge, weiter zu Waldgaststätte, Grillplatz, Naturlehrpfad, nach Überquerung der Landstraße entlang dem Radweg nach Duderstadt, Schützenring, Minigolfplatz, Stadtwall, Steintor, Obertor.

• Eichsfeld: **Worbis**: Kulturlandschaftsroute des Eichsfeldes mit 12 Stationen.
Länge: 11 km, mit Wegschleifen und Abstechern 17 km (4 1/2 h)
Markierung: grüner Diagonalstrich auf weißem Quadrat
Beginn/Ziel: Parkplatz am Glashauscenter in Worbis
Verlauf: Parkplatz am Glashauscenter im Nordwesten von Worbis, Ibergstraße, durch Kirchohmfeld hindurch nach Nordosten, dann westlich über Adelsborn, Burg Bodenstein nach Wintzingerode, zum Kanstein und zurück nach Worbis.

• Hainich: **Mühlhausen**: Wanderung durch den Mühlhäuser Stadtwald (Nordhainich).
Länge: 10–11 km (4 h)
Markierung: unterschiedlich
Beginn/Ziel: Parkplatz am Schwanenteich im Westen Mühlhausens
Verlauf: Schwanenteich, Schwanenteichalle, Popperöder Quelle, Waldstraße, am Waldrand angekommen, liegt rechterhand das Waldcafe Prinzenhaus, der Weg führt über die Straße (Am Stadtwald) geradeaus in den Wald hinein, beginnend mit einem Parkplatz, etwa bis hierher reichte das skandinavische Inlandeis während der Elstereiszeit vor rund 400 000 Jahren, der Blick geht über die Mühlhausen-Bad Langensalzaer Mulde bis zu den Heilinger Höhen im Osten, welche vom Eis umfahren wurden, im Südosten schließt sich die Fahnersche Höhe an den herum ziehenden Höhenzug des Hainichs an, dazwischen ist die trennende Senke (Ballstedter Pforte) erkennbar, in die eine Gletscherzunge des Eises hineinrückte, während das Eis die Höhen nicht mehr überschritt. Dem Weg weiter folgen bis zum Weißen Haus (Buswendeschleife und Imbiss), nach rechts (Westen) auf den Promenadenweg einbiegen (mit Informationstafeln der Schutzgemeinschaft Deutscher Wald), an der Wendelhütte den Promenadenweg nach links (wieder Westen) verlassen, hinauf zur flachen Höhe mit dem Pflanzgarten (Mammutbäume u. a.), den Weg weiter etwas hinab, dann (nach der schiefen Robinie) nach links (südwärts) schräg hinab in den Eigenriedener Steingraben zur ehem. Castendyck-Brücke, entlang dem Tal des Steingrabens (Millionenweg, Jägerstieg) süd- und südostwärts, der interessant mäandrierende Steingraben kann bei der Rehbuche über eine kleine Holzbrücke überquert werden, oder man folgt direkt den Mäandern bis Spittelbrunnen, von dort über den Bornweg nach Norden oder aber die Waldstraße entlang nach Osten, weiter dem Talgrund folgend bis nahe an den Waldrand, dann erst links (nach Norden) den Hang hin-

auf und dem Weg folgen, der im Waldrand zurück zum Weißen Haus und dem Waldcafe Prinzenhaus führt (ebenso wie der Bornweg), von dort wieder talab zum Schwanenteich.

• Werratal/Eichsfeld/Hainich: **Mihla**: Radtour „Dreilandschaftseck".
Länge: 46 km
Streckenführung: wahlweise über Straßen und Radwege oder nur Straßen
Markierung: Ortsverbindungsstraßen (mit normalen Verkehrsleitzeichen), Unstrut-Werra-Radweg und Werra-Radweg
Beginn/Ziel: ist wahlweise einer der durchfahrenen Orte, i. B. Mihla
Verlauf: Werrabrücke im Westen Mihlas, nach Ebenshausen, Frankenroda, Probsteizella, Falken, Treffurt im Werratal (Werra-Radweg), hinter Treffurt kurz der Straße Richtung Eschwege (Nordwesten) folgen und dann nach rechts (Osten) ins Heldra-/Haselbachtal einbiegen (Unstrut-Werra-Radweg), über die südeichsfeldischen Gemeinden Wendehausen, Diedorf und Heyerode zum Hainich, kurz vor (Radweg-Variante) oder in (Straßen-Variante) Heyerode nach rechts (Süden) abbiegen und der Straße über Hallungen und Nazza, entlang dem Hainich, nach Mihla folgen, dort wieder rechts halten bis zur Werrabrücke.

• Hainich: **Behringen**: Wanderung durch den Südhainich.
Länge: 14 km (5 1/2 h)
Markierung: unterschiedlich, z. T. keine, weißes „R" für Rennstieg (Höhenweg des Hainichs), „Großer Wanderweg", Skulpturenweg
Beginn/Ziel: Parkplatz am Schloss in Behringen (nördlich der Ortsmitte)
Verlauf: Im Norden Behringens beginnt der Rennstieg, er führt zunächst zum Wartburgblick (Ausblick zum Thüringer Wald), weiter über den Kickelhahnsbaum (ein Birnbaum) hinaus, geradeaus weiter den „Großen Wanderweg" talab, geradeaus weiter dem einmündenden Thalweg folgen, immer im Talgrund bis zur zweiten Weggabelung (mit einer Sitzgruppe), von dort nach links (Westen) zur Wacholderheide und an dieser entlang, nach der Wacholderheide scharf links (westsüdwest) in einer Senke zurück zum Waldrand, daran entlang und schließlich nach links (südwärts) in den Wald hinein, zurück auf den Rennstieg in Richtung Behringen, bald ist der Alte Berg (Schutzhüte), mit 494 m die höchste Erhebung im Hainich, erreicht, weiter auf dem Rennstieg, am Kindel entlang, zum Försterstein. Den Rennstieg nach rechts über den Fahrweg Richtung Hütscheroda

verlassen, bis zum Waldrand, den Schotterweg hinauf weg vom Wald, durch einen Hohlweg bis zur gepflasterten Kreuzung der Dorfstelle Heßwinkel (junge Wüstung), von hier nach links (Südosten) auf dem Skulpturenweg (mit Kunstobjekten), an der Waldecke (Dreieckskreuzung) den mittleren Weg wählen hinauf zumWaldrand, weiter daran entlang (Skulpturenwanderweg) und zuletzt direkt auf Behringen zu (Forststraße Ziegenweg), am Friedhof vorbei und nach links (Osten) abbiegen zum Schlosspark und Parkplatz.

• Hainich: **Kammerforst**: Betteleichenweg.
Länge: 11,7 km (4 1/2 h)
Markierung: stilisierte Betteleiche
Beginn/Ziel: Parkplatz am Obergut in Kammerforst
Verlauf: Vom Dorf südwestwärts hinauf zum Waldrand, in den Wald (Nationalpark Hainich) hinein, hinunter zum „Thamsbrücker Grund“, bergauf zum „Breiten Weg“, zur „Betteleiche“, „Eisernen Hand“, „Ihlefelder Kreuz“, dann hangab, vorbei am Parkplatz „Am Zollgarten“ zurück nach Kammerforst.

• Hainich: **Kammerforst**: Wanderweg Saugraben.
Länge: 9,5 km (4 h)
Markierung: Wildschwein
Beginn/Ziel: Parkplatz „Am Zollgarten“ südlich Kammerforst oder Parkplatz „Fuchsfarm“ westsüdwestlich Mülverstedt
Verlauf: Vom Parkplatz „Am Zollgarten“ aus nach Osten, zunächst über Offenland (an alter, einzelner Hainbuche vorbei und um die Spitze eines Jungwaldes herum), dann in den Hochwald hinein, vorbei am „Kellerloch“, „Hünenburg“ (Wallanlage einer ehem. Schutzburg), „Hünenteich“ (ein Erdfalltümpel) und anschließendem Erlenbruch, kurz aus dem Wald heraus (nahe dem Parkplatz „Fuchsfarm“) ein Stück auf der Chaussee nach Südwesten, bis der Weg ins Brunstal abzweigt und durch leicht urwaldartigen Laubwald führt (Schutzzone 1 des Nationalparks). Am oberen Ende des Brunstales biegt der Weg nach Nordwesten ab. Der „Mittelweg“ führt durch Jungwald ins Offenland, mit Blick ins Thüringer Becken mit nördlichem Hainich, Dün, Hainleite und Fahnerscher Höhe. Im Offenland biegt der Weg nun nach Nordosten und geleitet bergab zurück zum Ausgangspunkt.

• Hainich: **Mülverstedt**: Wanderweg Hünenteich.
Länge: 5,1 km (2 h)
Markierung: Frosch

Beginn/Ziel: Parkplatz „Fuchsfarm" westsüdwestlich Mülverstedt
Verlauf: Vom Parkplatz nach Südwesten, den Bachgrund talauf, der bald im Wald verläuft. Im rechten Winkel quert der Weg den kaum Wasser führenden Grund nach Nordwesten und tritt schließlich aus dem Wald heraus. Das Offenland wird in nordöstliche Richtung durchwandert, über einen Bohlenweg wieder in den Wald hinein, vorbei am „Kellerloch", der „Hünenburg" (Wallanlage einer ehem. Schutzburg), „Hünenteich" (ein Erdfalltümpel) und anschließendem Erlenbruch, durch Hochwald zurück zum Ausgangspunkt.

• Hainich: **Mülverstedt**: Erlebnispfad Brunstal.
Länge: 3,3 km (1 1/2–2 1/2 h)
Markierung: Ahornblatt
Beginn/Ziel: Parkplatz „Fuchsfarm" westsüdwestlich Mülverstedt
Verlauf: Vom Parkplatz nach Südwesten, durch die Streuobstwiese, ein gutes Stück weiter zweigt der Wanderweg nach links ins ebenfalls südwestlich sich hinziehende Brunstal ab (Schutzzone 1 des Nationalparks). Hier wächst der zukünftige Urwald. Der Erlebnispfad Brunstal ist barrierefrei und daher für sehbehinderte und blinde Menschen sowie Rollstuhlfahrer besonders geeignet, der Weg führt auch durchs Brunstal wieder zurück.

• Hainich: **Weberstedt**: Erlebnispfad Weberstedt.
Länge: kleine Runde (I): 3,4 km (1 1/2 h), große Runde (II): 4,6 km (2 h)
Markierung: Steinbock (nach dem Wappenzeichen der Familie von Goldacker)
Beginn/Ziel: Parkplatz am Goldackerschen Schloss (Ortsmitte)
Verlauf: In westsüdwestliche Richtung durch den Schlosspark, am Kapellengraben entlang, an der Benjeshecke nach Südsüdost, vorbei an Teichen und der Sukzessionsfläche zum „Tor zum Hainich", hier trennt sich die kleine Runde (I) und führt in nordöstliche, dann nordwestliche Richtung zurück in den Ort. Die große Runde (II) führt vom „Tor zum Hainich" weiter über die „Dicke Eiche" in artenreichen Laubwald, mit viel Totholz, hinein, biegt alsbald ebenfalls in nordöstliche, dann nordwestliche Richtung um und führt, vorbei an Tümpel, dann gemeinsam mit Runde (I) an Rastplatz bei der Wolfsgrube, Bienenwagen, Streuobstwiese mit Teich und Ruheplatz, über den Grillplatz (mit Holzorgel, Holzwaage und Tastpfad) zum Schloss zurück.

• Hainich: **Craula**: Naturpfad Thiemsburg.
Länge: 3,8 km (1 1/2 h)
Markierung: Eichenblatt
Beginn/Ziel: Parkplatz „Thiemsburg“ nordöstlich Craula
Verlauf: Gänzlich im Wald. Vom Parklatz, am kleinen Teich vorbei, zum „Baumtelefon“, nach rechts abzweigen, vorbei an zwei dichtstehenden Eichen „Braut und Bräutigam“ zur Plattform am kleinen Erlenbruch. Später nach links (Süden) die sanfte Anhöhe hinauf und wieder hinab, zum Steingraben, an diesem ein ganzes Stück entlang, dann in nördliche Richtung zur Holzorgel und zurück zum Teich, links im Wald eine dicke, 500 Jahre alte Eiche, zurück zum Parkplatz.

• Hainich: **Craula**: Wanderweg Sperbersgrund.
Länge: 5,6 km (2 1/2 h)
Markierung: Sperber
Beginn/Ziel: Parkplatz „Craulaer Kreuz“ westnordwestlich Craula
Verlauf: Zunächst ein Stück den befestigten Hauptweg entlang, dann nach links in den Buchenwald hinein zum Eingang des „Langen Tales“, auf schmalem Pfad in den Talgrund hinab, durch urwaldartige Bestände in der Schutzzone 1 des Nationalparks. An der Kehre im Talgrund den „Sperbersgrund“ hinauf (Südsüdost), dann nach Osten abbiegen, durch Offenland mit Jungwald, am Rennstieg angekommen auf diesen einschwenken (nach Nordnordost) und zurück zum Ausgangspunkt.

• Hainich: **Craula**: Wanderweg Craulaer Kreuz.
Länge: 7,5 km (3 h)
Markierung: (Craulaer) Steinkreuz
Beginn/Ziel: Parkplatz „Craulaer Kreuz“ westnordwestlich Craula
Verlauf: Im Walde. Auf dem Rennstieg in westnordwestliche Richtung bis zum Plattenweg, auf diesem ein Stück zurück und dann nach rechts ins „Lange Tal“ hinab. Der Talgrund wird am „Gänserasen“ erreicht, von dort nach Osten im „Langen Tal“ geradeaus talauf bis zum Plattenweg und zurück zum Parkplatz.

• Hainich: **Berka v.d.H.**: Wanderweg Sulzrieden.
Länge: 6,6 km (2 1/2 h)
Markierung: Eule
Beginn/Ziel: Parkplatz „Mallinde“ nordöstlich Berka v.d.H.
Verlauf: Vom Parkplatz zunächst in östliche Richtung auf den Hochwald zu, dort angekommen nach links abbiegen, ins „Lange Tal“

hinab – den Fahrweg im Talgrund querend – bis zum gegenüberliegenden Waldrand, dann nach rechts auf einem alten Rückeweg am Waldrand, bis der Fahrweg im „Langen Tal“ wieder erreicht ist. Schließlich wiederum nach rechts (in südliche Richtung) wenden, durch urwaldähnlichen Buchenwald (Schutzzone 1 des Nationalparks) bergan bis aus dem Wald heraus, mit Blick auf die Wiederbewaldungsflächen. Rechterhand führt der Weg in spitzem Winkel am Waldrand entlang und bergab zurück zum Parkplatz.

• Hainich: **Lauterbach**: Wanderweg Bummelkuppenweg.
Länge: 9,4 km (4 h)
Markierung: Buchenblatt
Beginn/Ziel: Parkplatz „Harsberg“ ostnordöstlich Lauterberg
Verlauf: In den Wald hinein die „Hohe Straße“ hinauf, vorbei am „Mülverstedter Kreuz“ zum „Ihlefeld“, nach rechts auf den Rennstieg mit „Betteleiche“, „Ihlefelder Kreuz“ und „Eiserner Hand“, dann wieder rechts den „Kalkgrund“ hinab bis aus dem Wald heraus, den Harsberg hinauf zurück zum Parkplatz.

• Hoher Meißner: **Vockerode** westnordwestlich Eschwege: Waldlehrpfad Frau-Holle-Teich.
Länge: 2 1/2 km (2 1/2 h)
Markierung: Eule
Beginn/Ziel: Parkplatz Frau-Holle-Teich, westnordwestlich Vockerode, direkt an der Meißnerstraße über der Ostflanke (Schwalbenthal/Kammerbach) gelegen
Verlauf: Der vor Ort auch Waldlernpfad genannte Rundwanderweg (mit starken Steigungen und Treppen) führt über 14 Stationen durch die interessantesten Landschaftsteile der Meißnerhöhe: Fichtenwald, Laubwald, ehem. Braunkohlentagebau, Basalt und Basaltblockschutthalde, Waldwiese und märchenhaftes Bachtal nahe dem Frau-Holle-Teich.

• Nordwestlicher Thüringer Wald: **Friedrichroda**: Benediktinerpfad.
Länge: 15 km (6 h bis 1 Tag)
Markierung: schwarze „4“ auf gelbem Kreis über weißem Grund
Beginn/Ziel: Puschkinpark in Friedrichroda
Verlauf: Puschkinpark Friedrichroda 1,6 km zum Schloss Reinhardsbrunn, 0,2 km zu den Reinhardsbrunner Teichen, 1,4 km zum Komstkochteich/Hexenrasen, 0,9 km zur Kräuterwiese, 1,5 km zum Schloss Tenneberg/Waldaltar, 2,9 km zum Cafe Deysingslust, 2,2 km

zur Kneipp-Kuranlage, 0,2 km zur Märchenwiese, 0,5 km zum Steinpark, 2,3 km zur Marienglashöhle und 1,3 km zurück nach Friedrichroda.

• Naturpark Eichsfeld-Hainich-Werratal: Nutzen Sie den Wanderbus! Der Wanderbus (Sonder- und Linienbusse) bringt Sie ins Gelände. Sie steigen aus, wo Sie möchten und später an gleicher Stelle oder anderswo wieder ein. Aktuelle Fahrpläne halten die Informationen bereit.

3.6.2. Zielwanderwege

Region: • Eichsfeld/Hainich/Werratal: **Heiligenstadt/Creuzburg**: Naturparkwanderweg Eichsfeld-Hainich-Werratal.
Länge: 105 km (5 Tage)
Markierung: rotes Quadrat auf weißem Grund
Beginn: in Heilbad Heiligenstadt, am Marktplatz (Übersichtstafel am Iberg)
Ziel: Creuzburg, Markt
Verlauf: Heilbad Heiligenstadt – Lutter „Fürstenhagen (Naturparkverwaltung und Informationszentrum im alten Bahnhof) – Bernterode – Martinfeld – Wachstedt – Küllstedt – Großbartloff – Wilbich – Geismar – Hülfensberg – Döringsdorf – Lengenfeld u. Stein – Kloster Zella – Faulungen – Katharinenberg – Wendehausen – Treffurt – Falken – Frankenroda – Scherbda – Creuzburg.

• Eichsfeld/Unstruttal: **Kefferhausen/Herbsleben**: Unstrutwanderweg.
Länge: 53 km (2–3 Tage)
Markierung: grüner Horizontalstrich auf weißem Grund
Beginn: an der Unstrutquelle westnordwestlich Kefferhausen b. Dingelstädt
Ziel: Herbsleben
Verlauf: entlang dem Oberlauf der Unstrut, von der Quelle bis zum beginnenden Mittellauf (durch die Mühlhausen – Bad Langensalzaer Mulde): Kefferhausen – Dingelstädt – Silberhausen – Helmsdorf – Zella – Horsmar – Beyrode – Dachrieden – Reiser – Ammern – Mühlhausen – Görmar – Bollstedt – Altengottern – Thamsbrück – Merxleben – Nägelstedt – Großvargula – Herbsleben.

• Unstruttal/Hainich/Werratal: **Görmar/Heldra**: Unstrut-Werra-Radwanderroute. Verbindet den Unstrut-Radweg mit dem Werratal-Radweg.
Länge: 30 km
Markierung: beschriftetes, grün-weißes Piktogramm
Beginn: an der Unstrut in Görmar (östlicher OT v. Mühlhausen)
Ziel: an der Werra im Südwesten von Heldra
Verlauf: Görmar – Mühlhausen – Popperode – Weidensee – Oberdorla – Langula – Langulaer Tal (Hainich) – Heyerode – Diedorf – Wendehausen – Heldra.

• Hainich: **Eigenrieden/Behringen**: Rennstieg, der Höhenweg des Hainichs.
Länge: 31 km (1-2 Tage)
Markierung: weißes „R" auf dunklem Grund
Beginn: am Westrand von Eigenrieden (Mühlhäuser Landgraben)
Ziel: am Nordrand von Behringen (Schlosspark)
Verlauf: Eigenrieden – Mühlhäuser Landgraben – Grenzhaus Heyerode – Dreiherrenstein – Rastplatz ehem. Antoniusherberge – Ihlefeld – Betteleiche – Ihlefelder Kreuz – Craulaer Kreuz – Alter Berg (höchste Erhebung im Hainich, 494 m) – Baumeisterkreuz – Schlosspark Behringen.

• Hainich: **Mühlhausen/Grumbach**: Waagebalkenweg.
Länge: ca. 42 km (1–2 Tage)
Markierung: weißes, umgekehrtes „T" auf dunklem Grund
Beginn: am Waldcafe „Prinzenhaus" am Mühlhäuser Stadtwald
Ziel: ist das Harthhaus westsüdwestlich Grumbach b. Bad Langensalza
Verlauf: entlang der Hainich-Ostflanke: Waldcafe „Prinzenhaus" – Weißes Haus – Schullandheim Waldschlösschen – Wildgehege – Kuhkopf – Langulaer Tal – Tarternkreuz – Lehdeborn – Hainichhaus (Forsthaus Seebach) – Betteleiche – Ihlefelder Kreuz – Eiserne Hand – Brunstal – Weberstedt – Thiemsburg – Binsenteich – Harthhaus.

• Fahnersche Höhe/Hainich: **Erfurt/Mühlhausen**: Fahnersche Höhe-Hainich-Weg.
Länge: 80 km (4 Tage)
Markierung: rotes Quadrat auf weißem Grund
Beginn: in Erfurt
Ziel: ist Mühlhausen

Verlauf: Erfurt – Fahnersche Höhe – Bad Langensalza – Hainich – Mühlhausen.

• Naturpark Eichsfeld-Hainich-Werratal: Geologische Autowanderroute.
Die Verwaltung des Naturparkes und der VDF – Verein der Freunde des Naturparks Eichsfeld-Hainich-Werratal und des Nationalparks Hainich e.V. haben ein Heft: „Geologie erleben. Geologische Route durch den Naturpark." herausgegeben. Darin werden interessante geologische Aufschlüsse des Naturparkgebiets einschließlich ihrer Anfahrtswege beschrieben und zwar:

1) Geländeüberblick bei ***Rimbach*** (Tektonik und Geländeformen in Sedimentgesteinen des Buntsandsteins, Muschelkalks und Keupers)
2) Dolomitfelsen im Naturschutzgebiet „Hasenwinkel" bei ***Fretterode*** (bituminöser Zechstein-Dolomit, wahrscheinlich durch Halokinese (Bewegung durch Salzauftrieb) im Bereich der tektonischen Eichenberg-Gotha-Saalfelder-Störungszone herausgehoben)
3) Der Steinbruch bei ***Misserode*** (Tektonik der Eichenberg-Gotha-Saalfelder-Störungszone im Unteren Muschelkalk)
4) Der Lutter-Wasserfall bei ***Großbartloff*** (Talformen in den Sedimentgesteinen von Buntsandstein und Muschelkalk, holozäne Süßwasserkalke (einschließlich geringer gegenwärtiger Kalkablagerung))
5) Geologisches Naturdenkmal bei ***Hildebrandshausen*** (Gesteine des Unteren Muschelkalks mit tektonischen Strukturen)
6) Ehemaliger Bahneinschnitt zwischen ***Diedorf und Heyerode*** (Aufschluss in Schichten des Muschelkalks)
7) Der geologische Wanderpfad vom Töpferstieg zur Adolfsburg in ***Treffurt*** (Aufschlüsse in Gesteinen des Mittleren und Oberen Buntsandsteins und des Unteren Muschelkalks mit tektonischen Faltenstrukturen)
8) Der Werrasteilhang südlich von ***Großburschla*** (verwitterter Sandstein des Unteren Buntsandsteins und pleistozäne, kaltzeitliche Werrakiese)
9) Der Heldrastein bei ***Schnellmannshausen*** (Erosionsprozesse in der Schichtstufenlandschaft aus Gesteinen des Oberen Buntsandsteins und Muschelkalks (Blockbewegungen an der Wellenkalk-Trauf))

10) Der Nordmannstein – Blick bei ***Ebenau*** (Talprofil der Werra (Flusserosionsformen) in den Gesteinen des Unteren Muschelkalks)
11) Die ehemalige Saline ***Wilhelmsglücksbrunn*** (Blick ins Durchbruchstal der Werra; ehem. Solequelle)
12) Der Werradurchbruch bei ***Hörschel*** (tektonisch verstellte Gesteine des Unteren Muschelkalks am Eisenach-Creuzburg-Netraer-Graben; miozäner Basaltgang; Durchbruchstal der Werra)
13) Der Keuperaufschluss bei ***Ütteroda*** (Tonsteine und Steinmergel der Dolomitmergelkeuper-Folge mit Verwerfungen)
14) Der Schlothauersche Steinbruch in ***Lauterbach*** (Sandstein der Lettenkeuper-Folge)
15) Auflässiger Steinbruch am Schliemenköpfchen bei ***Nazza*** (Gesteine des Unteren Muschelkalks mit tektonischen Störungen)
16) Die Erdfallquellen bei ***Oberdorla*** (über aktivem Muschelkalkkarst)
17) Der Erdfall bei ***Reichenbach*** (über aktivem Muschelkalkkarst, Versturzentwicklung eines jungen, trockenen Erdfalls)
18) Der Rabenhög-Steinbruch bei ***Craula*** (Gesteine des Unteren Muschelkalks)
19) Die Golken bei ***Bad Langensalza*** (Erdfallquellen über aktivem Muschelkalkkarst, mittelpleistozäner und holozäner Süßwasserkalk (Travertingesteine) talab)

Die Aufschlusspunkte sind im Gelände mit Informationstafeln und auf der empfohlenen Artifex-Karte Nr. 6 (Eichsfeld, Hainich, Werratal) mit weißen Zahlen in braunen Quadraten gekennzeichnet.

Region/Fernregion: • Thüringer Wald/Thüringer Schiefergebirge: **Hörschel/Blankenstein**: Rennsteig, der Höhenweg des Thüringer Waldes/Schiefergebirges.
Länge: 168 km (7–10 Tage)
Markierung: weißes „R“
Beginn: Hörschel/Werra
Ziel: Blankenstein/Saale
Verlauf: Hörschel – Hohe Sonne – Glasbachwiese – Großer Inselsberg – Heuberghaus – Ebertswiese – Wachsenrasen – Oberhof/Rondell – Schmücke – Allzunah – Neustadt – Masserberg – Friedrichshöhe – Limbach – Neuhaus – Ernstthal – Spechtsbrunn – Waldhaus Weidmannsheil – Steinbach am Wald – Brennersgrün – Rodacherbrunn – Schlegel – Blankenstein.

Fernregion: • Östliches Thüringer Schiefergebirge: **Auma/Zeulenroda**: 1. Thüringer Planetenwanderweg.
Länge: 12 1/2 km (4 1/2 h)
Markierung: grüner Diagonalstrich auf weißem Grund
Beginn: an der Schulsternwarte in Auma
Ziel: Erlebnisbad „Waikiki“ in Zeulenroda
Verlauf: Die Kuppel der Sternwarte steht symbolisch für die Sonne, im Maßstab 1:500 000 000 folgen die 9 Planeten des Sonnensystems, maßstabsgetreu symbolisiert durch in große Diabassteine eingelassene Edelstahlkugeln.

3.6.3. Durchziehende Fernwanderwege

• Harz/Eichsfeld/Thüringer Wald: **Thale/Hörschel**: Harz-Eichsfeld-Thüringer Wald-Weg (HET-Weg).
Länge: 188 km + 6 km Abstecher Brocken (10 Tage)
Markierung: blaues Dreieck auf weißem Grund
Beginn: in Thale/Bode, Harz
Ziel: am Rennsteig in Hörschel/Werra
Verlauf: Thale – Schierke – Abstecher Brocken – Sankt Andreasberg – Bad Lauterberg – Osterhagen – Weilrode – Weißer Stein – Weißenborn-Lüderode – Kloster Gerode – Sonnenstein – Holungen – Forsthaus Seegel – Bornberg – Burg Bodenstein – Worbis – Wiesengrund – Forsthaus Zehnsberg – Kessenberg – Leinefelde (Leinequelle) – Leinetal – Beuren – Burg Scharfenstein – Kreuzebra – Werdigshäuser Kirche (Abstecher zur Unstrutquelle bei Kefferhausen) – Pfannberg – Burg Gleichenstein – Klüschen Hagis – Forsthaus Westerwald – Kuhtrifft – Campingplatz bei Großbartloff – Effelder – Struht – Kloster Zella – Faulungen – Katharinenberg – Adolfsburg – Treffurt – Falken – Frankenroda – Scherbda – Creuzburg – Pferdsdorf – Spichra – Hörschel (Rennsteig).

• Harz/Eichsfeld/Thüringer Wald: **Wernigerode/Hörschel**: Thüringer Fernwanderweg Wernigerode - Rennsteig.
Länge: 229 km (10-12 Tage)
Markierung: blaues Diagonalkreuz auf weißem Grund
Beginn: in Wernigerode/Holtemme, Harz
Ziel: am Rennsteig in Hörschel/Werra

Verlauf: Wernigerode – Elbingerode – Königshütte – Trautenstein – Neustadt – Nordhausen – Kelbra – Kyffhäuser – Bad Frankenhausen – Bendeleben – Göllingen – Hachelbich – Possen – Helbetal – Friedrichsrode – Rondell bei Keula – Kleinkeula – Sollstedter Warte – Kaisershagen – Reisersches Tal – Ammern – Mühlhausen – Popperöder Quelle – Mühlhäuser Stadtwald (Hainich) – Waldschlösschen – Rennstieg (Höhenweg des Hainichs) – Burg Haineck – Nazza – Mihla – Creuzburg – Spichra – Hörschel (Rennsteig). Der Weg endet hier nicht, sondern setzt sich bis Zittau/Sachsen fort (Hauptwanderweg Wernigerode - Zittau, 946 km).

• NW-Hessen/Werratal/Hainich/Unstruttal/Dün/Hainleite/Kyffhäuser: **Korbach/Kyffhäuser**: Barbarossaweg.
Länge: 326 km (17–20 Tage)
Markierung: weißes Diagonalkreuz auf dunklem Grund
Beginn: in Korbach/Nordwesthessen
Ziel: ist das Kyffhäuser-Denkmal
Verlauf: Korbach – Waldkappel – Wichmannshausen – Heldrastein – Treffurt – Heyerode (Hainich) – Mühlhäuser Stadtwald – Mühlhausen – Reiser – Sollstedt – Burg Lohra – Straußberg – Sondershausen – Bendeleben – Barbarossahöhle – Bad Frankenhausen – Tilleda – Kyffhäuser-Denkmal.

• Osterland/Thüringer Vogtland/Holzland/Thüringer Wald/Werratal: **Altenburg/Creuzburg**: Thüringenweg.
Länge: 410 km (21 Tage)
Markierung: blauer Punkt (Kreis) auf weißem Grund
Beginn: in Altenburg/Pleiße
Ziel: ist Creuzburg/Werra
Verlauf: Altenburg – Schmölln – Reust – Teichwolframsdorf – Greiz – Berga – Gera – Bad Köstritz – Thalbürgel – Jena – Magdala – Bad Berka – Großkochberg – Bad Blankenburg – Paulinzella – Martinroda – Gräfenroda – Luisenthal - Engelsbach – Winterstein – Thal – Eisenach – Lauchröden – Creuzburg.

• Von der östlichsten zur westlichsten Stadt Deutschlands: **Görlitz/Aachen**: Weg der Deutschen Einheit.
Länge: 1080 km (55–60 Tage)
Markierung: unterschiedlich, verläuft auf vorhandenen, markierten Weitwanderwegen

Beginn: in Görlitz/Sachsen
Ziel: in Aachen/Nordrhein-Westfalen
Verlauf: ... über den Rennsteig/Thüringer Wald ...

• Der „6-Länder-Ost-West (oder West-Ost)-Weg“: **Adekerk/Zittau**: „Glück-auf-Weg“.
Länge: 1100 km (55–60 Tage)
Markierung: unterschiedlich, verläuft auf vorhandenen, markierten Wanderwegen
Beginn: in Adekerk/Nordrhein-Westfalen
Ziel: in Zittau/Sachsen
Verlauf: über das Eichsfeld: ... Werleshausen b. Witzenhausen – Fürstenhagen – Heilbad Heiligenstadt – Dingelstädt – Vollenborn (Dünweg) ... . Der „Glück-auf-Weg“ zieht durch (ehemalige) Bergbauregionen quer durch Deutschland.

• Europäischer Fernwanderweg E 3: **Santiago/Istanbul**: Vom Atlantik über Ardennen, Erzgebirge und Karpaten ans Schwarze Meer.
Länge: 6 950 km (1 Jahr)
Markierung: unterschiedlich, kein durchgehendes, eigenes Symbol
Beginn: in Santiago de Compostela/Spanien
Ziel: ist Istanbul/Türkei
Verlauf: u. a. über den Thüringer Wald und Thüringer Schiefergebirge: ... Eisenach – bis Neuhaus: auf dem Rennsteig, dann – Bad Blankenburg – Ziegenrück – Saalburg – Schleiz – Plauen – Budapest ... . Der Fernwanderweg E 3 ist noch unvollständig (www.era-ewv-ferp.org).

• Europäischer Fernwanderweg E 6: **Kilpisjärvi/Alexandroupolis**: Von der Ostsee über den Harz an die Adria.
Länge: 5 200 km (280–300 Tage)
Markierung: unterschiedlich, kein durchgehendes, eigenes Symbol
Beginn: in Kilpisjärvi/NW-Finnland
Ziel: ist Alexandroupolis/Griechenland
Verlauf: u. a. über Harz, Eichsfeld, Werratal: ... Stockholm – Malmö – Kopenhagen – Lübeck – Barbis b. Bad Lauterberg – Rhumspringe (Eichsfeld) – Duderstadt (Eichsfeld) – Göttingen – Dransfeld – Hannoversch-Münden (Werratal) – Mollenfelde – Witzenhausen (Werratal) – Wendershausen (Werratal) – Bad Sooden-Allendorf (Werratal) – Eschwege (Werratal) – Lüderbach – Coburg – Mariazell – Eibiswald ... . Der Fernwanderweg E 6 ist noch unvollständig (www.era-ewv-ferp.org).

• Europäischer Fernwanderweg E 11: **Haarlem/Masuren**: Durch die Niederländisch-Norddeutsch-Polnische-(u. Baltisch-Russische)-Tiefebene.
Länge: 1950 km (100 Tage)
Markierung: unterschiedlich, kein durchgehendes, eigenes Symbol
Beginn: in Haarlem/Niederlande
Ziel: ist das Gebiet der Masuren in NE-Polen, an der Grenze zu Litauen, eine Fortführung des Fernwanderweges über das Baltikum bis nach Moskwa (Moskau)/Russland ist vorgesehen.
Verlauf: u. a. über den Harz: Haarlem – Amsterdam – Amersfoort – Osnabrück – Hameln – Harz – Dessau – Potsdam – Frankfurt an der Oder – Poznan – Torun ... . Der Fernwanderweg E 11 ist noch unvollständig (www.era-ewv-ferp.org).

4. Literatur

-AIELLO, L. & BENNIKE, P. (HRSG.) (1996): 4 Millionen Jahre Mensch. – Katalog zur gleichnamigen Ausstellung auf Deutschlandtournee 1997–2000

-BAUMANN, L., NIKOLSKIJ, I. L., WOLF, M. (1982): Einführung in die Geologie und Erkundung von Lagerstätten. – Leipzig

-BENDA, L. (HRSG.) (1995): Das Quartär Deutschlands. – Berlin, Stuttgart

-BEURLEN, K., GALL, H., SCHAIRER, G. (1992): Die Alb und ihre Fossilien. Ein Wegweiser für den Liebhaber. – Bindlach

-BINDER, H., LUZ, A., LUZ, H. M. (1993): Schauhöhlen in Deutschland. – Ulm

-BÜTOW, W. ET AL.(1988): Kurze deutsche Grammatik. – Berlin

-CLARk, S. P.; JR. (1977): Die Struktur der Erde. – Stuttgart

-COX, B. (HRSG.) (1989): Die große Enzyklopädie der prähistorischen Tierwelt. Dinosaurier und andere Tiere der Vorzeit. – München

-ERNST, W. & WEIGEL, H. (1992): Naturkundliche Wanderungen in Thüringen. – Marburg

-FULLE, R. (2001): Wanderwege in und um Mühlhausen in Thüringen. – Mühlhausen

-GEIßLER, R. (1998): Die schönsten Wanderungen im Eichsfeld. Wanderführer. - Duderstadt

-GEYER, R., JAHNE, H., STORCH, S. (1999): Geologische Sehenswürdigkeiten des Wartburgkreises und der kreisfreien Stadt Eisenach. – Naturschutz im Wartburgkreis, Heft 8, Eisenach

-GEYER, R., PATZELT, G., SCHÄFER, D. (2000): Geologie erleben. Geologische Route durch den Naturpark (Eichsfeld-Hainich-Werratal). – Heilbad Heiligenstadt

-GÖTTLICH, K. (HRSG.) (1990): Moor- und Torfkunde. – Stuttgart

-GOULD, ST. J. (1994): Zufall Mensch. Das Wunder des Lebens als Spiel der Natur. – München

-GROSS, R. (1978): Die Photosynthese. – B Stoff- und Energiewechsel, Studienbrief 1, Deutsches Institut für Fernstudien an der Universität Tübingen, Tübingen

-HASEL, K. (1987): Vom Urwald zum Wirtschaftswald. Entwicklung und Geschichte des deutschen Waldes und der Forstwirtschaft. – Schriftenreihe „Wald und Umwelt" der Schutzgemeinschaft Deutscher Wald e. V., Nr. 21, Hohenwehstedt

-HAUBOLD, H. ET AL. (1982): Die Lebewelt des Rotliegenden. – Wittenberg
-HAUBOLD, H. & SCHAUMBERG, G. (1985): Die Fossilien des Kupferschiefers. – Wittenberg
-HAUSCHKE, N. & WILDE, V. (HRSG.) (1999): Trias. Eine ganz andere Welt. Mitteleuropa im frühen Erdmittelalter. – München
-HEERDA, E. (1994): Unsere Bäume. Eine Studie über Bäume im Eichsfeld. – Heilbad Heiligenstadt
-HENNINGSEN, D. & KATZUNG, G. (1998): Einführung in die Geologie Deutschlands. – Stuttgart
-HERRMANN, J. (HRSG.) (1989): Archäologie in der Deutschen Demokratischen Republik, zwei Bände. – Leipzig, Jena, Berlin
-JACOBSHAGEN, V. (HRSG.) (1989): Der Hohe Meißner in Hessen. Ergebnisse geologischer und geomorphologischer Forschungen. – Berliner geowissenschaftliche Abhandlungen, Reihe A, Band 114, Berlin
-JUBELT, R., SCHREITER, P. (1980): Gesteinsbestimmungsbuch. – Leipzig
-KAHLKE, H.-D. (1994): Die Eiszeit. – Leipzig, Jena, Berlin
-KAPLAN, R. W. (1985): Evolution der Pflanzen- und Tierwelt: 4. Ursprung und frühe Evolution des Lebens. – Studienbrief des Deutschen Instituts für Fernstudien an der Universität Tübingen, Tübingen
-KELBER, K.-P., HANSCH, W. (1995): Keuperpflanzen. Die Enträtselung einer über 200 Millionen Jahre alten Flora. – museo 11, Veröffentlichungen der Städtischen Museen Heilbronn (Begleitheft zur gleichnamigen Ausstellung 1995/96), Heilbronn
-KLAUS, S. & STEPHAN, TH. (1998): Nationalpark Hainich. Laubwaldpracht im Herzen Deutschlands. – Arnstadt, Weimar
-KNOLLE, F., OESTERREICH, R., SCHULZ, R., WREDE, V. (1997): Der Harz. Geologische Exkursionen. – Gotha
-KNOLLE, F. & MARBACH, W. (1998): Bergwerke & Höhlen im Harz. – Goslar
-KOCH, H. (1975): Wanderungen im Hainich. – Mühlhausen
-KOCH, H. (1977): Wanderungen um den Mühlhäuser Landgraben. – Mühlhausen
-KOCH, H. (1978): Wanderungen im Gebiet der Kalischächte und Erdgassonden des Kreises Mühlhausen. – Mühlhausen

-Koch, H. (1979): Wanderungen zwischen Heilinger Höhen und Hainich.
– Mühlhausen
-Kreutzer, H. W. (1987): Palynologie, Stratigraphie und Tektonik im Becken von Großalmerode. – Giessener Geologische Schriften, Nr. 41, Giessen
-Krumbiegel, G., Walther, H. (1984): Fossilien. – Leipzig
-Kunkel, A. (Hrsg.) (1997): Saurier und Urvögel. – Spektrum der Wissenschaft, Heidelberg
-Lambert, D. (1993): Der neue große Bildatlas der Dinosaurier. – München
-Lang, G. (1994): Quartäre Vegetationsgeschichte Europas. Methoden und Ergebnisse. – Jena, Stuttgart, New York
-Lenz, L. & Wiedersich, B. (1993): Grundlagen der Geologie und Landschaftsformen. - Leipzig, Stuttgart
-Lindner, A. (1994): Neue Zeugnisse des frühen ›Neandertalers‹ (prae sapiens) in Thüringen. – Mühlhäuser Beiträge, Heft 17: 17–21, Mühlhausen
-Lindner, A. (1995): Burgtonnaer Tiburtinum. – Beiträge zur Geologie von Thüringen, Neue Folge, Heft 2: 107–140, Jena
-Lindner, A. (1999): Diskussion der stratigraphischen Alter der Travertingerölle und der anstehenden Travertine im Gebiet der oberen Unstrut. – Geowissenschaftliche Mitteilungen von Thüringen, Band 7: 99–126, Weimar
-Ludwig, G. (1990): Jahresringe. Die Geschichte des Rohstoffes Holz.
– Berlin
-Lützner, H. (1979): Transportanalyse der unterpermischen Sedimente im Thüringer Wald. – Veröffentlichungen des Zentralinstituts für Physik der Erde, Nr. 43, Potsdam
-Maier, D. (1996): Wandern mit dem Auto. Deutschland neu erleben! – München, Stuttgart
-Mania, D. (1990): Auf den Spuren des Urmenschen. Die Funde von Bilzingsleben. – Berlin
-Mattmüller, C. R. (1994): Ries und Steinheimer Becken. Geologischer Führer und Einführung in die Meteoritenkunde. – Stuttgart
-Mönninghoff, W. (1998): Deutsche Nationalparke, Nationalpark Hainich. – Berlin

-Murawski, H. (1992): Geologisches Wörterbuch. – Stuttgart
-Nationalparkverwaltung Hainich (Hrsg.) (1999): Nationalparkregion Hainich. Natur und Kultur in der Mitte Deutschlands. – Wenigenlupnitz
-Nationalparkverwaltung Hainich (Hrsg.) (2001): Nationalparkregion Hainich. Natur und Kultur in der Mitte Deutschlands. Mit Beilage Gastgeberverzeichnis: Nationalparkregion Hainich. Zu Gast in der Mitte Deutschlands. – Wenigenlupnitz
-Naturkundemuseum Erfurt in Zusammenarbeit mit dem BUND Thüringen (1996): Zum Hainich. Beiträge des Symposiums. Nationalpark Hainich, Chance für Mensch & Natur. – Erfurt
-Naturschutzbund Deutschland, Kreisverband Gotha e.V. (Hrsg.) (1999): Zur Natur und Geschichte der Fahner Höhe. – Gotha
-Neid, H. (Hrsg.) (1994): Interessante Bäume in Mühlhausen und Umgebung. – Stadtverwaltung Mühlhausen
-Nestler, H. (1982): Die Fossilien der Rügener Schreibkreide. – Wittenberg
-Neumerkel, W. (ohne Jahr): Naturlehrpfade und Kräutergärten im Kyffhäuserkreis. – Artern
-Patzelt, G. (1994): Streifzüge durch die Erdgeschichte Nordwest-Thüringens. Geologischer Abriß und Exkursionsführer. – Gotha
-Patzelt, G. (1998): Der Hainich. – Heilbad Heiligenstadt
-Paul, J., Wagner, K., Wesling, Ch. (1997): Lithostratigraphie und Fazies des Ilfelder Beckens (Permokarbon, Harz). – Freiberger Forschungshefte C 466, Heft 4: 109–153, Freiberg
-Polunin, O. (1984): Bäume und Sträucher Europas. – München
-Reinhardt & Hess (1996): Wetterbeobachtung durch das Jahr. – München
-Reuther, R. & Weise, R. (1996): Der Unstrut-Hainich-Kreis mit seinen Landschaften, Naturschönheiten und Schutzgebieten. – Mühlhausen
-Rockstuhl, H & Störzner, F. (1998): Hainich-Geschichtsbuch. Geschichte und Geschichtszeugen eines Naturerbes in Thüringen. – Bad Langensalza
-Rothmaler, W. (1987): Exkursionsflora für die Gebiete der DDR und der BRD, Band 3, Atlas der Gefäßpflanzen. – Berlin
-Schreiber, H.-W. (2000): Wandern im Hainich. Auf stillen Wegen durch ausgedehnte Wälder. - Erfurt

-SCHÜLER, H. (HRSG.) (1992): Der Mittelpunkt Deutschlands. – Kleine Thüringen-Bibliothek, Erfurt
-SCHULZ, H. (1985): Leben wir in einem Eiszeitalter? Zur Geschichte der Eiszeittheorien. – Berlin
-SCHWARZBACH, M. (1993): Das Klima der Vorzeit. Eine Einführung in die Paläoklimatologie. – Stuttgart
-SEIDEL, G. (HRSG.) (1995): Geologie von Thüringen. – Stuttgart
-SEIM, R. (1981): Minerale. Sammeln und Bestimmen. – Leipzig, Radebeul
-SPECK, TH. (1988): Evolution der Pflanzen- und Tierwelt: 5/1: Geschichte der Pflanzen, 1. Teil. – Studienbrief des Deutschen Instituts für Fernstudien an der Universität Tübingen, Tübingen
-SPECK, TH. (1988): Evolution der Pflanzen- und Tierwelt: 5/1: Geschichte der Pflanzen, 2. Teil. – Studienbrief des Deutschen Instituts für Fernstudien an der Universität Tübingen, Tübingen
-SPECK, TH. (1988): Evolution der Pflanzen- und Tierwelt: 5/1: Geschichte der Pflanzen, 3. Teil. – Studienbrief des Deutschen Instituts für Fernstudien an der Universität Tübingen, Tübingen
-STANLEY, ST. M. (1994): Historische Geologie. Eine Einführung in die Geschichte der Erde und des Lebens. – Heidelberg, Berlin, Oxford
-STECKHAN, W. (1952): Der Braunkohlenbergbau in Nordhessen. – Hessisches Lagerstättenarchiv, Heft 1, Wiesbaden
-THÜRINGER TOURISMUS GMBH (HRSG.) (2001): Thüringen wanderbar. Natur, Wald, Wiesen. – Erfurt
-TILLICH, H.-J. (1995): Das Alter der „1000jährigen“ Eiche bei Volkenroda/Unstrut-Hainich-Kreis. – Mühlhäuser Beiträge, Heft 18: 5–12, Mühlhausen
-TRÖGER, K.-A. (HRSG.) (1984): Abriß der Historischen Geologie. – Berlin
-VOLLSTÄDT, H. (1981): Einheimische Minerale. – Leipzig
-WAGENBRETH, O. & STEINER, W. (1985): Geologische Streifzüge. Landschaft und Erdgeschichte zwischen Kap Arkona und Fichtelberg. – Leipzig
-WEIDAUER, M. (2000): Radfahren & Wandern im Hainich. – Ilmenau, Wustrow

-WEISE, O. R. (1983): Das Periglazial. Geomorphologie und Klima in gletscherfreien, kalten Regionen. – Berlin, Stuttgart
-WEISE, R., LEHNERT, E., MEY, D., SCHRAMM, W., SY, T., EHRHARDT, M. (1997): Lurche und Kriechtiere des Unstrut-Hainich-Kreises. – Mühlhausen
-WEIß, ST. (1990): Atlas der Mineralfundstellen in Deutschland-West. – München
-ZEISSLER, H. (1998): Die Schnecken und Muscheln in der Umgebung von Mühlhausen in Thüringen. – Mühlhausen
-ZIMMERMANN, W. ET AL. (1990): Kleiner Naturführer Thüringer Wald. – Gothaer Museumsheft – Abhandlungen und Berichte des Museums der Natur Gotha, Lfd. Nr. 9, Nachauflage, Gotha

Karten

-Thüringen. Geologische Übersicht 1:400 000, Thüringer Landesanstalt für Bodenforschung Weimar, Gotha 1994

-Geologische Karte Harz 1:100 000, Geologisches Landesamt Sachsen-Anhalt/Niedersächsisches Landesamt für Bodenforschung, Halle 1998

-Geologische Karte Thüringer Wald 1:100 000, Thüringer Landesanstalt für Geologie Weimar, Weimar 1996

-Meißner. Geologische Karte 1:25 000, Hessisches Landesamt für Bodenforschung Wiesbaden, Wiesbaden 1979

-Die Karte. Freizeit im Naturpark Eichsfeld, Hainich, Werratal, Maßstab 1:50 000. Artifex Nr. 6, 1. Auflage, Bad Langensalza-Wiegleben 2000

-Die Karte. Freizeit im Naturpark Eichsfeld, Hainich, Werratal, Maßstab 1:50 000. Artifex Nr. 6, 2. Auflage, Bad Langensalza-Wiegleben 2001

-Wanderwege im Nationalpark Hainich, Maßstab 1:50 000, Mühlhausen 1998

-Topographische Karte 1:50 000 Eichsfeld, Hainich, Werratal, Ausgabe mit Wanderwegen, Thüringer Landesvermessungsamt 1996

-Topographische Karte 1:50 000 Eichsfeld, mit Goldener Mark, Ohmgebirge, Zehnsberg und Dün, Ausgabe mit Wanderwegen, Thüringer Landesvermessungsamt 1996

-Tourismuskarte Nordthüringen, mit Teilen vom Kernland und Sachsen-Anhalt, 1:150 000, 2. Ausgabe, Kartographische Kommunale Verlagsgesellschaft mbH, Nordhausen 1997

-Erlebnisführer Eichsfeld. Die schönsten Ziele im Eichsfeld 1:80 000, Publicpress Publicationsgesellschaft mbH, Geseke (ohne Jahr)

-Radfahren in Mühlhausen, Stadtverwaltung, Müller-Verlag Mühlhausen (ohne weitere Angaben)

-Thüringer Becken 1:100 000, Hermann Haack Geographisch – Kartographische Anstalt Gotha, Gotha (ohne Jahr)

-Thüringen. ADAC Länderkarte, Deutschland Blatt 8, 1:250 000 (ohne weitere Angaben)

-Ferienkarte Thüringen. Thüringer Tourismus GmbH, grünes herz – Verlag für Tourismus, Ilmenau (ohne Jahr)

-Freizeitkarte Werra-Meißner-Kreis, mit den Wanderwegen, 9. Auflage, 1:75 000, Städte-Verlag E. v. Wagner & J. Mitterhuber GmbH, Fellbach b. Stuttgart (ohne Jahr, aber alte Ausgabe)

-Thüringer Wald 1:100 000, 12. Auflage, Tourist Verlag, Berlin/Leipzig 1984
-Westlicher Thüringer Wald 1:50 000, 8. Auflage, Tourist Verlag, Berlin/Leipzig 1984
-Autokarte DDR 1:50 0000, 3. Auflage, Tourist Verlag, Berlin/Leipzig 1986
-Eisenach und Umgebung 1:50 000, 3. Auflage, Tourist Verlag, Berlin/Leipzig 1987
-Haak Handkarte Bundesrepublik Deutschland 1:1 125 000, Hermann Haak Verlagsgesellschaft mbH Geographisch – Kartographische Anstalt Gotha, 1. Auflage, Gotha 1991
-Wanderkarte Eichsfeld, mit Mühlhausen und nördlichem Hainich, 1:75 000, Tourist Verlag, Berlin/Leipzig 1990
-Topographische Karte 1:50 000 Mühlhausen-Eschwege, mit Wanfried, Treffurt, Creuzburg, Ausgabe mit Wanderwegen, Thüringer Landesvermessungsamt 1993

Sonstiges

-diverse Faltblätter der Informationen
-diverse Internetadressen, u. a. zu den Themen Zecken und Fuchsbandwurm, gefunden mit der Suchmaschine Lycos
-http://senckenberg.uni-frankfurt.de/sm
-www.scotese.com (Abbildungen und Animationen zur Geschichte der Plattentektonik)

Erläuterungen der Einbandabbildungen

Vorderdeckel:

Typische mitteleuropäische Kulturlandschaft, Wald- und Feldflur am Oberlauf des Eigenriedener Steingrabens im Nord-Hainich, östlich Eigenrieden.

Über pleistozän (kaltzeitlich) geprägtem Geländerelief in den Ceratitenschichten des Oberen Muschelkalks (Hauptmuschelkalk): rechterhand Ackerflächen der mittelalterlichen Rodungsphase, links im Vordergrund alte Stieleiche aus der Zeit der Waldweidewirtschaft um 1700 (Hute-Eiche), im Hintergrund rechts Fichtenforst des 19./20. Jahrhunderts, links und im Vordergrund naturnaher, rotbuchendominierter Laubmischwald in bewährter Plenterwaldbewirtschaftung, mit Gebüsch am nur sporadisch fließenden Steingraben; kurz vor Beginn der Vegetationsperiode.
(Foto: A. Lindner 1998)

Rückdeckel:

Kleine „Quadratmeile" der Geologie Mitteldeutschlands.
(Fotos: etwa nat. Größe, A. Lindner 2001)

-unterste Reihe: Gesteine des *Grundgebirgsstockwerks* (mit Merkmalen der Regionalmetamorphose: strukturprägende Mineralneu- und Umbildungen unter plattentektonischem Druck und Erwärmung auf (weit) über 200 °C durch Versenkung), v. l. n. r.:

-Gneis (Steinbacher Augengneis), Steinbach, NW-Thür. Wald, Mitteldeutsche Kristallinzone; Präkambrium (das Edukt = Ausgangsmaterial hat präkambrisches Alter), Bruchflächenansicht rechtwinklig zur Foliation (Schieferung), d. h. Querbruch,

-Glimmerschiefer, Thal, NW-Thür. Wald, Mitteldeutsche Kristallinzone; Kambrium (Alter des Edukts), Blick auf eine Bruchfläche parallel zur Schieferung,

-Quarzit und Phyllit (in Wechsellagerung), Goldisthal, Thür. Schiefergeb., Schwarzburger Antiklinorium, Saxothuringikum; die Metamorphose ist hier deutlich weniger weit fortgeschritten als in der Mitteldeutschen Kristallinzone. Blick auf eine Bruchfläche parallel zur Schieferung. Die im Ordovizium abgelagerten Edukte waren (mariner) Feinsand und Schluff (links im Bild, jetzt Quarzit) sowie Schluff und Ton (rechts im Bild, jetzt Phyllit) in feinschichtiger Wechsellagerung. Sedimentschichtung und Schieferungsebene stimmen fast überein.

-Grauwacke, Hilgershausen, Werra-Grauwacken-Gebirge; Devon. Das Edukt ist gut erkennbar: Sande, mit abgerollten Gesteinsbruchstücken bis Feinkiesgröße, die zur Zeit der erdgeschichtlich ersten Wälder von der gehobenen Mitteldeutschen Kristallinzone (Insel) abgetragen und ins Meer verfrachtet, abgelagert und durch die Kollision der Terrane (Krustensplitter) auf E-Avalonia (Rhenoherzynikum) aufgeschoben wurden. Der Grauwacke genannte Sandsteintyp ist nur sehr schwach metamorph beinflusst worden.

-zweite Reihe von unten: Gesteine des *Molasse- oder Übergangsstockwerks* (mit Merkmalen der Diagenese: Entwässerung und Verfestigung durch Auflast (Auflastverdichtung) und mäßige Erwärmung (bis etwa 200 °C) durch Versenkung, nur geringfügige Mineralneu- und Umbildungen, z. B. Zementation = Verkittung.), v. l. n. r.:

-Konglomerat, Rathsfeld, Kyffhäuser, Saale-Senke; Ober-Karbon. Mit der Aufpressung des Varistischen Gebirges entstand Reliefenergie, die in Verbindung mit dem äquatorialen, tropischen Klima zu intensiver Verwitterung und Abtragung führte. In den Gebirgstälern sammelten sich Abtragungsreste (Innenmolassen) der (oben genannten) Grundgebirgsgesteine als Blockschutt, Kies, Sand, Schluff, Ton, auch Kalk und in Mooren manchmal Torf. Im Geröllbestand dominierten bald die widerständigen Quarze (Einsprenglingsquarze, Gangquarze, Quarzite), im Bild verkittet zu Konglomerat.

-Fanglomerat, Eisenach, NW- Thür. Wald, Eisenacher Senke (obere Saar-Nahe-Senke); Rotliegendes (Unter-Perm). Sedimentgestein aus (meist wenig gerundeten) Verwitterungs-Trümmern der im Varistischen Gebirge örtlich (auch heute noch) anstehenden Gesteine: Glimmerschiefer des Ruhlaer Kristallins (Kambrium oder Ordovizium) und Mikrosyenogranit = Granitporphyr (des Ober-Karbons) in tonigschluffiger Grundmasse (ehem. Schlamm). Nach einem kräftigen Regenguss ging der Verwitterungsschutt unsortiert als Schlammstrom zu Tal (Innenmolasse).

-Paläorhyolith (Quarzporphyr), Friedrichroda, NW-Thür. Wald, Thüringer-Wald-Senke (obere Saale-Senke), Rotliegendes (Unter-Perm). Nachdem Nord- und Südkontinent im Varistischen Gebirge zu Pangäa verschweißt waren, versiegte der plattentektonische Druck – das Varistische Gebirge entspannte unter der eigenen Last wieder etwas, Risse (Störungen) entstanden, in denen vorwiegend kontinentales (granitisches) Magma aufstieg und als Lava erstarrte (zu Porphyr). Im Bild ist neben den Feldspat- und Quarzeinsprenglingen ein Fremdgesteinseinschluss (vermutlich Tuff) zu sehen.

-Steinkohle in Brandschiefer, Ilfeld (Netzkater), Südharz, Ilfelder Becken; Rotliegendes (Unter-Perm). Zur Innenmolasse des Ilfelder Beckens gehören auch Brandschiefer (kohliger Tonstein) und Steinkohle, letztere ist durch tektonische Bewegungen stark kleinteilig zerklüftet, die Risse sind mineralisch verfüllt. Blick auf die Sedimentschichtung (d. h. Querbruch).

-dritte Reihe von unten: Gesteine des *Tafeldeckgebirgsstockwerks* (mit Merkmalen der Diagenese: Entwässerung und Verfestigung durch Auflast (Auflastverdichtung) und mäßige Erwärmung (bis etwa 200 °C) durch Versenkung, nur geringfügige Mineralneu- und Umbildungen, z. B. Zementation, v. l. n. r.:

-Anhydrit, Niederröblingen, Sangerhäuser Mulde, Thüringische Senke, Germanisches Becken; Zechstein (Ober-Perm). Nach dem Niedergang des Varistischen Gebirges brach das Zechsteinmeer in das neuentstandene Tiefland ein und sedimentierte vor allem Evaporite (Eindampfungsgesteine), unter dem halbwüstenhaften, subtropischen Klima. Durch die diagenetische Entwässerung wurde das zunächst als Gips abgelagerte Sulfat zu Anhydrit. Im Bild sind Bruchflächen hellbläulichgrau und braungrau, angeschlagene Stellen weiß.

-Sandstein, Eschwege, Werratal, Germanisches Becken; Buntsandstein (Unter-Trias). Periodische Flüsse übernahmen das Territorium und lagerten gut sortierte Sedimente ab. Blick auf die Sedimentschichtung (d. h. Querbruch, mit Wellenrippeln-Schrägschichtung).

-Kalkstein, Bischofroda, Werratal-Region, Germanisches Becken; Muschelkalk (Mittel-Trias). Durch die langsame Absenkung des Germanischen Beckens im Zuge des sich ankündigenden Pangäa-Zerfalls drang Meerwasser aus der Tethysbucht vor, tonige Kalkschlämme lagerten sich ab und zementierten zu mergeligen Kalksteinen. Im Bild Hauptmuschelkalk, Ansicht einer Schichtfläche im Mergelkalk, im Querbruch dazu konkretionäres (kristallines) Kalkbänkchen.

-Schluffstein, Bollstedt, Unstruttal, Germanisches Becken; Keuper (Ober-Trias). Die langsame Absenkung und gleichzeitige Auffüllung des Germanischen Beckens setzte sich fort. Die deltaische Schwemmlandebene wurde nur vorübergehend marin geflutet, meist lagerten Flusssysteme Ton und Schluff, auch Sand, ab. Im Bild Schluffstein des Schilfsandsteins (Mittelkeuper) mit Wurzelspuren (Wurzelboden), Anblick der Schichtfläche(n).

-oberste Reihe: Gesteine des *Lockergesteinsstockwerks* (mit Merkmalen der Diagenese: Entwässerung und Verfestigung durch Auflast (Auflastverdichtung), Versenkung unbedeutend, meist sehr geringfügige Mineralneu- und Umbildungen, z. B. Zementation, selten auch Veränderungen im Kontakt mit heißem Basaltmagma (Kontaktmetamorphose), v. l. n. r.:

-Braunkohle, Großalmerode-Epterode, „Werratal" (Meißnergebiet); Paläogen (Alt-Tertiär), Oligozän. In lokaler Senke abgelagerter Torf wurde durch Auflastdruck zu relativ dichter Braunkohle, mit noch erkennbaren, meist holzigen Pflanzenresten (Xyliten), die beim Eintrocknen aufblättert (Schrumpfungsrisse).

-Basalt mit Olivineinschluss, Völkershausen (Dietrichsberg), thüringische Rhön; Neogen (Jung-Tertiär), Miozän. Im Jura war Pangäa zerfallen, seit der Kreidezeit aber bewegt sich Afrika wieder auf Europa zu und hob seit dem Tertiär neue Gebirgszüge, so die Alpen, heraus. Dabei zerscherte die mitteleuropäische Kruste. In bis auf den Mantel hinabreichenden Dehnfugen konnte (und kann auch zukünftig) Basaltmagma aufsteigen bis zur Erdoberfläche. Man nimmt an, dass es sich bei den Olivineinschlüssen (Olivinknollen, im Bild Olivinknolle als eckiges, flaschengrünes bis olivgrünes Kristallaggregat) um mitgerissene, teilausgeschmolzene Brocken des obersten Mantelgesteins handelt; die Hohlräume darin sind mit Basalt ausgefüllt.

-Travertin, Burgtonna, Fahnersche Höhe/Unstruttal; Pleistozän (Quartär), Eem-Interglazial. Während der kaltzeitlichen Abtragungen entwickelte sich unser gegenwärtiges, zertaltes Relief. In den Warmzeiten (Interglazialen) konnte sich an lokalen Karstwasser-Austritten im warm-gemäßigten Klima Süßwasserkalk (Travertin) absetzen, meist entwickelten sich dabei Kalk-Niedermoore, in denen auch makroskopische pflanzliche Strukturen vom Kalk umkrustet wurden.

-Torf, Mühlhausen, Unstruttal; Holozän (Quartär), Präboreal. Nach der (vorerst) letzten Kaltzeit (Weichsel-Glazial) entstand dieser Niedermoortorf in der Unstrutaue zur Zeit der Birken-Kiefern-Wälder (Wiederbewaldungsphase), bald darauf begann die Ablagerung holozänen Süßwasserkalks.

„Steine sind stumme Lehrer.
Sie machen den Beobachter stumm,
und das Beste, was man von Ihnen lernt,
ist nicht mitzuteilen.“

schrieb Johann Wolfgang von Goethe. Nun, vielleicht kann man es heute doch begreifen und in Worte fassen:

Sie lehren uns ...
vorübergehende Beständigkeit,
Innehalten im Fluss,
jetzt Gestalt anzunehmen und da zu sein
für eine kurze Ewigkeit:
schwer und raumgreifend,
gleichmütig, fest in Geduld
und doch frei,
sich zu wandeln ...
Sie lehren uns das Sein.